Relativismo linguístico ou como a língua influencia o pensamento

Coleção de Linguística

Coordenadores
Gabriel de Ávila Othero – Universidade Federal do Rio Grande do Sul (UFRGS)
Sérgio de Moura Menuzzi – Universidade Federal do Rio Grande do Sul (UFRGS)

Conselho consultivo
Alina Villalva – Universidade de Lisboa
Carlos Alberto Faraco – Universidade Federal do Paraná (UFPR)
Dante Lucchesi – Universidade Federal Fluminense (UFF)
Leonel Figueiredo Alencar – Universidade Federal do Ceará (UFC)
Letícia M. Sicuro Correa – Pontifícia Universidade Católica do Rio de Janeiro (PUC-Rio)
Luciani Ester Tenani – Universidade Estadual de São Paulo (Unesp)
Maria Cristina Figueiredo Silva – Universidade Federal do Paraná (UFPR)
Roberta Pires de Oliveira – Universidade Federal de Santa Catarina (UFSC)
Roberto Gomes Camacho – Universidade Estadual de São Paulo (Unesp)
Valdir Flores – Universidade Federal do Rio Grande do Sul (UFRGS)

Dados Internacionais de Catalogação na Publicação (CIP)
(Câmara Brasileira do Livro, SP, Brasil)

Gonçalves, Rodrigo Tadeu
   Relativismo linguístico ou como a língua influencia o pensamento / Rodrigo Tadeu Gonçalves. – Petrópolis, RJ : Vozes, 2020 – (Coleção de Linguística).
   Bibliografia.
   ISBN 978-85-326-6266-8
   1. Linguagem 2. Linguagem – Filosofia 3. Linguística 4. Pensamento 5. Relativismo linguístico I. Título. II. Série.

19-28612   CDD-410

Índices para catálogo sistemático:
   1. Linguística   410

Cibele Maria Dias – Bibliotecária – CRB-8/9427

RODRIGO TADEU GONÇALVES

Relativismo linguístico ou como a língua influencia o pensamento

EDITORA
VOZES

Petrópolis

© 2020, Editora Vozes Ltda.
Rua Frei Luís, 100
25689-900 Petrópolis, RJ
www.vozes.com.br
Brasil

Todos os direitos reservados. Nenhuma parte desta obra poderá ser reproduzida ou transmitida por qualquer forma e/ou quaisquer meios (eletrônico ou mecânico, incluindo fotocópia e gravação) ou arquivada em qualquer sistema ou banco de dados sem permissão escrita da editora.

CONSELHO EDITORIAL

Diretor
Gilberto Gonçalves Garcia

Editores
Aline dos Santos Carneiro
Edrian Josué Pasini
Marilac Loraine Oleniki
Welder Lancieri Marchini

Conselheiros
Francisco Morás
Ludovico Garmus
Teobaldo Heidemann
Volney J. Berkenbrock

Secretário executivo
João Batista Kreuch

Editoração: Leonardo A.R.T. dos Santos
Diagramação: Sheilandre Desenv. Gráfico
Revisão gráfica: Nilton Braz da Rocha / Nivaldo S. Menezes
Capa: Editora Vozes
Revisão técnica: Gabriel de Ávila Othero e Sérgio de Moura Menuzzi

ISBN 978-85-326-6266-8

Editado conforme o novo acordo ortográfico.

Este livro foi composto e impresso pela Editora Vozes Ltda.

Apresentação da coleção

Esta publicação é parte da **Coleção de Linguística** da Vozes, retomada pela editora em 2014, num esforço de dar continuidade à coleção coordenada, até a década de 1980, pelas professoras Yonne Leite, Miriam Lemle e Marta Coelho. Naquele período, a coleção teve um papel importante no estabelecimento definitivo da Linguística como área de pesquisa regular no Brasil e como disciplina fundamental da formação universitária em áreas como as Letras, a Filosofia, a Psicologia e a Antropologia. Para isso, a coleção não se limitou à publicação de autores fundamentais para o desenvolvimento da Linguística, como Chomsky, Langacker e Halliday, ou de linguistas brasileiros já então reconhecidos, como Mattoso Camara; buscou também veicular obras de estudiosos brasileiros que então surgiam como lideranças intelectuais e que, depois, se tornaram referências para a disciplina no Brasil – como Anthony Naro, Eunice Pontes e Mário Perini. Dessa forma, a **Coleção de Linguística** da Vozes participou ativamente da história da Linguística brasileira, tendo ajudado a formar as gerações de linguistas que ampliaram a disciplina nos anos de 1980 e 1990 – alguns dos quais ainda hoje atuam intensamente na vida acadêmica nacional.

Com a retomada da **Coleção de Linguística** pela Vozes, a editora quer voltar a participar decisivamente das novas etapas de desenvolvimento da disciplina no Brasil. Agora, trata-se de oferecer um veículo de disseminação da informação e do debate em um novo ambiente: a Linguística é hoje uma disciplina estabelecida nas universidades brasileiras; é também um dos setores de pós-graduação que mais crescem no Brasil; finalmente, o próprio quadro geral das universidades e da pesquisa brasileira atingiu uma dimensão muito superior à que se testemunhava nos anos de 1970 a 1990. Dentro desse quadro, a **Coleção de Linguística** da Vozes tem novas missões a cumprir:

• em primeiro lugar, é preciso oferecer aos cursos de graduação em Letras, Filosofia, Psicologia e áreas afins material renovador, que permita aos alunos integrarem-se ao atual patamar de conhecimento da área de Linguística;

• em segundo lugar, é preciso continuar com a tarefa de colocar à disposição do público de língua portuguesa obras decisivas do desenvolvimento, passado e recente, da Linguística;

• finalmente, é preciso oferecer ao setor de pós-graduação em Linguística e ao novo e amplo conjunto de pesquisadores que nele atua um veículo adequado à disseminação de suas contribuições: um veículo sintonizado, de um lado, com o que se produz na área de Linguística no Brasil; e, de outro, que identifique, nessa produção, aquelas contribuições cuja relevância exija uma disseminação e atinja um público mais amplo, para além da comunidade dos especialistas e dos pesquisadores de pós-graduação.

Em suma, com esta **Coleção de Linguística**, esperamos publicar títulos relevantes, cuja qualidade venha a contribuir de modo decisivo não apenas para a formação de novas gerações de linguistas brasileiros, mas também para o progresso geral dos estudos das Humanidades neste início de século XXI.

Gabriel de Ávila Othero
Sérgio de Moura Menuzzi
Organizadores

Sumário

Prefácio, 11

Apresentação, 15

Introdução, 25

Capítulo 1 – Relativismos: visão geral, 33
　1.1　O relativismo filosófico, 33
　　　1.1.1　Relativismo conceitual, 37
　　　1.1.2　Relativismo perceptual, 38
　　　1.1.3　Relativismo da verdade, 39
　　　1.1.4　A discussão do relativismo de Newton-Smith (1982), 41
　1.2　O relativismo linguístico, 43
　　　1.2.1　O universalismo linguístico como antirrelativismo, 46
　　　1.2.2　A formulação do RL de Lucy (1997), 48
　　　1.2.3　Discussões preliminares, 50
　　　1.2.4　O relativismo lexical ou os nomes da neve, 53

Capítulo 2 – A história do relativismo linguístico até o século XIX, 65
　2.1　Fontes anteriores do relativismo, 67
　2.2　O debate entre empiristas e racionalistas, 69
　　　2.2.1　Empirismo e racionalismo no pensamento sobre a linguagem, 72

2.3 Algumas antecedentes do relativismo linguístico nos séculos XVII a XIX, 73

2.4 A linguística histórico-comparativa como ponte para as ideias relativistas do século XX, 85

2.5 Wilhelm von Humboldt, 86

    2.5.1 O início do pensamento sobre a linguagem em Humboldt, 88

    2.5.2 A problemática dos conceitos, das palavras e da tradução em Humboldt, 90

    2.5.3 As relações entre universalismo, relativismo, linguagem e pensamento em Humboldt, 92

    2.5.4 O programa de investigação humboldtiano, 97

    2.5.5 A obra madura de Humboldt: a introdução à gramática do kawi (1836), 99

    2.5.6 Algumas leituras críticas da obra de Humboldt, 103

Capítulo 3 – Formulações "clássicas" do relativismo linguístico, 109

    3.1 Franz Boas (1858-1942), 110

    3.2 Edward Sapir (1884-1939), 113

        3.2.1 A hipótese de Whorf merece o nome de Sapir?, 121

    3.3 Benjamin Lee Whorf (1897-1941), 127

        3.3.1 A biografia romanesca de Whorf na introdução de Carroll (1956), 127

        3.3.2 Análise dos textos da primeira fase da produção de Whorf, 133

        3.3.3 Elementos intermediários entre as análises iniciais e a proposta madura de Whorf, 141

        3.3.4 A produção madura de Whorf, 149

        3.3.5 As leituras críticas da obra de Whorf, 160

Capítulo 4 – Pesquisa experimental em relativismo linguístico: Os estudos neowhorfianos, 177

    4.1 Gumperz & Levinson (1996), 177

    4.2 Gentner & Goldin-Meadow (2003), 179

    4.3 John Lucy e a nova abordagem dos estudos neowhorfianos, 182

    4.4 Dan Slobin e o "pensar para falar", 184

    4.5 Stephen C. Levinson: o domínio do espaço como espaço de controvérsia, 188

4.6 Steven Pinker e os neowhorfianos, 190
    4.6.1 As dez versões do RL para Pinker (2007), 192
        4.6.1.1 As versões banais: de 1 a 5, 192
        4.6.1.2 As versões mais interessantes: 6 e 7, 194
        4.6.1.3 As versões genuinamente deterministas: de 8 a 10, 195
    4.6.2 O antideterminismo de Pinker (2007), 196
4.7 Levinson e o antiuniversalismo, 198

Capítulo 5 – O aspecto criativo e o relativismo, 203
    5.1 O caráter ativo da linguagem: *energeia versus ergon*, 208
    5.2 O papel ativo da linguagem em Ernst Cassirer, 215
    5.3 Adam Schaff e a construção da imagem do mundo, 219
    5.4 George Steiner e a linguagem como perpétua canção órfica, 223
    5.5 Franchi e a linguagem como atividade constitutiva, 228

Epílogo, 237

Referências, 241

Prefácio

Carlos Alberto Faraco

A tese do relativismo linguístico – em suas múltiplas formulações e mesmo na versão mais radical do determinismo linguístico – tem muitos adeptos, embora circule sem qualquer sustentação empírica minimamente consistente e convincente. Certamente, há, nessa adesão, o fascínio pela diversidade, pela singularidade, e um certo estranhamento diante das perspectivas universalistas, quando não sua rejeição.

Afinal, é tanta a diversidade de línguas – uma diversidade que já se defendeu ser sem limites (frente, p. ex., aos limites biológicos postulados pela teoria universalista de Chomsky) – que parece plausível conjecturar que línguas diferentes condicionam (ou determinam, para os mais radicais) diferentes modos de pensamento, percepção e conhecimento da realidade.

Na bibliografia em português, a tese do relativismo linguístico circula ainda muito reduzida a apresentações genéricas e até mesmo simplistas. Fala-se aqui e ali de Humboldt e, com certa insistência, da hipótese Sapir-Whorf. Mas são raras as investigações que vão a fundo nesses temas.

Este belo livro que temos em mãos vem preencher essa lacuna com rigor e profundidade e com um estilo claro e elegante que atende às expectativas do leitor especialista, mas também do leitor generalista interessado nessa intrigante temática.

Temos, pois, de saudar a publicação deste livro. Nele, o Prof. Rodrigo Tadeu Gonçalves, doutor em linguística e docente da Universidade Federal do Paraná, faz um extenso percurso crítico sobre o relativismo filosófico e linguístico (cap. 1); investiga detalhadamente a história do relativismo linguístico até o século XIX, dando destaque especial ao pensamento de Humboldt (cap. 2); amplia esse percurso histórico (cap. 3) com uma análise pormenorizada das formulações de Boas, Sapir e Whorf (a que chama de "clássicas") e também com um capítulo (o de n. 4) dedicado aos neowhorfianos e suas tentativas de criar formulações testáveis das hipóteses relativistas. Estende, assim, a discussão até o século XXI.

Mas o projeto do livro vai muito além desse percurso histórico e crítico detalhado. Interessa ao autor trazer ao debate a fascinante questão do aspecto criativo da linguagem e, mais do que isso, propor uma ligação entre este e uma versão moderada do relativismo linguístico.

Dedica, então, o capítulo 5 ao exame das ideias de vários pensadores que se debruçaram sobre a criatividade linguística tanto em sua face formal (a língua como um sistema que faz uso infinito de meios finitos) quanto em seu aspecto ativo (a língua como atividade pela qual constituímos as nossas imagens do mundo, nós mesmos como sujeitos e a própria língua como produção a cada momento de enunciação).

Há, nessa exposição específica, dois claros objetivos: primeiro, lançar um antídoto contra o determinismo linguístico (a língua como uma prisão que nos imporia uma forma inescapável de pensar e conhecer); e, segundo, abrir a possibilidade de repor teses relativistas num outro quadro de referência em que a linguagem verbal é concebida, humboldtianamente, como *energeia* e, mais precisamente, como atividade constitutiva. Rodrigo resgata, nesse ponto, a produtiva formulação dada a esse conceito pelo saudoso linguista brasileiro Carlos Franchi.

A criatividade linguística vista assim permite aproximar perspectivas universalistas e relativistas. É o aspecto criativo que permite o estabelecimento de uma ligação coerente entre o absolutamente singular e o transcendentalmente universal; em criar, como diz o autor no final do capítulo 5, "uma terceira via que entenda a linguagem em sua plenitude, sem a necessidade de polarizar as concepções linguísticas de forma simplória entre relativistas e universalistas, comunicativas e formais, sociais e individuais".

Com isso, Rodrigo Gonçalves faz avançar a percepção que Humboldt nos deixou sintetizada em seu enunciado geral de que "podemos dizer com igual acerto que a humanidade inteira possui em verdade apenas uma única língua e que cada pessoa tem uma língua particular".

Trata-se, pois, de um livro indispensável a todos os que se interessam pelas muitas faces da linguagem verbal.

Apresentação

José Borges Neto

> *Sem necessariamente tomar um partido entre a defesa radical do relativismo linguístico ou sua negação absoluta, o livro busca levar os leitores a um passeio intelectual de grande amplitude, que frequenta diferentes áreas da história do pensamento sobre a linguagem, sobre a tradução, sobre o pensamento e nos apresenta a linguagem humana sob uma de suas facetas mais fascinantes: como instrumento fundamental da criatividade humana, com poder de configurar aspectos importantes de nossa existência.*
>
> Rodrigo Tadeu Gonçalves

Este livro que vocês vão ler é uma versão – enxugada e melhorada – do que foi originalmente uma tese de doutorado, intitulada *Perpétua prisão órfica ou Ênio tinha três corações: o relativismo linguístico e o aspecto criativo da linguagem*. Nominalmente, a tese foi orientada por mim; mas, na verdade, aprendi muito com ela (Rodrigo Tadeu Gonçalves foi um daqueles orientandos que parece que já nasceram prontos e que são objeto de desejo de dez entre dez orientadores). Envolvido em assuntos diversos desde o início da graduação, o Rodrigo foi capaz de realizar trabalhos de boa qualidade, para dizer o menos, desde a semântica formal do sistema verbal do português, que foi basicamente o assunto de seus projetos de iniciação científica, até o tratamento computacional das sentenças-labirinto (*garden-path sentences*), que resultou em sua dissertação de mestrado *Caminhos para fora do labirinto*. Rodrigo graduou-se em três bacharelados, todos na área de Letras: para o bacharelado em língua portuguesa, apresentou um trabalho de conclusão sobre os infinitivos preposicionados em português; para o bacharelado em inglês, apresentou um trabalho intitulado *A corpus of adapted English language for classroom use*, que trata do ensino de língua inglesa; para o bacharelado em latim, apresentou um trabalho de linguística computacional intitulado *Avaliando propostas de análise gramatical de latim em Prolog*.

Para o doutorado, apareceu com um projeto ambicioso, completamente surpreendente, daqueles que arrepiam linguistas experimentados, que resultou na tese que está na base do texto que agora vem a público na forma de livro. Ah, sim, o Rodrigo também é professor de Língua e Literatura Latinas da UFPR. Publicou dois livros sobre Plauto (um deles na Inglaterra), e (em parceria com Renato Basso) um livro de história da língua portuguesa (nesta mesma coleção); escreve sobre tradução, é poeta e músico etc.

Conforme à sua personalidade de polímata, o livro (e a tese) envolve basicamente três grandes assuntos: é uma excelente apresentação histórica da noção de relativismo linguístico e, em decorrência, um texto que poderia ser visto como uma produção do campo da História das Ideias Linguísticas; é também um texto de análise e crítica do debate entre o relativismo e o universalismo no campo da linguagem, constituindo-se numa discussão, densa e profunda, de Filosofia da Linguagem; e, finalmente, é um texto que recupera propostas relativistas moderadas e dá a elas uma formulação consistente que, de alguma forma, restaura a dignidade dessas propostas que, por muito tempo, foram alijadas da discussão filosófica sobre a natureza da linguagem: é, portanto, um texto que propõe uma concepção de linguagem que supera a questão universalismo/relativismo. É digna de destaque a apresentação que Rodrigo faz das ideias de Carlos Franchi, pensador vigoroso e rigoroso, que fez carreira acadêmica na Unicamp e cujas ideias são praticamente desconhecidas

Na sequência, gostaria de comentar o trabalho de Rodrigo Tadeu Gonçalves. E começo com uma questão filosófica central.

Segundo Dascal (1982: 3-33)[1], há quatro possibilidades lógicas de entender a relação entre linguagem e pensamento: (1) linguagem e pensamen-

---

1. DASCAL, M. "Duas tribos e muitos círculos". *Crítica*: Revista Hispanoamericana de Filosofia 14 (40), 1982, p. 3-33.

to são independentes entre si; (2) a linguagem independe do pensamento, mas o pensamento depende da linguagem; (3) a linguagem depende do pensamento, mas o pensamento é independente da linguagem; ou (4) linguagem e pensamento são interdependentes.

A abordagem de Dascal é essencialmente epistemológica e não trata nos mesmos termos do relativismo ou universalismo tratados por Rodrigo neste livro. Nas palavras de Dascal:

> As questões que quero propor para discussão aqui dizem respeito às relações de "prioridade" conceptual, de dependência ou independência lógica e/ou explicativa existentes entre os conceitos de linguagem e pensamento. Um deles pode ou não ser concebido independentemente do outro? Um deles pode (ou deve) ser explicado a partir do outro? Ou será toda tentativa de explicar um dos dois a partir do outro viciada irremediavelmente por alguma circularidade mais ou menos aparente?
>
> Note-se que se trata de questões formuladas em termos epistêmicos (explicação, concepção) e que devem, portanto, ser respondidas essencialmente nos mesmos termos. Não se deve confundi-las, pelo menos de início, com a questão – sem dúvida relacionada com nosso problema, mas não idêntica a ele – da possibilidade de *redução* de pensamento a linguagem ou vice-versa. Uma tese reducionista é, tipicamente, uma tese *ontológica* da forma: "*Xs nada mais são do que* (conjuntos de, manifestações de, combinações de) *Ys*" (DASCAL, 1982: 5-6).

Dascal ainda nos mostra, com exemplos de filósofos do século XVII em diante, que, surpreendentemente, todas as quatro possibilidades lógicas de entender a relação linguagem-pensamento encontraram (e ainda encontram) defensores.

A primeira observação a fazer é que a abordagem de Rodrigo Tadeu Gonçalves (daqui para a frente, RTG) se concentra mais nas questões ontológicas do que nas questões propriamente epistemológicas (embora estas não sejam ignoradas).

Para RTG, o relativismo repousa na assunção de que há uma relação de dependência entre linguagem e pensamento e que, nessa relação, se toma ou a linguagem ou o pensamento como o polo independente e que por causa da direção em que a relação se dá o elemento dependente sofre interferências do elemento independente.

Creio que cabem aqui duas observações. Em primeiro lugar que, se esse é o caso, a questão do relativismo pode ser abordada de dois jeitos: a partir da tomada do pensamento como elemento independente (e a linguagem é dependente) ou a partir da tomada da linguagem como elemento independente (e a variável dependente é o pensamento). Em segundo lugar, que duas das possibilidades lógicas apontadas por Dascal (a 1 e a 4) estão sendo ignoradas.

Sobre a primeira observação, a posição de RTG é clara, como podemos ver na seguinte passagem em que a fundamentação das teses relativas são apresentadas:

> As teses relativistas podem ser representadas, *grosso modo*, por três elementos fundamentais: um elemento Y, a variável dependente, que é relativo a um elemento X, a variável independente, e a relação de "ser relativo a" que se estabelece entre os dois.

Se tomarmos esse conceito de relativismo como dependência, vamos ter que concluir que a linguística que se fez a partir do Renascimento até, pelo menos o século XIX, foi quase sempre relativista, tendo o pensamento como elemento independente. E isso pode ser demonstrado por afirmações como as seguintes: "*Linguagem é figura do entendimento*" de Fernão de Oliveira, gramático português do século XVI; "*Falar é explicar seus pensamentos por meio de signos que os homens inventaram para esse fim*" de Antoine Arnauld e Claude Lancelot na Gramática de Port-Royal (1660); "*Deus, que destinou o homem a viver em sociedade, colocou nele o órgão da fala, para ser o instrumento da comunicação de seus pensamentos*" de Nicolas Beauzée em sua Grammaire Générale de 1767; "*Sem a ideia não vive a palavra*" de Ernesto Carneiro Ribeiro em sua *Grammatica portugueza philosophica*, de 1881.

É preciso dizer que os estudos linguísticos desenvolvidos no período pré-renascentista, mais do que supor que houvesse algo como uma dependência relacionando linguagem e pensamento (ou mesmo uma interdependência entre os dois aspectos), supunham que linguagem e pensamento eram uma coisa só, eram apenas facetas do *logos*. Não havia linguagem, não havia pensamento. Havia o *logos* que, simultaneamente, era razão e discurso, pensamento e linguagem. A linguagem – se identificada como uma propriedade humana isolável – era apenas uma manifestação do *logos* e, na medida em que o *logos* era considerado universal (a lógica era uma só para todos os seres humanos), a linguagem também o deveria ser. Portanto, o universalismo que pode se perceber no pensamento gramatical mais antigo não trata do estabelecimento de uma variável independente, mas de uma completa identificação entre linguagem e pensamento.

No entanto, RTG ignora essas possibilidades de relativismo, como encontramos na seguinte passagem:

> Entre as possibilidades de variáveis dependentes Y, encontramos, por exemplo, *a percepção, as crenças, a ética, a verdade* ou *a realidade*. Elas podem ser relativas a variáveis independentes X tais como *a língua, a cultura, o período histórico, os paradigmas científicos, as religiões* etc. Desse modo, pode-se estabelecer um grande número de possíveis tipos de teses relativistas, embora nem todos sejam interessantes ou profícuos.

que permite que concluamos que, para RTG, não parecem ser potencialmente "interessantes e profícuas" as teses que supõem a independência ou a dependência mútuas, ou as teses relativistas que buscam a relação de dependência numa perspectiva "de dentro para fora", de aspectos, digamos, individuais para aspectos menos circunscritos, sociais. As teses mais "promissoras" seriam as que olham "de fora para dentro" – ou do menos para o mais circunscrito, como nos casos em que religiões distintas levariam a um relativismo ético e moral, paradigmas científicos distintos levariam a um relativismo epistemológico, línguas distintas levariam a um relativismo perceptual.

Mais do que isso, o olhar de RTG só vai se voltar para as teses relativistas que envolvem a linguagem e, particularmente, só para as teses que consideram como variáveis X (variáveis dependentes) as que podem ser ditas relativas à linguagem, que seria o elemento invariável Y.

É interessante que RTG consiga ver tendências relativistas, certamente polêmicas, em filósofos dos séculos XVII e XVIII. Creio que John Locke (1632-1704) seria um caso exemplar.

Seguindo a interpretação de Ulrich Ricken (1994), RTG diz que para Locke "*a possibilidade de variação no modo como as línguas estabelecem seus inventários de conceitos mostraria como a natureza não fornece os conceitos prontos*", e conclui daí que o argumento não é diferente daquele que afirma que os esquimós possuem diversos termos (e conceitos) para a neve – argumento sempre presente nas propostas relativistas mais recentes. Para justificar sua conclusão, reproduz a seguinte passagem de Locke:

> Mas, voltando às espécies de substâncias corpóreas, se se perguntasse a alguém se o gelo e a água eram espécies distintas de coisas, não duvido que me respondessem afirmativamente; e não se pode negar que tivessem razão. Mas se um inglês educado na Jamaica, que talvez nunca tivesse visto ou ouvido falar de gelo, viesse à Inglaterra no inverno e encontrasse a água, que pôs à noite na bacia, gelada em grande parte, de manhã, e, não sabendo o nome especial que tem nesse estado, lhe chamasse água endurecida, eu pergunto: Isto seria uma nova espécie, para ele, diferente da água? (*Ensaio*, III, cap. 6, § 13).

O interessante é que na mesma obra de Locke – o *Ensaio sobre o entendimento humano* – encontramos a seguinte passagem (III, cap. 1, § 1 e 2):

> § 1. Tendo Deus designado o homem como criatura sociável, não apenas incutiu nele a necessidade de relações com seus congêneres, e a inclinação para tal, como também forneceu-lhe a linguagem, principal instrumento e laço comum de associação. O *homem* tem assim, por natureza, órgãos confeccionados para a *disposição de moldar sons articulados* que chamamos de palavras. Mas isso não seria suficiente para produzir linguagem; papagaios e outras aves podem ser ensinados a criar sons articulados suficientemente distintos, que, entretanto, não são capazes de linguagem.
>
> § 2. Portanto, é necessário que, além de moldar sons articulados, o homem tenha a *habilidade de usá-los como signos de concepções internas* que representam, como marcas, *ideias* dentro de sua própria mente, seja para dá-las ao conhecimento de outros, seja para transmitir pensamentos de uma mente para outra.

Se é possível entender que línguas diferentes podem apresentar variação em seus inventários de conceitos (e de termos, em consequência), é preciso levar em conta que esses conceitos são "concepções internas", ideias, e as palavras são signos que significam essas ideias.

Assim, se existe uma tendência relativista em Locke, esse relativismo tem o pensamento como elemento invariável: as línguas variam porque variam os conceitos. E casos de "relativismo" como este fogem do conjunto de abordagens relativistas pretendido pela análise de RTG (os casos em que a língua é o elemento invariável)[2].

Não posso deixar de registrar que, segundo aponta RTG, apenas a partir dos trabalhos de Johann Georg Hamann (1730-1788), filósofo alemão que teria dito que *razão é linguagem* ["*Vernunft ist Sprache*"][3], a direção da dependência é pensada com a linguagem como o elemento independente.

O entendimento de que as línguas, em sua variabilidade, possam ser o elemento independente que vai gerar algum relativismo conceitual vai ser reforçado por linguistas alemães do século XIX, como Bopp, Grimm, Schleicher e Humboldt. O estudo simultâneo de várias línguas e a busca de mecanismos ("leis", no limite) para o estabelecimento de suas histórias (e, como meta final, para o estabelecimento cientificamente orientado da origem da linguagem), como diz RTG, "*acabou por legar ao Ocidente uma visão menos universalista, menos racionalista das estruturas das línguas humanas*" (p. 50). Aceitou-se que "*as línguas são significativamente diferentes umas das outras, e que isso depende das diferentes culturas dos povos, de modo a influenciar as diferentes maneiras de pensar dos povos*" (p. 51).

É esse entendimento que vai permitir, no século XX, o surgimento de hipótese relativistas mais fortes, como a de Benjamin Lee Whorf (1897-1941).

O relativismo de Whorf, conhecido como *determinismo linguístico*, propõe que as línguas determinam modos de perceber e entender a realidade e que, portanto, as pessoas veem o mundo que suas línguas lhes permitem ver. As línguas seriam verdadeiras "prisões" epistemológicas.

No livro, você vai encontrar uma análise "desconstrucionista" da hipótese de Whorf: RTG desconstrói – e destrói – o determinismo linguístico de Whorf [4].

---

2. O mesmo se dá com o "relativismo" de Francis Bacon (1561-1626).
3. Numa carta dirigida a Herder.
4. Cf., esp., item 3.3.

Talvez aqui seja interessante retomar o texto de Dascal que usamos acima. Para Dascal (1982), o fato de que todas as quatro possibilidades lógicas de entender a relação entre linguagem e pensamento sejam defendidas repousa na ausência de uma clara explicitação do que se deve entender por *linguagem* e por *pensamento*.

Para RTG, o problema central das propostas relativistas fortes – e de muitas propostas fracas – é justamente a falta de precisão semântica ligada ao uso desses dois termos. E passa a buscar alternativas relativistas que tornem mais precisas essas noções.

A primeira "investigação" digna de nota, é o estudo que faz das ideias de Wilhelm von Humboldt (1767-1835), que assume uma concepção relativista fraca. Para Humboldt, a língua deve ser entendida como um elemento de mediação entre o mundo real e o mundo percebido, mas a relação entre a língua e o mundo percebido é dinâmica e resultado de múltiplas influências mútuas. Linguagem e pensamento seriam interdependentes, sem hierarquia ou causalidade: a percepção do mundo seria, ao mesmo tempo, resultado e causa da forma específica de uma língua. Numa apresentação brilhante, RTG mostra que Humboldt é simultaneamente um racionalista-universalista e um empirista-relativista.

A segunda "investigação" a destacar é a das ideias de Carlos Franchi (1932-2001).

Ampliando substancialmente a noção de *criatividade linguística* proposta, entre outros, por Chomsky – uma noção puramente formal, destinada a explicar como se pode obter resultados infinitos a partir de meios finitos – Franchi propõe que a criatividade se espalha por todos os aspectos da linguagem. Seguindo Humboldt, que via as línguas não como *Ergon*, mas como *Energeia*[5], Franchi vê as línguas não como um produto

---

5. "A língua em si não é uma obra acabada (*Ergon*), mas sim uma atividade (*Energeia*). Por isso, sua verdadeira definição só pode ser aquela que a apreenda em sua gênese. Afinal, a língua consiste no esforço permanentemente reiterado do espírito de capacitar o som articulado para a expressão do pensamento" (HUMBOLDT, 2006: 99). Trecho citado por RTG.

fechado, mas como um processo, ou atividade, que age sobre o produto e o recria incessantemente.

Por um lado, nascemos já no interior de uma língua constituída por nossos antepassados; por outro lado, nascemos com a possibilidade de, criativamente, romper com todas as determinações preexistentes. Todos os rompimentos, no entanto, se tornam novas determinações que podem ser rompidas, e assim sucessivamente. Franchi reconhece que a língua é instrumento de comunicação e que, nessa função, precisa de alguma estabilidade; mas também reconhece que a língua deve ser suficientemente aberta para que todas as nossas necessidades de comunicação possam ser satisfeitas. Ou seja, a língua deve ser fechada, estável, compartilhada socialmente, para que a comunicação possa se dar e, simultaneamente, aberta, criativa, inovadora, para que novas necessidades comunicativas sejam atendidas.

Como podemos ler abaixo:

> Assim, a atividade reiterada do uso criativo da linguagem é o que possibilita alguma liberdade para o ser humano nos domínios da aparente prisão determinística da linguagem que [...] é dissolvida por Humboldt através da percepção de que "tudo o que na língua me limita e me determina entrou nela por uma natureza humana intrinsecamente conectada comigo". Não é difícil ver como essa passagem elimina o perigo do determinismo linguístico, e como isso é conseguido através da percepção de que a capacidade criativa do indivíduo é característica fundamental da linguagem como um todo.

A possibilidade da tradução de uma língua a outra, apesar da grande dificuldade da tarefa, mostra exatamente isso: as línguas modelam de forma *sui generis* a realidade percebida (o que impediria a transparência tradutiva); mas, por outro lado, a criatividade linguística, a atividade criativa do tradutor, permite que se criem equivalências adequadas para as expressões da língua de partida.

A compreensão de que a linguagem é uma atividade constitutiva abre a possibilidade para propostas relativistas sérias e interessantes, ao mesmo tempo em que elimina a possibilidade de um determinismo completo.

Nas palavras de RTG:

A definição de criatividade de Franchi é a que mais se aproxima da nossa concepção de aspecto criativo até aqui. A capacidade de adaptação da linguagem às necessidades do indivíduo na sua eterna atividade de constituição de si, do mundo e da própria língua através da linguagem é o que impede o determinismo, como vemos em Schaff, Steiner e Franchi. No entanto, é o que permite que línguas diferentes sejam reflexos de realidades significativamente diferentes, motivadas por características sociais e culturais diferentes; línguas que, por sua vez, quando os indivíduos começarem a utilizar para fins de inserção de si mesmos no mundo social, encontrarão já prontas, definidas, terminadas, mas também em eterna transformação, sujeitas aos impulsos individuais e às novas necessidades sociais e culturais, que fecham o círculo de influência indivíduo-língua-indivíduo, já atestado em Humboldt, mas proposto com maior clareza em Franchi.

A definição de linguagem como mescla de prisão com "perpétua canção órfica" é encontrada em cada nova maneira de especializar a definição dada por Franchi, e o resultado é uma espécie de "perpétua prisão órfica", ou seja, a linguagem restringe o indivíduo com a imposição de uma visão de mundo que, por sua vez, pode ser restrita pela atividade constitutiva, livre, criadora: o sistema formal autônomo é, por outro lado, orgânico e não pode ser visto como um instrumento gigantesco dado e imutável do qual nós, meros operários, nos utilizamos.

Para encerrar, só quero destacar mais uma vez a relevância deste trabalho para todos os que se interessam pela linguagem, sejam eles linguistas, filósofos, tradutores ou historiadores. É uma obra profunda, clara, e extremamente útil para a compreensão das questões envolvidas. Seu aparecimento, em forma de livro, é muito bem-vindo. Fazia falta uma apresentação séria e consistente do relativismo linguístico, tratando com profundidade questões cruciais que envolvem a natureza e o funcionamento da linguagem humana.

Introdução

No filme *A chegada* (*Arrival*, 2016, Estados Unidos, dirigido por Denis Villeneuve e com roteiro de Eric Heisserer), baseado na novela "História da sua vida" (*Story of your life*, de 1998, do escritor americano Ted Chiang), uma invasão alienígena em múltiplos locais ao redor do globo perturba a vida humana de maneira bastante típica dos filmes de ficção científica; mas, diferentemente de outros enredos do gênero, o problema principal que se estabelece é de comunicação: nenhum país consegue estabelecer contato imediatamente com os extraterrestres, seres estranhos que se sustentam sobre sete tentáculos e permanecem dentro de suas naves enormes, ovais e escuras como espelhos convexos. Nos Estados Unidos, o Coronel G.T. Weber (Forrest Whitaker) resolve convocar um físico teórico, Ian Donnelly (Jeremy Renner) e uma linguista, Louise Banks (Amy Adams), que conhece muitas línguas e que já havia trabalhado para o exército. Embora trate a linguística como uma ciência algo caricata responsável por tornar seus adeptos multilíngues especiais, o foco na protagonista desloca o clichê da equipe especializada em salvar o mundo da área de ciências duras para uma ciência inusitada nesse contexto. Tudo isso porque o grande desafio encontrado com os ETs em questão está na alta complexidade de sua língua. O filme trata de questões bem mais complexas do que apenas a incompreensão entre humanos e extraterrestres e apresenta uma narrativa interessante, com várias temporalidades e com uma grande surpresa no final (simbolizada pelo palíndromo do nome da filha de Louise, "Hannah"); mas ele nos interessa aqui especialmente por colocar no centro da intriga algo que chega a ser mencionado explicitamente na narrativa: a hipótese Sapir-Whorf. *Spoiler alert*: caso esteja lendo este livro e não queira ter seu prazer estragado antes de assistir ao filme, pare imediatamente; caso queira compreender o alcance da importância de nosso tema, siga em frente. Após muita dificuldade de colaboração entre os países visitados pelas naves, os tradutores chineses entendem mal uma das mensagens dos alienígenas e seu chefe de Estado passa a considerar a presença como ameaça. Enquanto isso, Louise finalmente se percebe fluente na língua dos recém-chegados e descobre a chave do mistério: na língua dos alienígenas, *o tempo não é linear*. Isso faz com que ela imediatamente adquira poderes de ver e conhecer ao mesmo tempo o futuro e o passado, dando nova significação para a narrativa paralela do nascimento e da morte de sua filha e resolvendo a complexa trama internacional, quando Louise corre para telefonar ao chefe de Estado chinês e lhe dizer coisas que ela só poderia conhecer *no futuro*. Assim, um dos recursos científicos desta obra de ficção científica é exatamente a hipótese do Relativismo Linguístico, também chamada de Hipótese Sapir-Whorf: a de que línguas diferentes conformam de modos diferentes nosso modo de pensar. Descobrimos, assim, que a visita alienígena tinha como finalidade entregar aos terráqueos uma ferramenta extremamente sofisticada, que serviria para que esses mesmos alienígenas pudessem ser ajudados por nós daqui a três mil anos: sua própria língua. Nas páginas deste livro, veremos que o ponto mais fascinante dessa obra de ficção é ao mesmo tempo o mais fantástico, o mais mágico, e também o menos crível.

Contudo, não é apenas na ficção que o tema principal deste livro exerce grande fascínio. Praticamente qualquer pessoa que se coloque a refletir sobre a linguagem, especialista ou não, acaba por se deparar com a questão: Como a língua influencia o pensamento? A ideia de que línguas diferentes influenciam de modos diferentes o pensamento de seus falantes já foi esboçada de diversas maneiras e frequentemente aparece em conversas amistosas, notícias de jornal e revistas, publicações em redes sociais, discursos acadêmicos, jurídicos, políticos, e, como vimos, mesmo na ficção. No entanto, os livros especializados na área de linguística existentes em português abordam o tema de forma pouco aprofundada, muitas vezes associando-o apenas à chamada "hipótese Sapir-Whorf", como se a ideia tivesse passado a existir a partir de uma formulação conjunta e explícita de Edward Sapir e seu discípulo Benjamin Lee Whorf, na primeira metade do século XX. Trata-se, portanto, de mais um dos temas gerais das introduções à linguística que quase nunca são questionados e cujas evidências empíricas quase nunca são apresentadas e debatidas. Na verdade, a história dessa ideia é bem mais complexa e tem raízes em diversos modos de conceitualizar a ideia de relativismo de modo absoluto, mas complica-se sobremaneira a partir do surgimento da filosofia moderna no século XVII. Como veremos, a história dessa ideia também é fascinante.

Esta obra pretende ser o primeiro livro a se dedicar mais detidamente sobre o relativismo linguístico em português, para que possa ser lido tanto por estudantes e pesquisadores das áreas de letras e humanidades quanto pelo público geral, sempre interessado e curioso quando surgem na mídia notícias sobre experimentos acerca da influência das diferentes línguas na configuração cognitiva ou emocional das pessoas. Em inglês, há várias publicações recentes sobre o assunto que se tornaram *best-sellers*, como os livros de Guy Deutscher, *Through the Language Glass: Why the World Looks Different in Other Languages* (2010, Metropolitan Books) e de John McWhorter, *The Language Hoax: Why the World Looks the Same in Any Language* (2014, Oxford University Press), além de livros mais técnicos que resumem boa parte das pesquisas mais recentes (como o de Caleb Everett, *Linguistic Relativity: Evidence Across Languages and Cognitive Domains*, de 2013) e os que discutem a questão do ponto de vista filosófico e antropológico, como o de John Leavitt (*Linguistic Relativities: Language Diversity and Modern Thought*, de 2011). Contudo, nenhum desses livros foi traduzido para o português até o momento.

Pretendemos, aqui, desbravar os conceitos por trás da proposta de que línguas diferentes moldam diferentes maneiras de perceber a realidade, ou influenciam de alguma maneira diferentes aspectos da percepção ou da cognição de seus falantes. Para tanto, o livro apresenta ao longo de seus capítulos tanto os conceitos básicos ligados à ideia quanto uma história do relativismo linguístico em suas diversas formulações nos últimos séculos, passando pelo estudo científico da hipótese através de experimentos a partir da segunda metade do século XX, e encerrando-se com um panorama da discussão hoje, que apresenta grande alcance midiático e potencial de encantamento de leigos e interessados em geral. Dessa forma, o livro pretende ser ao mesmo tempo uma introdução ao tema para qualquer leitor interessado e um estudo de aspectos técnicos mais aprofundados, oferecendo grande quantidade de referências a pesquisas de ponta, que poderão ser acessadas por especialistas e leitores em geral.

Sem necessariamente tomar um partido entre a defesa radical do relativismo linguístico ou sua negação absoluta, o livro busca levar os leitores a um passeio intelectual de grande amplitude, que frequenta diferentes áreas da história do pensamento sobre a linguagem, sobre a tradução, sobre o pensamento e nos apresenta a linguagem humana sob uma de suas facetas mais fascinantes: como instrumento fundamental da criatividade humana, com poder de configurar aspectos importantes de nossa existência.

Nos primeiros capítulos, analisaremos o relativismo linguístico mais amplamente, e não apenas nos limites da "hipótese Sapir-Whorf". Reconhecendo a importância do ambiente cultural e filosófico e das influências que levaram Wilhelm von Humboldt a formular suas ideias sobre a linguagem, propomos uma história mais ampla do relativismo linguístico, com foco, inicialmente, nos séculos XVIII e XIX, que preparam o terreno para as formulações de Edward Sapir e de Benjamin Lee Whorf, chamadas aqui de "clássicas", que, após a purgação da crítica, geraram um movimento contemporâneo de cientistas cognitivos interessados em propor experimentos para corroboração do relativismo linguístico, chamados aqui de neowhorfianos. Posteriormente, analisamos a questão a partir das perspectivas da linguagem como possuidora de capacidades constitutivas, a partir, especialmente, de Humboldt, Ernst Cassirer, Adam Schaff, George Steiner e, especialmente, Carlos Franchi. A partir da concepção da linguagem como uma atividade constitutiva, o livro procura, ao mesmo tempo, apresentar as possibilidades de corroboração da hipótese Sapir-Whorf através de pesquisas recentes e estabelecer uma relação entre as capacidades criativas da linguagem e dessa hipótese, numa tentativa de afastar qualquer possibilidade de versões extremas do relativismo linguístico, como o determinismo linguístico. Pretende-se mostrar que as versões moderadas do relativismo são mais produtivas.

Em linhas gerais, o que se costuma chamar de relativismo linguístico[6] é, antes de mais nada, um conjunto de teses diversas que afirmam uma crença mais ou menos definida de que a língua que falamos influencia na maneira como pensamos ou como enxergamos a realidade. Uma versão extrema desta tese, o chamado determinismo linguístico, propõe que somos totalmente determinados pela língua que falamos, e não conseguimos conceber conceitos que não estejam presentes em nossa língua. As consequências dos graus mais avançados do relativismo e do determinismo linguístico são a incomensurabilidade entre sistemas linguísticos diferentes e até a impossibilidade da tradução entre as línguas.

Como acréscimo à discussão tradicional sobre o RL, exploraremos aqui a noção de aspecto criativo da linguagem, também algo difusa e controversa, proposta por autores diferentes de modos bastante distintos. Ela pode ser entendida, *grosso modo*, como a ideia de que a língua que falamos tem o poder de criar infinitas expressões (dentre as quais, expressões totalmente inéditas) a partir de meios limitados, através de mecanismos formais como a recur-

---

6. Neste livro traduzimos aquilo que em inglês costuma ser chamado de *linguistic relativity* por "relativismo linguístico" e não por "relatividade linguística", seguindo a tradição da literatura em filosofia e linguística em português. Além disso, frequentemente utilizarei as abreviações "RL" para "relativismo linguístico" e "AC" para "aspecto criativo da linguagem".

sividade, a analogia, os empréstimos lexicais, as influências entre as línguas, o uso criativo individual da língua, entre outros. A própria etimologia de *criar* auxilia na constatação de que esses recursos são poderosos: em latim, *creare* possui acepções tão diversas como "criar, instituir, *eleger* e *selecionar*". O processo linguístico, desde a Antiguidade, é concebido como resultado da seleção de alguns poucos elementos atômicos disponíveis e de sua colocação em sequências de acordo com poucas regras de combinação. Esse processo seria capaz de produzir todas as possibilidades linguísticas – é o que Borges sugere em um de seus mais fantásticos contos, *Biblioteca de Babel*.

Veremos, então, que o aspecto criativo abrange desde noções formais sintáticas, semânticas e morfológicas simples até concepções de linguagem que a compreendem como ativa na criação da nossa percepção do mundo, da realidade, do mundo objetivo, em nossa inserção no mundo como sujeitos, e na autoconstituição e autorregulação da própria linguagem.

A organização dos capítulos foi pensada de maneira a facilitar a apresentação das duas problemáticas num crescendo que permitisse, ao final, uma visão clara do modo como poderíamos lançar luz sobre o RL a partir das capacidades criativas da linguagem. Encerraremos, também, com um panorama da discussão, hoje, fora dos limites estritamente acadêmicos.

No capítulo 1, apresentaremos o relativismo de maneira mais geral, discutindo não apenas o relativismo concebido como corpo abrangente de doutrinas filosóficas em vários domínios da atuação do ser humano, mas também os aspectos básicos do relativismo linguístico, como a sua definição geral e as questões que se associam mais frequentemente a ele.

O capítulo 2 inicia a retrospectiva histórica do relativismo linguístico, que aqui se propõe seja visto em três momentos. No primeiro, procuramos identificar raízes histórico-filosóficas antigas da questão, desde Protágoras, com sua formulação de que "o homem é a medida de todas as coisas" até o final do século XIX. Os séculos XVIII e XIX ocupam a maior parte do capítulo, já que é o período de Herder, Schleiermacher, Condillac e, principalmente, Humboldt: as proposições destes autores frequentemente deixam de ser identificadas como relativistas; mas elas são absolutamente fundamentais para o estabelecimento das hipóteses autodeclaradas relativistas, que serão discutidas nos capítulos seguintes.

No capítulo 3 figuram as chamadas formulações "clássicas" do relativismo linguístico, basicamente seguindo a tradição de identificar em Sapir e Whorf "a" hipótese do RL. Aqui, então, vê-se como Franz Boas estabelece uma ponte entre a tradição humboldtiana e, de modo mais geral, alemã, e a tradição norte-americana do estruturalismo e da linguística antropológica. Edward Sapir, discípulo de Boas, em seus estudos etnolinguísticos, abre caminho para a percepção de que línguas muito afastadas do cânone indo-europeu podem apresentar-se radicalmente diferentes daquelas que a tradição gramatical normalmente estudou, e isso dá um novo fôlego para as proposições de que a linguagem exerce influência sobre seus usuários. Além disso, nesse capítulo questionaremos o uso do nome de Sapir hifenizado com o de Whorf na versão famosa da hipótese, dado que Whorf, sim, é que propôs a formulação forte do relativismo linguístico e, de certo modo, foi mesmo o primeiro a utilizar o termo *linguistic relativity* nos anos de 1940, enquanto que a filiação de Sapir à hipótese pode ser contestada. A discussão de Whorf e seus críticos severos encerra o capítulo.

O capítulo 4, relativamente mais curto, preenche uma lacuna importante para o panorama geral, ainda que menos importante para a proposta de ligar a hipótese do relativismo ao chamado "aspecto criativo" da linguagem: neste capítulo, faz-se uma breve apresentação dos representantes da vertente relativista na linguística contemporânea, os chamados "neowhorfianos": estes resistiram à onda de críticas massacrantes às ideias de Whorf e iniciaram uma tradição de estudos mais controlados, de experimentos bem conduzidos e de formulações mais testáveis das hipóteses relativistas, buscando algum grau de corroboração das novas versões da hipótese. Aqui veremos não apenas alguns destes estudos relativistas, mas também algumas de suas refutações experimentais e os debates que estão ocorrendo a respeito dessas questões. O capítulo 4 contém, portanto, um panorama das discussões recentes sobre o relativismo e fecha o ciclo de três capítulos dedicados à história da ideia.

O capítulo 5 apresenta as diversas noções ligadas ao que estamos chamando de "aspecto criativo" da linguagem, também numa tentativa de fazer uma história das questões ligadas à criatividade formal e ao papel ativo da linguagem na criação de nossas experiências. O capítulo apresenta as diferentes visões sobre o papel ativo da linguagem na construção da imagem do mundo, da realidade, e do conhecimento, com nova análise de Humboldt, e com a discussão mais específica de Ernst Cassirer, Adam Schaff e George Steiner e, finalmente, do linguista brasileiro Carlos Franchi. Nestes capítulo, chegamos a uma formulação mais completa do que seria o aspecto criativo da linguagem, que engloba tanto as questões formais ligadas a propriedades criativas da linguagem e o papel ativo da linguagem como processo (a *Energeia* de Humboldt) e não como produto (para Humboldt, *Ergon*) quanto a ideia de que a linguagem constitui não só a nossa imagem do mundo, mas também nossa própria condição de sujeitos, além de se constituir a si mesma, sempre no esforço reiterado dos falantes a cada momento de interação e enunciação.

O breve epílogo nos traz de volta para o debate contemporâneo derivado da revalorização da hipótese do RL pelos neowhorfianos e da nova onda de popularização da RL, especialmente após a publicação do livro de Deutscher, que mencionamos antes. Encerramos o livro com uma avaliação dessa nova onda a partir da crítica de John McWhorter, esperando com isso ter coberto a maior parte do campo de debates ligados a essa questão tão intrigante.

Capítulo 1

Relativismos: visão geral

Neste capítulo, apresentaremos as definições básicas relacionadas ao relativismo linguístico, para que, nos capítulos subsequentes, seja possível discutirmos as visões específicas de autores mais citados quanto ao tema. Comecemos com uma breve análise do relativismo de modo geral, conforme ele surge na filosofia.

1.1 O RELATIVISMO FILOSÓFICO

A rigor, o relativismo não é exatamente uma doutrina filosófica. Trata-se, antes, de uma espécie de conjunto de visões e modos de pensamento relacionados a questões sobre a verdade, a cognição e a razão. O relativismo, de maneira geral, consiste em afirmar que algum aspecto relacionado a temas como verdade, razão, experiência, percepção, é relativo a alguma outra coisa. Na introdução a um volume com contribuições bastante variadas sobre o relativismo, Michael Krausz caracteriza o termo de modo a encontrar um padrão genérico:

> Podemos caracterizar o relativismo de modo amplo como algo que defende, caracteristicamente, que posicionamentos cognitivos, morais ou estéticos envolvendo valores tais como a verdade, a significação, o correto, o razoável, o apropriado, o apto ou similares são relativos aos contextos nos quais eles aparecem (KRAUSZ, 1989: 1)[7].

---

[7]. Todas as citações em língua estrangeira serão traduzidas por mim, exceto em casos mencionados nas referências bibliográficas. Por razões de economia e fluência do texto, citaremos também os originais apenas quando indispensáveis.

Em geral, orientações relativistas estão ligadas, por um lado, a pesquisas das áreas das ciências sociais que se relacionam com a interpretação de outras culturas e modos de organização social; por outro, à filosofia da ciência, especialmente quanto a questões concernentes à (in)comensurabilidade de teorias diferentes e aos modos como elas lidam com realidades diferentes.

Frequentemente, as teses relativistas apresentam um grande apelo devido ao fato de soarem liberais e caridosas, pois combatem visões totalitárias e uniformizantes de várias instâncias da nossa realidade. No entanto, as tentativas de refutação do relativismo geralmente apontam para a trivialidade lógica das propostas, como veremos no exemplo de tentativa de refutação de Newton-Smith (1982). Além disso, muito frequentemente uma posição dita "relativista" é considerada, quase que automaticamente, uma posição inferior, negativa, a ser combatida – de forma irrefletida, já que as formulações das hipóteses relativistas são muito vastas, complexas e diferentes entre si, de modo que o preconceito contra o rótulo "relativismo" é costumeiramente desligado de suas versões sérias, e ligado a "espantalhos" teóricos criados para serem combatidos. Como veremos ao longo deste livro, isso não é diferente com o relativismo linguístico, que costuma ser identificado como uma visão ultrapassada e indesejável de fenômenos e teorias linguísticas, ainda que não se façam as distinções apropriadas de teses mais ou menos sérias, empiricamente viáveis, razoáveis etc.

Swoyer (2003) também aponta para o fato de que muitas teses relativistas são formuladas de maneiras bastante radicais, como "tudo é relativo" ou "tudo vale". Segundo o autor, essas formulações são comumente as mais inconsistentes. Para ele, um caminho interessante na filosofia é o de verificar se entre as versões extremas implausíveis e as fracas, porém triviais do relativismo (como, p. ex., a de que alguns padrões de etiqueta são relativos ou a do adágio "cada cabeça, uma sentença"), há alternativas razoáveis e com algum potencial heurístico.

As teses relativistas podem ser representadas, *grosso modo*, por três elementos fundamentais: um elemento Y, a variável dependente, que é relativo a um elemento X, a variável independente[8], e a relação de "ser relativo a" que se estabelece entre os dois. Entre as possibilidades de variáveis dependentes Y, encontramos, por exemplo, *a percepção, as crenças, a ética, a verdade* ou *a realidade*. Elas podem ser relativas a variáveis independentes X tais como *a língua, a cultura, o período histórico, os paradigmas científicos, as religiões* etc. Desse modo, pode-se estabelecer um grande número de possíveis tipos de teses relativistas, embora nem todos sejam interessantes ou profícuos. Em nosso caso específico, o relativismo linguístico na formulação mais radical assevera que variáveis Y tais como crenças, conceitos e aspectos da percepção são relativos à língua, o elemento invariável X.

Ainda em termos gerais, Hollis & Lukes (1982) identificam três fontes principais para o relativismo de forma geral: uma romântica, uma científica e uma antiepistemológica.

A fonte romântica diz respeito ao fato de que o relativismo geralmente apela para sentimentos nobres de tolerância e caridade, ao olhar para grupos sociais e culturais diferentes como sendo equivalentes, não hierarquizados quanto a suas crenças, modo de vida, modo de ver o mundo, entre outros. O relativismo, nesses termos, não busca alterar o outro quando percebe a diferença, mas, antes, respeitá-lo, entendendo cada cultura como uma unidade irredutível, exclusiva em sua maneira de se relacionar com a realidade. Tal atitude se relaciona com uma certa recusa do racionalismo iluminista, que pregava a universalidade da natureza humana, em particular no que se refere às leis do pensamento, em busca de um progresso único em seus critérios de correção, valoração, teleologia e verdade[9]. Como

---

8. Os termos "variável dependente", "independente" e "relação" são usados aqui com alguma liberdade, uma vez que se referem a termos emprestados das teorias lógicas; aqui são utilizados, no entanto, de maneira aproximada e não com seus significados exatos nas referidas teorias.

9. Evidentemente, trata-se aqui da argumentação de Hollis & Luke, e, como veremos adiante, as teses não relativistas também podem ser libertárias e caridosas. Afinal, os ideais das Luzes não podem ser vistos apenas como opressores, absolutistas e uniformizantes. De um outro ponto de vista, há um lado claramente humanitário e caridoso nas ideias de liberdade, igualdade e fraternidade.

veremos adiante, quanto ao RL, Humboldt, de certo modo, se inscreve nessa tradição do relativismo "romântico", assim como os linguistas e/ou antropólogos da vertente norte-americana da virada do século XIX até meados do XX, como Franz Boas, Edward Sapir e Benjamin Lee Whorf.

A fonte científica do relativismo relaciona-se a novos modos de abordar diferentes teorias e paradigmas, respeitando suas maneiras individualizadas de recortar a realidade. Uma vez que certos modos de pensamento e de descoberta de conhecimento são colocados acima de outros como melhores e vistos como únicos ou exclusivos, há o perigo de se descartarem os tipos alternativos de conhecimento por não serem parte desse modo padronizado de fazer ciência. O relativismo na filosofia da ciência ganhou mais espaço à medida que os trabalhos de filósofos como Thomas Kuhn e Paul Feyerabend ganharam relevância a partir dos anos de 1960 (cf., p. ex., KUHN, 2003 [1962]; FEYERABEND, 2007 [1975]).

Kuhn coloca em questão as visões tradicionais da estrutura da ciência, lançando mão da noção de paradigmas científicos, modos próprios de fazer ciência que são, segundo ele, em grande parte, incomensuráveis, e que podem ser suplantados em momentos de revolução e consequente mudança de paradigma. Feyerabend, que chega a se considerar um relativista, em *Contra o método* radicaliza e estabelece uma maneira "anarquista" de avaliar e analisar as teorias científicas, formulando o princípio do "tudo vale": não há teorias melhores ou piores, e as motivações para as escolhas teóricas não são necessariamente a busca da verdade última ou adequação à verdade final que os dados empíricos podem apresentar. Os modos de produção de conhecimento são, em grande medida, equivalentes, e o conhecimento científico não é necessariamente melhor nem pior que os outros modos; é, apenas, mais uma maneira de entender a realidade.

A terceira fonte para as tendências relativistas é a antiepistemológica. Não completamente dissociada da científica, essa fonte relaciona-se com a rejeição da busca pelas fundações racionais do conhecimento. Os expoentes dessa linha de doutrinas, como Richard Rorty, procuram negar o *sta-*

tus privilegiado das fundações racionais do conhecimento, negando que o filósofo seja o "guardião da racionalidade" (HOLLIS & LUKES, 1982: 5). Assim, questiona-se a existência do que se costuma considerar "verdade objetiva", que passa a ser considerada apenas uma maneira de encarar algum tipo de explicação para as coisas que acontecem.

As três fontes para o relativismo apresentam em comum a negação da existência de hierarquizações quanto aos modos de produção de conhecimento ou de percepção da realidade, a negação da possibilidade de comensurabilidade entre diferentes alternativas científicas, perceptuais, culturais ou epistemológicas. Conforme o ideário relativista, as diferentes maneiras de entender os fenômenos da realidade sustentadas por diferentes grupos sociais ou diferentes épocas ou diferentes grupos de cientistas são todas relativamente verdadeiras, e jamais absolutamente verdadeiras ou intrinsecamente melhores do que as restantes[10].

Passemos agora a uma breve exposição de alguns dos principais tipos de relativismo.

1.1.1 Relativismo conceitual

Os conceitos são de extrema importância não apenas para categorizar a realidade, mas também para construir a base de possibilidade da nossa interação com o mundo exterior: usamos conceitos para julgar, inferir, prever, e não apenas para encaixar as coisas em suas devidas "gavetas". O relativismo conceitual nega que todos os indivíduos possuam exatamente o mesmo inventário de conceitos para interagir com a realidade, e afirma que grupos diferentes segmentam a realidade de maneira diferente, com relação a diferentes conjuntos de conceitos.

---

10. Uma referência importante para o estudo dessas questões mais gerais com relação ao relativismo é o volume *O relativismo enquanto visão de mundo*, do Banco Nacional de Ideias, publicado em 1994 pela Editora Francisco Alves. O volume, concebido por Antonio Cicero e Waly Salomão, registra os debates ocorridos entre 18 e 20 de maio de 1994. Participam do volume importantes pensadores, como o já mencionado Rorty, Ernest Gellner, Bento Prado Júnior, José Arthur Gianotti e Peter Sloterdijk, entre outros.

Certas categorias de conceitos variam contextualmente ao longo de grupos social, geográfica ou temporalmente afastados. Um exemplo bastante simples é o que se relaciona com categorias conceituais ligadas a animais. É facilmente verificável que especialistas em zoologia categorizam peixes e mamíferos de um modo ligado a uma visão científica do mundo, diferentemente de um leigo, que, para os mesmos conceitos, confiando em sua relação com o conhecimento do senso comum, pode acabar considerando uma baleia como "peixe" e não como "mamífero". Da mesma forma, por exemplo, um mainá pode ser apenas um "papagaio feio" para uma pessoa espirituosa não especializada em aves.

Os exemplos podem parecer triviais, mas as teses ligadas ao relativismo conceitual podem abranger inclusive conjuntos de conceitos mais fundamentais para o homem, tais como espaço, tempo, causalidade, entre outros, de forma que elas podem tornar-se bastante radicais. Esse tipo de relativismo relaciona-se com o relativismo linguístico, como veremos, pois os conceitos podem diferir não apenas de acordo com grupos pertencentes a períodos históricos ou a culturas diferentes, mas também de acordo com a língua, isto é, falantes de línguas diferentes podem diferir no modo como entendem certos conceitos.

1.1.2 Relativismo perceptual

Os objetos do mundo exterior não nos dizem exatamente como percebê-los. A partir dessa premissa, o relativismo perceptual nega a objetividade absoluta no modo de perceber a realidade e defende que grupos diferentes vivem em "mundos diferentes", pois percebem a realidade de maneira diferente com relação a seu tempo, sua cultura, sua língua, e assim por diante. Esse tipo de relativismo tem a ver com a interpretação da realidade, e, portanto, também é relevante para o tema do relativismo linguístico. A partir das ideias de Humboldt, Sapir e Whorf, por exemplo, defensores do relativismo linguístico propõem a metáfora da língua como uma espécie de lente para enxergar a realidade, e que, ao passarmos de uma língua para outra, entendemos a realidade de maneira diferente. O exemplo mais famoso dessa proposta é justamente o livro de Guy Deutscher, *Through the Language Glass*, de 2010, que, a partir da imagem do espelho da Alice de *Through the Looking-Glass*, de Lewis Carroll, explora as metáforas da língua como lente ótica influencia no modo como "vemos" a realidade. Esse tipo de relativismo se relaciona com as ideias de que cientistas atuantes em paradigmas diferentes também enxergam a realidade de maneira diferente, o que dá o tom relativista para as ideias de Kuhn, por exemplo.

Muitos pensadores assumem uma visão relativista perceptual frequentemente de modo não explícito, por exemplo quando defendem que a realidade é construída socialmente, ou que povos diferentes em épocas e lugares diferentes não compartilham da mesma "visão de mundo". *Weltbild* dos românticos e *Lebenswelt* dos fenomenólogos estão entre os termos filosóficos famosos usados para se referir a maneiras de ver o mundo, bem como *Weltanschauung* e *Weltansicht*, termos presentes em Humboldt e nos neo-humboldtianos, como veremos. Até mesmo nas artes o relativismo perceptual tem o seu lugar, e podemos encontrar um "relativismo estético" na crítica de arte que analisa as diferentes maneiras pelas quais a arte molda ou plasma a realidade.

1.1.3 Relativismo da verdade

O relativismo da verdade, ou de valor de verdade, diz respeito, por exemplo, ao fato de que algumas proposições podem ser verdadeiras para um grupo e falsas para outro. Esse tipo de relativismo é bastante complicado e envolve o relativismo semântico (que, *grosso modo*, é a hipótese de que grupos diferentes atribuem significados diferentes às mesmas palavras): teoricamente, o valor de verdade de proposições diria respeito a condições de verdade de proposições, e para muitos o "significado de uma palavra" corresponde à contribuição que ela faz para as condições de verdade de uma frase. Além disso, o relativismo da verdade é bastante radical, pois dizer que uma certa sentença é verdadeira em uma língua e dizer que a sua tradução para outra língua é falsa é algo pelo menos complicado: sendo a segunda uma tradução da primeira, ambas sentenças deveriam ter o mesmo valor de verdade, em uma concepção linguística de tradução[11].

De certo modo, o relativismo semântico depende, então, da teoria semântica que se assume e de saber ao certo a que o valor de verdade é relativo: por exemplo, pode-se constatar que o significado da mesma palavra varia para diferentes paradigmas científicos, épocas ou grupos sociais. É ainda mais complicado falar de significado, já que, para algumas teorias semânticas, é difícil até mesmo falar de "o" significado da "mesma" palavra. Os significados são instáveis, e mesmo para falantes da mesma língua é possível que uma palavra varie quanto ao significado de maneira importante.

Não somente as palavras ou as sentenças podem ter seu sentido relativizado, mas também as crenças. É com relação às crenças de diferentes grupos que a proposta fica mais interessante: um grupo pode acreditar que seja verdade que a água evapora, ao mesmo tempo em que sociedades não cientificamente alfabetizadas ou crianças em fase pré-escolar podem acreditar que isso é falso, dada a percepção de que parece mais natural, segundo o senso comum, supor que a água simplesmente desaparece quando submetida ao calor. As coisas se complicam quando as crenças das pessoas e as proposições científicas se chocam, como é possível verificar com o crescimento de grupos terraplanistas, que buscam explicações "científicas" para a hipótese de que a terra não é esférica, mas plana.

Há ainda outros tipos de relativismo, como o relativismo moral, que rejeita a noção inflexível de que os valores ou as crenças morais são iguais

---

11. Certamente, a questão é bem mais complexa do que pode parecer de imediato, já que, quando se fala em "tradução" de sentenças do ponto de vista das teorias semânticas, como se fala aqui, fala-se de um processo aparentemente simples, de correspondência e equivalência total, que está longe de ser possível ou realizável em todos os casos de operações chamadas de "tradução" no mundo real.

para todos os homens, o relativismo da própria noção de razão, ou da realidade, entre outros. No entanto, para esta apresentação breve, são suficientes as noções de relativismo apresentadas: já possibilitam a constatação de que há várias possibilidades de interação entre os modos de relativismo, uma vez que as coisas que podem ser relativas a outras coisas podem se combinar, assim como podem se combinar as coisas que são independentes com as quais se relacionam as coisas relativas.

1.1.4 A discussão do relativismo de Newton-Smith (1982)

Newton-Smith (1982), em um capítulo do livro *Rationality and Relativism*, apresenta uma tentativa de refutação das teses relativistas, em especial com relação à questão da interpretação. O autor começa o capítulo apresentando as aparentes vantagens que tornam o relativismo atraente: a caridade, o respeito pelas diferenças, a percepção de que as diferenças graves entre grupos diferentes acarretam "habitar mundos diferentes". No entanto, enquanto hipótese, o relativismo não é explicativo o suficiente.

Além dessa introdução, o autor reproduz a crítica frequente de que os defensores de hipóteses relativistas raramente definem suas hipóteses de maneira clara o suficiente para que possam ser refutadas. Assim, para refutar a ideia central relativista, Newton-Smith primeiramente procura uma formulação clara e direta, que reproduzimos aqui:

algo, s, é verdadeiro para ψ e s é falso para ϕ.

A questão relevante para Newton-Smith é o que pode ser *s*. Se for uma sentença ou uma proposição, a consequência é que a tese torna-se trivial: segundo o autor, é quase um lugar-comum dizer que uma mesma sentença é verdadeira para um grupo e falsa para outro. Seu exemplo é "Fumar maconha é bom[12]", que para um grupo de fazendeiros conservadores é falsa e para um grupo de neo-hippies é verdadeira.

---

12. *Weed is good to smoke.*

Faz-se necessário, portanto, introduzir a discussão sobre tradução e interpretação. Se uma certa sentença *s* pudesse ser verdadeira para os hernos mas sua tradução para o inglês *s'* fosse falsa para os falantes de inglês, teríamos a corroboração da tese relativista proposta acima. Mas, alegam os opositores do relativismo, isso não é possível, pois nesse caso *s'* não seria uma tradução de *s*: uma tradução de uma sentença *s* deveria definir-se – de acordo com estes opositores – como uma sentença *s'* que apresente, na língua de tradução, as mesmas condições de verdade que *s* apresenta na língua de origem. No entanto, para Newton-Smith, essa crítica se baseia numa visão tradicional de significado, ligada a condições de verdade. Assim, a mera possibilidade da tradução elimina a possibilidade do relativismo: se um falante consegue expressar a crença do outro em sua língua, sua tradução não pode significar algo completamente diferente da proposição original. Nas palavras de Newton-Smith (1982: 114),

> Podemos ver agora que o relativismo, longe de ser explanatório, na verdade elimina a possibilidade de tornar inteligíveis os comportamentos dos hernos. Pois, se a tradução não é possível, não podemos atribuir crenças e desejos particulares a eles – com exceção das crenças (se houver) e desejos que pudermos atribuir apropriadamente a criaturas não linguísticas.

Essa refutação inicial ainda depende de uma discussão sobre a indeterminação da tradução de Quine, já que Newton-Smith pretende mostrar ainda como o relativismo pode ser proposto corretamente (ainda que, na forma proposta pelo autor, não explique muita coisa). Contudo, para os fins deste capítulo e da discussão do relativismo linguístico a seguir, é suficiente ter em mente que a própria possibilidade de tradução é um importante argumento contra teses relativistas mais fortes. Voltaremos a isso quando falarmos, por exemplo, de Whorf.

Antes de continuar, apresento, por meio da citação abaixo, um dos principais pontos da argumentação de Newton-Smith: segundo ele, seria apenas aparente o caráter caridoso e humanitário das teses relativistas, um dos atrativos dessas propostas.

O relativismo não apenas não é explicativo, mas também não é caridoso. Ele começou com o objetivo de apresentar um construto caridoso da diversidade das crenças e terminou privando os hernos de quaisquer crenças. O relativista quer que paremos de usar os nossos "B-52 filosóficos" (termo de [Ian] Hacking) para apresentar a nossa verdade, lógica e racionalidade para os hernos. No fim, não conseguimos lhes dar nenhuma verdade, lógica ou racionalidade. Não será suficiente para o relativista refugiar-se na ideia de que os hernos têm língua, crenças e desejos aos quais não temos acesso. Isso não é mais plausível do que supor que os caramujos têm crenças, mas não sabemos quais. A tese do relativista deveria explicar a diversidade de crenças. E através deste movimento desesperado, ele retirou a afirmação de que exista diversidade de crenças (NEWTON-SMITH, 1982: 115).

Com a apresentação da argumentação acima, fechamos a seção do relativismo de modo geral e passamos para a discussão do relativismo linguístico. O que é importante na sequência argumentativa de Newton-Smith é o movimento que demonstra que o aspecto humanitário e caridoso das teses relativistas acaba exercendo o papel oposto, levando-nos a visões etnocêntricas fortes de avaliação negativa do outro, impedindo o seu acesso a crenças e percepções como as nossas. Também é relevante notar que grande parte da argumentação diz respeito a questões ligadas à traduzibilidade e significação, de modo que o relativismo linguístico passa a ter um papel privilegiado na discussão do relativismo de modo geral. Contudo, é importante apresentar ressalvas às conclusões de Newton-Smith: da impossibilidade de tradução *não necessariamente* se segue a impossibilidade de atribuição de crenças e desejos; talvez se siga algum grau de incerteza na confirmação das crenças e desejos atribuídos aos outros.

1.2 O RELATIVISMO LINGUÍSTICO

O relativismo linguístico pode ser entendido em termos gerais como a proposta de que a língua que falamos influencia de alguma forma o modo como concebemos a realidade. Trata-se de uma proposta que se apresenta de muitas formas ao longo da história do pensamento sobre a linguagem, e muitas das posições relativistas quanto à linguagem não são necessariamente explícitas.

Formulando a hipótese de modo a encaixá-la no modelo geral de relativismo exposto acima, podemos apresentá-la da seguinte maneira:
- a variável independente na relação é a *língua*;
- as variáveis dependentes na relação são a *experiência, as crenças, a percepção, a visão de mundo, os conceitos, a memória*.

Assim, o princípio do relativismo linguístico, de modo geral, defende a posição de que a percepção, as crenças, os conceitos, enfim, a visão de mundo de povos diferentes variam conforme variem as línguas que eles falam. Postulada desta forma, a hipótese é bastante geral e atraente, pois é fácil aceitar que línguas pertencentes a famílias linguísticas muito diferentes sejam, de fato, veículos de realidades bastante diferentes. Não somente pelo que as próprias línguas fazem, mas especialmente porque, seguindo as explicações para outras formas de relativismo acima, a realidade não nos é dada objetivamente: ela, antes, passa pelo filtro de nossa percepção, e, então, pode ser categorizada e construída pela nossa linguagem. Não há observação neutra da realidade, e, supõem os relativistas, línguas muito diferentes podem ser veículos muito diferentes para a categorização de realidades muito diferentes.

É certo, no entanto, que as propostas relativistas quanto à linguagem são muito variadas, e também é certo que uma hipótese tão impactante, ainda que genericamente exposta como foi acima, requereria evidência empírica sólida para se sustentar. Assim, vejamos como é possível separar algumas das teses mais específicas de dentro da tese maior, incluindo a parte comumente vista como negativa pelos críticos do relativismo linguístico, o chamado *determinismo linguístico*. Seguindo Gumperz & Levinson (1996: 23), pode-se reconhecer as seguintes ideias embutidas dentro da tese geral do relativismo linguístico:

a) Diferença linguística: as línguas diferem substancialmente nos seus sistemas de significados e estrutura gramatical.

b) Determinismo linguístico: as categorizações linguísticas determinam aspectos de categorização não linguística, memória, percepção ou pensamento em geral.

i. Determinismo linguístico forte: conceitos não codificados linguisticamente são inacessíveis.

ii. Determinismo linguístico fraco: conceitos que forem codificáveis linguisticamente são favorecidos ou facilitados.

A partir de (a) e (b), Gumperz & Levinson chegam à seguinte formulação da Hipótese do Relativismo Linguístico:

Se

(i) existem diferenças nas categorizações linguísticas nas línguas e

(ii) as categorizações linguísticas determinam aspectos do pensamento dos indivíduos,

Então

(i) aspectos do pensamento dos indivíduos diferem nas diferentes comunidades linguísticas de acordo com a língua que elas falam.

Veremos adiante que, *grosso modo*, as hipóteses do RL ou são rechaçadas imediatamente como implausíveis, impraticáveis, autodestruidoras e/ou triviais por pesquisa empírica, ou são testadas em versões menos fortes que as deterministas, gerando pesquisas experimentais interessantes, como veremos no capítulo 4 (cf., p. ex., GUMPERZ & LEVINSON, 1996; GENTNER & GOLDIN-MEADOW, 2003).

As refutações tradicionais do RL são elaboradas, geralmente, por teóricos de orientação cognitivista (frequentemente também universalistas), para os quais as línguas não variam tanto assim, uma vez que todos compartilhamos do mesmo inventário de conceitos e de regras gramaticais inatos e específicos da nossa espécie. Um cognitivista que comumente ataca o RL é o psicólogo/linguista Steven Pinker (cf. PINKER, 2002, 2004, 2007). Em geral, como costuma acontecer com os inimigos de teses relativistas, seus ataques são direcionados a versões mais gerais das teses relativistas nos estudos da linguagem, e não a uma formulação clara e precisa da hipótese seguida de argumentos razoáveis e pesquisa empírica experimental (o que, de acordo com o que veremos no cap. 4, não acontece, p. ex., em PINKER, 2007). Vejamos um exemplo de sua argumentação:

Mas uma coisa engraçada aconteceu com a linguagem na vida intelectual. Em vez de ser apreciada por sua capacidade de comunicar o pensamento, foi condenada por seu poder de restringir o pensamento. Citações célebres de dois filósofos refletem essa preocupação. "Temos de deixar de pensar se nos recusarmos a fazê-lo na prisão da língua", escreveu Friedrich Nietzsche. "Os limites de minha língua significam os limites de meu mundo", são palavras de Ludwig Wittgenstein.

Como a língua poderia exercer essa força repressora? Exerceria, sim, se as palavras e frases fossem o próprio meio do pensamento, uma ideia que decorre naturalmente da tábula rasa. Se não há nada no intelecto que não estivesse primeiro nos sentidos, então as palavras captadas pelos ouvidos são a fonte óbvia de qualquer pensamento abstrato que não pode ser reduzido a visões, odores ou outros sons. Watson tentou explicar o pensamento como movimentos microscópicos da boca e da garganta; Skinner teve esperança de que seu livro *Verbal behavior* [*O comportamento verbal*, na tradução em português], que explica a linguagem como um repertório de respostas recompensadas, diminuísse a distância entre pombos e pessoas (PINKER, 2004: 287).

Em suma, para Pinker o RL é impossível. Sua recusa de que o pensamento e a linguagem sejam idênticos (ou que ela seja o *meio* do pensamento) é a base da proposta, como veremos adiante.

1.2.1 O universalismo linguístico como antirrelativismo

Um exemplo de refutação do RL vindo da semântica cognitiva e baseado em uma versão mais razoável da proposta é dado pelos próprios Gumperz & Levinson (1996: 25) com o seguinte silogismo antiwhorfiano tradicional, oposto ao formulado acima:

Se:

(i') Línguas diferentes se utilizam do mesmo sistema de representação semântica (se não em nível molecular, ao menos em nível atômico[13]);

---

13. Por nível atômico e molecular os autores querem dizer os elementos semânticos indivisíveis, como traços semânticos fundamentais, e suas composições mais complexas, respectivamente. Provavelmente os autores estão se referindo ao modelo da "decomposição lexical" em que os significados das palavras ("moléculas") seriam compostos de elementos de significado mais básicos, entre os quais primitivos universais (os "átomos"). Por exemplo, o significado do verbo *dar* seria a "molécula" [X CAUSAR [Y TER Z]], composta dos "átomos" CAUSAR e TER – os "conceitos universais" primitivos de causação e posse.

(ii') as representações conceituais universais determinam os sistemas semânticos, e na verdade o sistema de representação semântica é idêntico ao sistema conceitual proposicional (à chamada língua do pensamento inata),

Então:

(i') os usuários de línguas diferentes utilizam-se de um sistema de representação conceitual idêntico.

Basicamente, os dois silogismos expõem claramente as duas posições diametralmente opostas do relativismo *versus* universalismo linguístico. O universalismo é uma tese fortemente aceita, especialmente desde os trabalhos iniciais de Chomsky, na década de 1950, (à qual Pinker se filia em parte, como podemos perceber facilmente pelo trecho citado acima), uma vez que a pesquisa empírica intensa das ciências cognitivas tem fornecido dados de apoio às teses chomskianas sobre a aquisição de linguagem e do funcionamento da linguagem na mente humana: basicamente, para Chomsky, a língua final de um indivíduo é o resultado do contato de seu órgão mental da linguagem, a gramática universal (geneticamente transmitida e específica da espécie humana), com a língua específica falada pela comunidade na qual o indivíduo se insere. Além disso, para Chomsky (cf., p. ex., CHOMSKY, 1959, 1965, 1986, 2005, 2006; PIATELLI-PALMARINI, 1980), o estímulo que o indivíduo recebe do seu meio é por demais escasso e instável, de modo que ele sozinho não explica toda a sua capacidade linguística. O resultado da tese chomskiana sobre aquisição de linguagem é uma teoria inatista universalista de bases racionalistas (para CHOMSKY, 1972, inclusive, cartesianas).

Ao adotar tal posição, o universalismo racionalista automaticamente descarta a possibilidade de qualquer hipótese relativista que não seja trivial: as versões mais fortes do RL, como o determinismo linguístico, não podem se seguir logicamente de uma posição universalista que vê as línguas como desenvolvimento de uma mesma base orgânica, universal, geneticamente inscrita da mesma forma nos cérebros de todos os membros da espécie humana. De certa forma, o universalismo chomskiano e cognitivista de forma geral prevê que o sentido da influência causal seja exatamente o oposto do que o previsto pelas teses fortes do RL: não é a língua que determina o pensamento, mas o pensamento (a "mente" chomskiana) que determina as línguas possíveis. Além disso, para os universalistas, a oposição teórica fundamental diz respeito ao fato de que, historicamente, os relativistas igualaram linguagem e pensamento, pois, apenas dessa forma seria razoável pressupor que uma língua específica determina fortemente o pensamento dos seus falantes. Os universalistas são também defensores de que a linguagem do pensamento é universal, não linguística, e que as línguas humanas apenas em parte nos ajudam a pensar: grande parte dos processos cognitivos são, portanto, independentes da linguagem verbal[14].

1.2.2 A formulação do RL de Lucy (1997)

Até bem recentemente (com relação aos vários séculos da hipótese do RL em suas versões variadas), os próprios proponentes de versões da hipótese reconheciam que o esforço teórico tinha sido muito pouco profícuo, especialmente no sentido de ter havido pouca pesquisa empírica séria para comprovar as formas mais frequentemente propostas da hipótese do RL. John Lucy, um dos proponentes importantes de formas mais modernas e testáveis do RL, em um artigo de 1997, afirma que, na verdade, houve quase "completa ausência de pesquisa empírica direta ao longo do século [XX]" (LUCY, 1997: 294). Uma das razões principais para essa falta residiria no caráter interdisciplinar do problema do RL. Além disso, outras preocupações teriam barrado o progresso de estudos dirigidos a testar a hipótese: alguns teóricos se preocupavam com a possibilidade de que aceitar o RL minaria a conduta preconizada pelas ciências sociais, de respeito às diferenças,

---

14. Procurarei sistematicamente utilizar os termos "linguagem" como a capacidade linguística abstrata em oposição à "língua" como uma manifestação particular dessa capacidade, que pode ser falada por um grupo de indivíduos (como o português, o islandês, o latim etc.).

por exemplo; outros, com a possibilidade de que conduziria ao relativismo ético; outros, ainda, igualariam o RL ao determinismo linguístico, o que levaria à aceitação de uma diminuição na liberdade individual de pensamento. Lucy reconhece, enfim, que a hipótese levanta questões preconceituosas e apaixonadas, naturalmente indesejáveis quando se procura fazer *ciência*.

Feita essa discussão de precaução, Lucy fornece uma das formulações mais sóbrias e detalhadas da estrutura da hipótese do RL. A passagem merece citação completa:

> Existe uma variedade de propostas específicas do relativismo linguístico, mas todas compartilham três elementos-chave ligados em duas relações. Todas defendem que certas propriedades de uma dada *língua* têm consequências para certos padrões de *pensamento* sobre a *realidade*. As propriedades da língua em questão são geralmente morfossintáticas (mas podem ser fonológicas ou pragmáticas) e acredita-se que variem em vários sentidos importantes. O padrão de *pensamento* pode ter a ver com a percepção imediata e com a atenção, com sistemas de classificação pessoais e socioculturais, inferência e memória, ou com julgamento estético e criatividade. A *realidade* pode ser o mundo da experiência do dia a dia, ou contextos especializados, ou de tradição ideacional. Esses três elementos estão ligados por duas relações: a língua incorpora uma *interpretação* da realidade e a língua pode *influenciar* o pensamento sobre aquela realidade. A interpretação surge da seleção de aspectos substantivos da experiência e seus arranjos formais no código verbal. Tais seleções e arranjos são, é claro, necessários para a língua, e, então, a ênfase crucial aqui é a que cada língua envolve uma interpretação particular, não uma comum, universal. Uma influência no pensamento se dá quando a interpretação particular da língua guia ou favorece a atividade cognitiva e, consequentemente, as crenças e comportamentos que dependem dela (LUCY, 1997: 294-295).

Para Lucy, as propostas do RL diferem com relação aos graus de influência da língua no pensamento e às diferenças nas possíveis relações. Lucy propõe, portanto, uma abordagem de RL mais sólida e empiricamente viável, que possa se separar das propostas mais frouxas, que, segundo ele, podem ser descartadas com o auxílio das seguintes ressalvas (LUCY, 1997: 295): (i) "RL não é a mesma coisa que diversidade linguística": afinal, pode haver diferença entre línguas sem que haja influência direta no pensamento *por causa* da diferença especificada. (ii) "RL não é a mesma coisa que *qualquer* influência da língua no pensamento": a influência deve estar ligada às diferenças encontradas entre as línguas. (iii) "RL não é a mesma coisa que relativismo cultural", ou seja, não se trata meramente de ver a língua como parte de um grande sistema cultural de possibilidades de diferenças e variação presentes em grupos culturalmente muito diferentes. O estudo da relação entre língua, pensamento e realidade deve ser, portanto, sistemático e centrado em hipóteses bastante restritas empiricamente. John Lucy faz parte do grupo de relativistas que serão estudados mais adiante no capítulo 4, reservado às propostas do RL contemporâneo.

1.2.3 Discussões preliminares

Mesmo sem o detalhamento da proposta como o apresentado acima, há também discussões importantes a serem relatadas acerca de uma visão geral do RL. Um dos pontos importantes que podem ser levantados é que, ainda que a tese geral do RL seja, historicamente, assim como algumas das teses relativistas expostas acima, motivada por princípios românticos de igualdade, caridade, ausência de julgamentos de superioridade ou inferioridade de línguas afastadas das grandes metrópoles linguístico-culturais ocidentais, mais especificamente europeias, de certa forma, assim como as teses relativistas, o RL pode acabar seguindo o caminho exatamente oposto. Kramsch (1998: 12-13) argumenta que a comunidade científica imediatamente rejeitou as formulações do RL pelo fato de a versão formulada por Whorf ter relativizado a capacidade de culturas muito diferentes até mesmo entenderem os resultados do avanço científico (já que ele dependia da língua em que fosse expresso ou formulado). Por conta disso, segundo ela, se um determinado grupo tiver que aprender a língua da ciência para poder ter alguma noção dos seus resultados, esse grupo é naturalmente incapaz de, com sua própria língua, formular de alguma maneira as proposições da ciência. Ora, isso é exatamente o contrário de uma hipótese caridosa e igualitária: para Kramsch, tratar-se-ia de uma hipótese racista e preconceituosa (KRAMSCH, 1998: 13).

O argumento de Kramsch não é muito diferente do de Newton-Smith que discutimos acima: se podemos traduzir de uma língua para outra, a incomensurabilidade dos sentidos ou dos conceitos é, pela própria possibilidade de tradução, relativizada. As hipóteses mais fortes do RL preveem que as diferenças entre as línguas geram visões de mundo tão diferentes que, de certa forma, há certas coisas que só podem ser ditas em uma língua, e que portanto não podem ser traduzidas por outra. O exemplo de Whorf da ausência de tempo verbal na língua hopi (que será discutido mais profundamente no cap. 3) serve, em sua argumentação, para demonstrar que o falante de inglês e o de hopi pensam de maneira muito diferente sobre o tempo e que, de certa maneira, a concepção newtoniana de tempo seria menos favorecida para um falante de hopi; para Whorf, os hopi seriam favorecidos por terem maior facilidade em compreender a concepção einsteiniana do tempo e do espaço. No entanto, o argumento normalmente usado em favor da intraduzibilidade é bastante fraco, já que todas as características radicalmente diferentes da língua hopi, por exemplo, são traduzidas para o inglês pelo próprio Whorf, de modo que fica claro que a própria possibilidade de parafrasear uma expressão ou palavra para outra língua relativiza a própria tese do relativismo: se podemos traduzir os verbos "sem tempo" dos hopi para o inglês ou para o português, as diferenças não são assim tão graves, e a profundidade da diferença cognitiva causada por esse tipo de característica consequentemente não será tão grande, se houver[15].

Para Kramsch, contudo, há algumas potencialidades das teses ligadas ao RL que não são tão radicalmente problemáticas quanto as formulações de Whorf. A traduzibilidade como argumento contra o RL não é tão forte, pois, segundo ela, se falantes de línguas diferentes não se entendem, não é apenas por causa das dificuldades de tradução. Eles podem também carecer de uma

---

15. Há aqui, talvez, um excesso de confiança na noção de traduzibilidade e de equivalência completa entre os sentidos dos textos traduzidos. Naturalmente, percebe-se em Whorf que, ainda que ele traduza os elementos considerados incomensuráveis da língua hopi (remeto o leitor mais uma vez ao cap. 3), a tradução é bastante complicada e muitas vezes executada através de paráfrases complexas e estranhas.

mesma maneira de ver e interpretar os eventos, os conceitos, as crenças. "Resumindo, eles não segmentam a realidade ou categorizam a experiência da mesma maneira", argumenta Kramsch (1998: 13). Por isso, então, a versão forte do determinismo whorfiano deve dar lugar a pesquisas que enfoquem as versões viáveis do RL, aquelas que procurem demonstrar de que modo certos aspectos da experiência de certos grupos são mais salientes ou mais facilmente acessíveis para os falantes da língua do grupo do que para falantes de línguas muito diferentes[16].

Ainda como argumento contrário às versões fortes do RL, Cole & Scribner (1974: 41) afirmam:

> Formas extremas do relativismo e do determinismo linguísticos teriam implicações sérias, não somente para o estudo da humanidade em si mesma mas também para o estudo da natureza, porque elas fechariam a porta para o conhecimento objetivo de uma vez por todas. Se as propriedades do ambiente são conhecidas somente através dos mecanismos infinitamente variáveis e seletivos da linguagem, o que percebemos e experienciamos é, de certo modo, arbitrário, e não é necessariamente relacionado com *o que* está "lá fora", mas somente com *como* a nossa comunidade linguística particular concordou em *falar sobre* o que está "lá fora". Nossa exploração do universo seria restrita às características codificadas pela nossa língua, e o trânsito do conhecimento entre as culturas seria limitado, se não impossível.

Mais uma vez, a preocupação é claramente a de afastar as formas radicais do RL em favor da possibilidade da ciência, do conhecimento, da compreensibilidade universal. O universalismo filosófico, que podemos encontrar na base de tantas tentativas de criação e preservação de línguas universais (cf. ECO, 2001; ROBINS, 1981; STEINER, 2005; KRISTEVA,

---

16. Também aqui é necessária uma intervenção: naturalmente, é muito difícil definir claramente o que sejam línguas "muito" diferentes umas das outras. Penso em graus de diferenças que se percebam nas classificações genéticas das línguas ou na ausência de contato mútuo frequente entre falantes de grupos linguísticos diferentes. Por exemplo, são menos diferentes entre si línguas que façam parte do mesmo ramo dentro de uma mesma família, e a diferença entre elas aumenta conforme diminui o contato regular entre os povos falantes, assim como conforme aumenta a distância dentro da árvore da mesma família linguística, ou, aumenta ainda mais se duas línguas fazem parte de famílias linguísticas diferentes e seus falantes têm pouco contato. Ainda assim, trata-se de uma noção um tanto intuitiva.

1974; MOUNIN, 1970), das línguas clássicas da ciência, religião, filosofia e erudição (como o grego antigo, o latim e o hebraico), dos caracteres de John Wilkins à lógica simbólica, passando pelo esperanto e pelas linguagens formais da matemática e das linguagens de programação, sempre tentou sobrepor as barreiras das línguas particulares para o "bem maior" da universalização do conhecimento. O positivismo lógico na ciência dos séculos da Modernidade pós-renascentista foi responsável, em grande parte, pela possibilidade de uma ciência universal, exata, objetiva, supostamente neutra e isenta de preconceitos individuais ou de prejuízos da linguagem ordinária. Tudo isso seria demolido por uma versão extremada, completamente determinista, do RL.

Em virtude da própria existência de universais científicos, filosóficos, linguísticos, alegada pelos universalistas, as teses mais fortes do RL são geralmente descartadas e combatidas. Assim, para os seguidores de hipóteses relativistas quanto à língua e à cultura, restam as versões razoáveis, e testáveis, do RL.

Passemos à análise da forma da hipótese do relativismo linguístico talvez mais citada, discutida e testada. Trata-se da versão da hipótese do RL que discute a influência das diferenças entre os léxicos das línguas nos grupos que as utilizam.

1.2.4 O relativismo lexical ou os nomes da neve

Versões intuitivas e populares do relativismo linguístico com relação ao léxico das línguas são encontradas muito comumente na mídia ou em discursos sobre a língua (proferidos por especialistas e por não especialistas com bastante frequência). Essas versões sustentam que certas línguas possuem um número muito maior de palavras para designar certas coisas do que outras línguas. O exemplo clássico é o da língua dos esquimós, que tem um número enorme (que varia de autor para autor ou de ocasião para ocasião) para designar o que nós designamos por *neve*.

Esse tipo de exemplo é o mais popular e o mais, digamos, intuitivo. Um texto do jornalista e escritor Sérgio Augusto defende que, em português brasileiro, temos tantos ou mais termos que significam o mesmo que "bunda" do que os esquimós têm para neve[17]. Um encarte da rede de *fast-food* McDonald's que não guardei por ter precedido de longe a escrita deste livro afirmava, para os comedores de hambúrgueres mais curiosos, que o número de palavras para "cavalo" em árabe girava em torno de várias centenas. O que representa esse tipo de afirmação? Naturalmente, uma língua que tenha tantas palavras para se referir à "mesma coisa" é certamente uma língua que segmenta a realidade de maneira diferente de uma língua que não tenha tantos termos para aquela mesma coisa[18]. Entretanto, ainda cabem outras perguntas: (i) Qual é o objetivo desse tipo de afirmação? (ii) A relação causal entre o número maior de palavras e as características da cultura representada por esse tipo de afirmação "empírica" é a que favorece a hipótese do RL? (iii) Essas palavras todas se referem, realmente, à "mesma coisa" à que a outra língua se refere com menos palavras?

Respondamos por partes. Uma boa resposta para (i) é que quem profere esse tipo de afirmação (em geral baseado em dados subjetivos, aproximados e enviesados)[19] ou procura valorizar positiva ou negativamente a língua que apresenta todas as inúmeras palavras, ou procura apresentar o dado como algo "curioso", "intrigante", "interessante", o que, por si só, já é um modo de julgar a língua em questão de forma etnocêntrica, colocando a própria língua em uma situação de "normalidade". Ora, se um falante de inglês afirma que os esquimós têm duzentas palavras para falar de "neve",

---

17. Revista *Bundas*, n. 1 (1999), Editora JB.

18. Há, aqui, um problema que não está nem perto de ser resolvido pelos proponentes das versões intuitivas e populares do relativismo lexical: é bastante difícil definir o que seja a "mesma coisa" em termos semânticos.

19. Afinal, não há, até onde procuramos, estudos sistemáticos sobre esses conceitos que são designados por tantas palavras, e, no caso da neve dos esquimós, o número de palavras varia de estudo para estudo, de seis a duzentas e tantas (cf. PULLUM, 1991 discutido adiante no cap. 3).

imediatamente ele espera gerar em seu interlocutor a sensação de estranhamento e de maravilhamento com uma cultura exótica, incrível, que enxerga a realidade de maneira tão especial. Não é à toa que, no caso dos esquimós, outras informações antropológicas "curiosas" costumam acompanhar a das duzentas neves: dizem que se você visitar um esquimó e não aceitar que ele ofereça sexualmente sua esposa para você em sinal de hospitalidade, você estará cometendo uma grande ofensa cultural. Além disso, aquele mesmo falante do inglês, ao fazer a afirmação "inacreditável" sobre o esquimó, quer ao mesmo tempo gerar em sua audiência uma sensação de segurança e conforto por fazer parte de uma cultura saudável e normal, que tem poucas palavras para neve porque se preocupa com coisas mais importantes. Afinal, não é "normal" dividir a esposa com os hóspedes. No caso da lista de centenas de sinônimos para "bunda" no português brasileiro, fica claro que o objetivo é o mesmo, apenas invertidas as posições da cultura do outro e a do eu: a intenção de crítica social disfarçada pelo humor é exatamente reforçada pelo fato de que, supostamente, nenhuma outra língua tem tantas palavras para se referir ao mesmo conceito. (Assim como nenhuma outra língua, dizem muitos, em tom de curiosidade antropológica ufanista, tem um equivalente para a palavra "saudade", crença sem nenhuma possibilidade de sustentação empírica ou teórica.) Para (ii), a resposta é complexa. Não é necessariamente verdade que as afirmações sobre a existência de múltiplas palavras correspondentes ao mesmo conceito em uma língua e a inexistência do mesmo número de sinônimos em outra língua representa uma corroboração do RL. Podemos pensar, de maneira muito mais simples, que se uma língua desenvolve mais vocabulário para lidar com certas áreas de conhecimento, campos semânticos ou conceitos salientes, pode ser que esteja ocorrendo exatamente o contrário do RL clássico: pode ser, simplesmente, que a língua receba a influência da cultura e da sociedade, e não o contrário. O contato mais intenso dos esquimós com a neve obviamente gera a necessidade de maior distinção lexical para eles do que para os falantes de inglês ou português, o que, claramente, não significa dizer que não seríamos capazes de perceber as diferenças que os esquimós percebem nos tipos de neve (novamente, remeto o leitor à discussão de Pullum sobre Whorf no cap. 3).

Quanto a (iii), finalmente, voltamos ao argumento da traduzibilidade: Os esquimós estão falando de "neve" ou de *snow* quando usam suas *n* palavras para "neve"? De nenhuma das duas. Ao pensarmos dessa forma, estamos incorrendo novamente no problema da etnocentricidade: o universo conceitual de um esquimó não é necessariamente idêntico ao do falante de português ou inglês, mas também não é necessariamente incomensurável[20]. O esquimó pode ver diferenças que não vemos na neve, mas essas diferenças podem ser explicadas ou traduzidas: é a "neve que vem com o vento", a "neve que se parece com gelo", a "geada", a "nevasca", a "neve pisada pelas patas dianteiras do urso polar" e assim por diante. Os exemplos de tradução deixam duas coisas claras: em primeiro lugar, podemos traduzir os inúmeros termos esquimós para "neve"; segundo, não há (e nem é necessário que haja) uma correspondência biunívoca total entre termos de uma língua e de outra, como se houvesse um inventário universal de conceitos aos quais as línguas tivessem que necessariamente fazer corresponder uma palavra.

Ao fim da discussão dessa visão simples e intuitiva do relativismo lexical, esperamos que esteja claro, em especial, que essa visão é em geral trivial e de pouco valor heurístico, já que ela não diz muita coisa sobre as diferenças sistemáticas entre as línguas, e não corrobora necessariamente nem o relativismo nem o universalismo linguístico.

No entanto, há discussões interessantes e importantes sobre o RL no campo das diferenças lexicais entre as línguas. Uma das mais frequentemente citadas e resenhadas é a que diz respeito aos termos de cor. As línguas têm conjuntos diferentes de termos de cor, e os pesquisadores procuram verifi-

---

20. Longe de propor uma teoria da relação entre universos conceituais de falantes de diferentes línguas, o que se pretende com esse argumento é mostrar que não é necessariamente o fato de que os esquimós possuem tantas palavras a mais para se referir ao que nós denominamos de "neve" que geraria a incomensurabilidade entre os universos conceituais.

car como isso afeta a cognição dos falantes. A questão é mais profícua para a discussão do RL em virtude de os conjuntos de termos de cores serem mais facilmente comparáveis e de terem sido submetidos a experimentos por vários pesquisadores, evitando-se, com isso, as conclusões mais simplistas e etnocêntricas ligadas aos exemplos mais episódicos como o da neve, replicado quase na forma de meme, ou seja, como se sua propagação independesse de corroboração ou referências.

Inicialmente, a questão é complicada, já que a posição do RL prevê que o fato de as línguas variarem em seus inventários de termos de cor causaria diferenças na capacidade de as pessoas lidarem com as cores extralinguisticamente. Um estudo experimental importante de Brown & Lenneberg (1954, apud COLE & SCRIBNER, 1974: 44) sobre a influência das diferenças lexicais nos grupos falantes de diferentes línguas propõe que a facilidade com a qual uma distinção é reconhecida em uma língua diz respeito à frequência com que o referente discriminado é necessário e requisitado no dia a dia do grupo.

O outro conceito importante de que Brown & Lenneberg lançaram mão foi o de *codificabilidade*, que diz respeito ao fato de que certas experiências são mais facilmente lembradas em testes de memória se a língua em questão apresentar palavras para elas. Por isso, argumentam os autores, as línguas que apresentam mais termos específicos para cores levam os seus falantes a codificarem as experiências com cores com mais precisão.

Os experimentos dessa época consistiam basicamente em apresentar fichas coloridas aos sujeitos, que deveriam nomear a cor o mais rápido que pudessem. No caso do experimento de Brown & Lenneberg, as cores com nomes mais longos eram lembradas mais lentamente, e as cores mais rapidamente lembradas correspondiam a cores cujos nomes eram mais acessíveis aos indivíduos. Num experimento posterior, Lenneberg & Roberts (1956, apud COLE & SCRIBNER, 1974: 46), os índios norte-americanos zuni foram testados da mesma forma; como sua língua não distingue amarelo de laranja, a previsão era a de que eles teriam mais dificuldade em lembrar-se dessas cores, o que de fato se confirmou. Naturalmente, tais resultados favoreciam uma versão fraca do RL.

No entanto, as décadas de 1950 e 1960 viram muita pesquisa experimental quanto aos termos para cores e, num estudo clássico, Berlin & Kay (1969) pediram a falantes de vinte línguas para escolherem entre as fichas coloridas exemplos das cores correspondentes aos termos básicos de cores de suas línguas. Em seguida, eles solicitaram que os sujeitos selecionassem outras fichas que pudessem ser chamadas pelos mesmos nomes daquelas escolhidas como pertencentes ao grupo das cores básicas de sua língua. Os resultados foram interessantes: os falantes de todas as línguas organizaram as cores, em geral, em torno de onze cores básicas chamadas *focais*: oito cromáticas (vermelho, amarelo, verde, azul, marrom, laranja, rosa e roxo) e três acromáticas (preto, branco e cinza[21]). Isso aponta para uma suposta universalidade no modo como as línguas constroem seu sistema de cores: ainda que a língua tenha apenas dois ou três termos de cores, o modo como elas classificam as cores é universal – as línguas não variam tanto assim no quesito arbitrariedade no inventário de termos de cores.

Muito se pesquisou sobre termos para cores, tanto do lado relativista quanto do lado universalista. Por exemplo, Lucy (1997: 300) lista uma série de experimentos mais recentes em que a metodologia e o modo de descrição linguística presentes nos experimentos daquela época foram reformulados, e cujos resultados apontam para outras conclusões.

Paul Kay mesmo, em artigos mais recentes, reavalia alguns dos resultados a que chegara em Berlin & Kay (1969). Kay & Regier (2006: 52) afirmam que as novas pesquisas na área da cognição das cores têm levado a conclusões que vão além do debate tradicional relativismo *versus* universalismo: ao mesmo tempo em que respondem negativamente à pergunta "os nomes das cores nas línguas do mundo são meramente convenção linguística arbitrária?", respondem afirmativamente à pergunta "As diferenças

---

21. Correspondentes aos termos de cores citados pelos autores em inglês: *red, yellow, green, blue, brown, orange, pink, purple, black, white* e *grey*.

entre as línguas na nomeação das cores causam diferenças correspondentes na cognição?" Segundo Kay & Regier, duas respostas afirmativas caracterizam as pesquisas cujas conclusões são favoráveis ao RL, enquanto que as pesquisas de conclusões universalistas, como as do grupo do próprio Kay nos anos de 1960 e 1970, respondiam a ambas as perguntas negativamente.

O foco das pesquisas sobre termos para cores, mais recentemente, se afasta dos moldes tradicionais e procura correlacionar a quantidade de termos de cores das línguas ao grau de industrialização da sociedade em questão (quanto maior, mais termos de cores estão disponíveis) ou à quantidade de radiação ultravioleta a que os falantes de línguas de certos grupos são expostos (p. ex.: línguas próximas da linha do Equador tendem a não apresentar termos distintos para verde e azul, segundo LINDSEY & BROWN, 2002, apud KAY & REGIER, 2006).

Kay & Regier (2006) apresentam ainda uma extensa lista de pesquisas recentes que apontam para caminhos diferentes daqueles apresentados nos estudos clássicos de diferenças nos vocabulários das cores nas línguas. Deutscher (2010) aprofunda a questão em toda a primeira parte de seu livro e acrescenta informações importantes a respeito do aparente fato de que o que normalmente chamamos de azul não encontra muitos exemplares na natureza, de modo que a cor azul, em muitas línguas, foi das últimas a serem nomeadas. Num curioso experimento, Deutscher relata não ter mencionado explicitamente à sua filha Alma a palavra *blue* e ter aguardado até que ela mesma aprendesse a usar os termos de cores, o que ocorreu, segundo ele, quando a menina já tinha dezoito meses. Enquanto isso não acontecia, a pequena Alma era constantemente inquirida sobre a cor do céu, e, mesmo num dia de céu que chamaríamos inequivocamente de azul, quando respondia, usava *white* ou *what?*, mas nunca *blue*.

Montgomery (1985), em capítulo dedicado à questão da linguagem e da representação, apresenta o RL também em termos gerais, com os mesmos exemplos ligados ao relativismo lexical, aos termos para cores, e apresenta as dificuldades costumeiramente atribuídas às visões relativistas fortes: ausência de evidência empírica para as teses, traduzibilidade etc. No entanto, o autor apresenta uma discussão bastante interessante sobre os modos mais amenos da hipótese relativista e a sua relação com a ideia de que a linguagem é responsável pela possibilidade de representação do mundo para as nossas mentes. Em suas palavras:

> O que a posição relativista enfatiza, então, apesar de certas dificuldades associadas a ela, é que o mundo não é dado para nós direta e claramente na experiência. Ao apreender, compreender e representar o mundo nós inevitavelmente empregamos formulações linguísticas (MONTGOMERY, 1985: 176).

Ou, ainda, de modo mais claro:

> A língua sempre ajuda a selecionar, arranjar, organizar e avaliar a experiência, mesmo quando estamos menos conscientes de fazê-lo. Nesse sentido, a representação é sempre interessada: as palavras escolhidas são selecionadas de um conjunto determinado para a situação em questão e foram previamente moldadas pela comunidade a que o falante pertence, ou por partes dela (MONTGOMERY, 1985: 176).

Para exemplificar a importância que a língua particular tem ao veicular a possibilidade de representação para o indivíduo, funcionando antes como uma espécie de lente para acessar a realidade do que como uma camisa de força (metáfora usualmente empregada para designar as versões mais fortes do RL, relacionada à ideia de ver a língua como "prisão" do pensamento), Montgomery discute em especial dois casos em que o vocabulário de uma língua apresenta modos interessantes de representação. O primeiro é o da representação de gênero, que se pode perceber através de vocábulos ligados à noção de "homem" e "mulher" em inglês. Uma lista breve de pares como *king – queen, courtier – courtesan, master – mistress, sir – madam* mostra que, ainda que fossem anteriormente pares neutros quanto ao significado (rei e rainha, membro da corte masculino e feminino, senhor e senhora da casa, senhor e senhora), na época em que publicou o texto se apresentavam alterados de maneira interessante: *queen* assume o sentido de "travesti", *courtesan* de "prostituta de luxo", *mistress* de "amante ilícita" e *madam* de "senhora de prostíbulo", enquanto que suas contrapartes masculinas continuavam a manter apenas o sentido original, geralmente ligado a posições respeitosas na sociedade. Sendo a apresentação não muito diferente de outras línguas aparentadas, como o português, que apresentam algumas dessas diferenças (como a do sentido pejorativo de "cortesã"), o que Montgomery pretende com a apresentação desses itens particulares é mostrar que, ainda que inconscientemente, a língua desenvolve as especificidades de significado que seus usuários usam e pelas quais eles são afetados, numa espécie de jogo circular em que usuários/sociedade alteram a língua, que deve ser usada por outros usuários, de modo que, por sua vez, recebem a influência daquelas alterações anteriores. No entanto, tais distinções dizem respeito ao modo como a língua codifica seu léxico a partir das representações sociais envolvidas e não o contrário.

É mais fácil entender a argumentação de Montgomery se analisarmos seu segundo exemplo. Trata-se de uma breve discussão sobre o vocabulário de representação de armamentos nucleares no inglês norte-americano (MONTGOMERY, 1985: 179). Inicialmente, o autor apresenta uma lista de expressões fortemente eufemísticas, tais como *collateral damage* para "morte de população civil" ou *flexible response* para "capacidade de executar todos os tipos de ataque". Assim, segundo o autor, "tais expressões têm o efeito de anestesiar as pessoas com relação à realidade completa a que se referem" (MONTGOMERY, 1985: 179). Assim, as expressões acabam sendo até mesmo transformadas em siglas ou acrônimos, de forma a perderem ainda mais seu sentido mais bruto que traz aos usuários da língua a "realidade" mais crua. Além disso, Montgomery constata que, ao longo do processo de criação de expressões eufemísticas para o vocabulário ligado a guerras nucleares, os norte-americanos deixaram de usar especificamente a palavra *bomb*. Palavras como *device* (dispositivo), *weapon* (arma), *arsenal* são empregadas em substituição a *bomb* como substantivo ou verbo, mas apenas em contextos em que a bomba em questão é nuclear e americana. Se há um atentado vindo de fora, usam-se as expressões *car bombs, the embassy bombing* etc. O interessante do exemplo de Montgomery, ainda que de um livro publicado em 1985, é que, relativisticamente falando, não apenas a língua obriga, de certa forma, os usuários a representar a realidade de maneira enviesada de modo que os usuários não sintam todo o peso que a palavra *bomb* carrega quando ligada a ações e decisões de seu próprio governo, mas há também a interessante diferença da relação língua – cultura quando passamos para outra língua, que talvez não tenha passado pelo tipo de manipulação do uso do termo "bomba" no contexto de armamentos nucleares. No caso do português, vemos que não apenas a sociedade não levou a essa especificidade, como também não é um problema para os usuários do português usarem tanto "bomba" quanto "arma" ou "dispositivo", nesse contexto. Isso nos leva a uma discussão interessante que, de certa maneira, coloca em foco o sentido da relação causal entre língua/cultura e pensamento: se o inglês não usa mais *bomb* para armas nucleares, deve ter havido um movimento, consciente ou inconsciente, de mudança e criação dos conceitos lexicais que levaram os falantes dessa língua a preferirem (voluntariamente ou não) as formas eufemísticas. Isso confirma que não é necessariamente verdade que o sentido da relação causal seja da língua para a cognição/percepção; mas, aparentemente, o contrário pode vir antes, num esforço consciente e possivelmente político ou volitivo em algum sentido, para gerar a influência posterior da língua nos usuários. Escusando-nos de qualquer teoria da conspiração, o que parece haver aqui é um movimento, por parte das camadas da sociedade interessadas na viabilidade do projeto nuclear, de eufemização que sistematicamente modela o sistema linguístico de modo a excluir dele as nuanças negativas de certos tipos de expressões ou vocábulos. É este processo, com seus resultados possivelmente positivos, que leva à mudança na língua que, por sua vez, exerce influência na grande massa de usuários. Trata-se de uma espécie de círculo de relações causais ligadas à questão do RL, já que uma alteração prévia no sistema conceitual através da manipulação lexical pode levar à manipulação da percepção dos usuários da língua como se a influência fosse apenas da língua para a percepção e para a cognição.

Esse ponto não difere muito de, por exemplo, a presidência norte-americana nomear o projeto de invasão militar no Iraque como "cruzada contra o mal" ou de o Grande Irmão tentar purificar a língua de expressões possivelmente subversivas no romance *1984* de George Orwell. No entanto, como vimos, esse tipo de visão mais fraca do RL confunde os sentidos da relação causal de influência entre língua e pensamento e acaba defendendo algo um pouco inconsistente, já que, nos exemplos mencionados, as práticas e concepções de uma sociedade é que são responsáveis por tentar moldar a língua. No entanto, como pretendemos demonstrar adiante, essa é uma versão do RL importante, se estabelecida e analisada com cuidado, especialmente quando os movimentos identitários procuram questionar o papel das línguas como promotoras de opressão e discriminação. Em nosso último capítulo, com a discussão do livro de John McWhorter, voltaremos a essa questão.

É importante ressaltar, neste ponto da discussão, que as questões apresentadas neste capítulo são apenas genéricas o bastante para que possamos avaliar, nos capítulos seguintes, as raízes históricas das ideias ligadas ao RL, as propostas whorfianas propriamente ditas, juntamente com as críticas mais importantes, e, em seguida, finalmente, uma análise mais pormenorizada das pesquisas atuais com relação ao RL, em especial as pesquisas empiricamente bem formuladas que tentam contornar todos os problemas das propostas iniciais. Esperamos que isso venha a redimir o caráter generalista e superficial de alguns pontos deste capítulo.

Capítulo 2

A história do relativismo linguístico até o século XIX

Nenhuma posição que se possa identificar explicitamente como relativismo linguístico pode ser encontrada antes dos trabalhos de Sapir e, mais especificamente, Whorf. No entanto, algumas posições filosóficas sobre a linguagem e sua relação com o pensamento em alguma medida relativistas podem ser identificadas desde a Antiguidade, já nos debates entre sofistas e filósofos da "verdade". A partir do final da Idade Média, com o advento das muitas transformações culturais, sociais e intelectuais trazidas pelo Renascimento, pelas Reformas e pela Idade Moderna, o pensamento ocidental sobre a linguagem executa uma virada crucial: as línguas particulares passam a ser importantes, passa-se a utilizá-las para escrever literatura, filosofia, para administrar, legislar e governar. A imprensa e a queda da unidade de pensamento da visão de mundo medieval teocêntrica auxiliam na divulgação de material escrito não mais somente nas línguas clássicas, especialmente o latim, mas também nas línguas vernáculas. As gramáticas das línguas particulares abrangem não apenas as línguas da Europa Ocidental, mas também as línguas de povos e locais distantes, conquistados e tomados pelos desbravadores europeus ou estudados por cientistas viajantes que tanto ajudaram a fundação da ciência da linguagem, como foi o caso de Filippo Sassetti, Anquetil Duperron, Sir William Jones (cf. SALMONI, 1978), e Alexander von Humboldt (para uma visão mais detalhada dos processos de mudança do pensamento ocidental sobre a linguagem pós-medieval, cf. MOUNIN, 1967; KRISTEVA, 1974; ROBINS, 1983; CAMARA Jr., 1986; KOERNER & ASHER, 1995; CASSIRER, 2001a; ECO, 2001; FOUCAULT, 2002; WEEDWOOD, 2002).

Uma nova ciência traz o foco da visão de mundo para o empírico, para o homem, para longe da metafísica e da especulação medievais. A culminação desse pensamento empirista da nova ciência da idade moderna, nos estudos da linguagem, é a linguística histórico-comparativa, interessada na maior quantidade de línguas que fosse possível estudar e compreender em sua totalidade de relações nunca antes imaginadas. (Ora, quem ia imaginar que o sânscrito era assim tão próximo do latim e do grego se não fossem os contatos cada vez mais frequentes entre ocidentais e indianos causados pelo interesse imperialista e pela curiosidade científica sem fim?)

Os filósofos e gramáticos desses períodos pós-renascentistas são fonte valiosíssima de informações, discussões, dados, argumentos e controvérsias que dizem respeito ao nosso tema principal. É a partir do debate entre racionalistas e empiristas/sensualistas – que se estabelece por causa das obras fundamentais de, entre outros, Descartes e Locke, ao longo dos séculos XVII e XVIII – que tomam forma as controvérsias entre proponentes de gramáticas gerais universalistas e pensadores sensualistas/empiristas dedicados ao desenvolvimento de teorias da linguagem.

A partir daí, o século XVIII vê o surgimento de debates de grandes proporções como, por exemplo, o célebre debate sobre a origem da linguagem que culmina com o concurso da Academia de Berlim, vencido pelo *Ensaio sobre a origem das línguas*, de Herder (cf. MILLER, 1968; HERDER; 1987; SCHAFF, 1974; RICKEN, 1994, *inter alia*). Tais debates levam ao surgimento das primeiras versões mais identificáveis das ideias relativistas pertinentes à linguagem. Pode-se ver na figura do filósofo e linguista prussiano Wilhelm von Humboldt (1767-1835) a culminação de uma série de tendências e linhas de pensamento que misturam tons iluministas da França do século XVIII com as visões sobre a linguagem dos períodos classicista e romântico dos séculos XVIII e XIX na Alemanha, resultando em uma obra vasta e complexa que recebe influência direta de autores tão importantes quanto Hamann e Herder, Condillac e Schleiermacher.

Analisarei brevemente, num primeiro momento, os movimentos e autores relevantes para a formação das ideias relativistas desde a Antiguidade (em oposição, algumas vezes, a ideias universalistas), e, numa segunda parte, analisarei mais detidamente as ideias do próprio Humboldt, uma vez que, dos antecessores das formulações clássicas do relativismo do século XX, ele foi o mais importante.

2.1 FONTES ANTERIORES DO RELATIVISMO

O filósofo Protágoras (c. 490-420 a.C.) afirma, em um dos fragmentos restantes de sua obra, que "O homem é a medida de todas as coisas, das coisas que são, enquanto são, e das coisas que não são, enquanto não são" (DK80b1). Esse é um dos fragmentos mais citados do *corpus* restante da primeira sofística, e reflete uma possível formulação do relativismo radical de que tudo depende do julgamento subjetivo de cada homem individualmente. Nada é absoluto, tudo depende, de uma maneira ou de outra, do julgamento subjetivo do homem individual.

Juntamente com outros sofistas famosos, como Górgias, Protágoras ganhava a vida fazendo discursos, e defendia a possibilidade de transformar um discurso verdadeiro em um falso e vice-versa. Na verdade, os sofistas desenvolveram a técnica da argumentação e da retórica na Antiguidade, relativizando a ideia de que existe uma verdade única, como encontramos, por exemplo, nas propostas filósofos idealistas, como Platão. Em vários de seus diálogos, Platão apresenta um Sócrates que tenta lutar contra as teses radicalmente relativistas dos mestres profissionais da oratória, teses que eram uma grande ameaça à ciência dedutiva.

> Para o Protágoras histórico, que viveu entre 486 a.C. e 410 a.C., a dialética é uma erística (discurso controvertido). Para ele, existiriam duas regras básicas para todo discurso desse tipo: a) todo assunto pode ser sustentado ou refutado;

b) a todo argumento pode-se opor outro. E, além dessas duas regras, um princípio que os renascentistas iriam retomar a seu modo: o homem é a medida de todas as coisas. Ou seja, "[...] as coisas são como aparecem a cada homem (ou a cada grupo de homens que concordem em como as coisas são); não há outro critério de verdade (porque todos são fabricados)" (REBOUL, 2000: 8). A partir destas regras e deste princípio (entendido como acordo entre interlocutores), fica implícito que é a comunidade que decide o que é verdade ou não, *i. e.*, todos os valores e convenções estão relacionados a lugares e situações. Portanto, para Protágoras, assim como para os outros sofistas, era evidente que verdades e poderes andam juntos e são necessariamente transitórios. Nesse sentido, o único critério do discurso humano é o sucesso. Platão e sua escola não podem aceitar tal alargamento do debate (GONÇALVES & BECCARI, 2008).

Assim, o relativismo como doutrina da oposição a verdades universalmente aceitas é de origem bastante antiga. Nos domínios da linguagem, fica clara a relação de oposição entre a atividade dialética da retórica antiga e a tentativa de uma filosofia da verdade última como a de Platão ou como a ontologia aristotélica, baseada na inviolabilidade do princípio da não contradição. A filósofa francesa Barbara Cassin, por exemplo, tem tratado há anos de empreender uma reabilitação da sofística conforme ela foi tradicionalmente concebida e criticada pela história da filosofia, com base em discussões importantes como a defesa do "relativismo consistente" e do "anti-anti-relativismo" para fins de construção de acordos e consensos. Sua leitura da sofística de Górgias e Protágoras, por exemplo, colocam-na em diálogo direto com questões fundamentais da filosofia e da política contemporâneas, bem como fundamentam uma visão de linguagem como *logologia*, para a qual "o ser é um efeito do dizer"[22].

Contudo, após as incursões gregas contra a sofística e o estabelecimento da retórica como sua versão aceitável, esta continuou a procurar os caminhos da técnica da defesa de todos os pontos de vista, dos modos subjetivos

---

22. Acreditamos que uma análise mais aprofundada das posições de Cassin sobre a sofística extrapolariam o escopo deste livro. Contudo, para quem quiser ter uma ideia de como ela se apoia fortemente em posições humboldtianas para discutir, por exemplo, tradução, recomendo aqui o cap. 17 de Cassin (2014): "The Relativity of Translation and Relativism", ou, mais recentemente, seu livro fundamental sobre tradução, *Éloge de la traduction: Compliquer l'universel* (CASSIN, 2017).

de lidar com as posições opostas, e segue sendo disciplina fundamental de formação acadêmica tanto para os romanos quanto para os medievais[23].

2.2 O debate entre empiristas e racionalistas

Nesta seção, analisarei brevemente os conceitos de empirismo e racionalismo nos sentidos relevantes para a discussão neste livro. Para tanto, é suficiente tratar desses temas de forma introdutória, remetendo o leitor a alguma literatura específica sobre os temas.

Os termos "empirismo" e "racionalismo" referem-se mais comumente a questões filosóficas surgidas no século XVI a partir do problema do conhecimento, centrais na obra de Descartes, Locke, Leibniz, Hume, entre outros. No entanto, os termos também serão usados para fazer referência a essas duas escolas de maneira mais ampla, visando defender a tese de que a oposição empirismo *versus* racionalismo segue o curso dos séculos como subjacente a diversas abordagens também opostas, ao menos na história da linguística. Falamos assim de uma linguística empirista e de uma linguística racionalista, emprestando os termos do debate seiscentista e setecentista para entender certas dualidades no tratamento da linguagem que permanecem até hoje.

Segundo o filósofo Michel Ayers (apud GARBER & AYERS, 1998: 1.003), "a concepção de conhecimento como um ato cognitivo infalível era uma manifestação distintamente seiscentista e consequência de uma nova obsessão com a dúvida e sua resolução". A questão da dúvida sobre os modos pelos quais a aparência da experiência revela a verdade dos processos subjacentes da realidade e de sua resolução, então, levou os filósofos do período a uma "suposta" nova problemática: a da origem do conhecimento. Daí as

---

23. Remeto os leitores interessados a discussões interessantes sobre a gramática de Port-Royal em Harris & Taylor (1989) e Arnauld & Lancelot (2001), sobre os gramáticos especulativos medievais em Bursill-Hall (1971, 1972), em Beccari (2017), e sobre uma visão mais profunda sobre o relativismo em geral em Hollis & Lukes (1982) e Krausz (1989), o que amplia a abordagem sobre outras fontes possíveis das questões aqui levantadas.

duas escolas filosóficas vistas, *grosso modo*, como opostas: o empirismo, que buscava o fundamento do conhecimento no "conteúdo puro da experiência sensorial" e o racionalismo, que "buscava remédio para a dúvida em sistemas quase-geométricos construídos sobre axiomas supostamente inatos, evidentes para o *self*, independentes do mundo" (AYERS, apud GARBER & AYERS, 1998: 1.003).

Embora nos interessem os desdobramentos mais específicos dos sistemas filosóficos desses autores (especialmente para entender a teorização sobre a linguagem em Condillac), esse ponto de partida já é suficiente para uma discussão geral que possa estabelecer uma conexão com as ciências da linguagem.

Ayers traça um histórico da posição racionalista que identifica em Platão e Aristóteles uma oposição antiga a teorias do conhecimento que confiassem apenas na memória e percepção.

Em Platão, uma "epistemologia triangular" separa a mente humana dos universais transcendentais e das coisas sensíveis particulares. As coisas particulares são como que meras instâncias dessas coisas ideais, modelares, e os sentidos nos proporcionam a relação com as coisas sensíveis apenas na medida em que preparam nossa mente para apreender esses universais.

Para Ayers, essa teoria foi incorporada pelos escolásticos aristotélicos. No entanto, no que diz respeito às escolas de pensamento da Antiguidade, pode-se dizer, de maneira um tanto generalizante, que Aristóteles, os estoicos e os epicuristas foram precursores do empirismo, pois se opunham à ideia de Platão de que os sentidos atrapalham a alma em seu contato com a realidade eterna dos universais ideais.

Séculos depois, o racionalismo veio a receber nova formulação, especialmente na obra de René Descartes, que desenvolveu as teses fundamentais do racionalismo a partir de Mersenne e, em última instância, a partir de Platão e de Santo Agostinho. Além disso, as ideias racionalistas do francês compartilhavam um fundo comum juntamente com as de racionalistas importantes como Malebranche, Spinoza e Leibniz. Esse fundo comum, correndo o risco de neglicenciar detalhes importantes e cruciais que separam os sistemas de pensamento desses autores, pode ser descrito com as seguintes palavras de Ayers (apud GARBER & AYERS, 1998: 1.018): "uma concepção dos princípios da ciência como realização do intelecto através de seu acesso, direto ou indireto, parcial ou completo, às essências como sendo concebidas por Deus".

Assim, pode-se perceber que o que une os pensadores do período sob um mesmo nome de "escola filosófica racionalista" é um conjunto fundamental de teses sobre a natureza do conhecimento. Ao propor que o conhecimento deriva desse "acesso" às essências, os racionalistas opunham-se à tese contrária de que o conhecimento deriva do acesso direto aos dados sensoriais ou da experiência. Utilizarei para fins da nossa discussão o termo racionalismo de maneira bastante larga e não específica, querendo manter a ideia de que a ciência deriva do acesso direto que o intelecto tem às essências, de modo que as noções inatas são a base a partir da qual o conhecimento é possível. Nas teorias linguísticas, isso se reflete em pensamentos de base fortemente universalista e dedutivista, como as posições contemporâneas universalistas e cognitivistas de Chomsky, Pinker, Jerry Fodor, entre outros.

Por sua vez, o empirismo do século XVII, herdeiro da tradição do materialismo e do atomismo que estão na base do epicurismo antigo, bem como, em alguma medida, da tradição estoica, busca eliminar as "verdades eternas do racionalismo" (GARBER & AYERS, 1998: 1.024). A ideia fundamental compartilhada pela maioria dos filósofos chamados de empiristas no século XVII, como Hobbes, Locke e Hume, é a de um antidogmatismo que, basicamente, postula que o conhecimento das coisas só existe através da mediação dos nossos sentidos, e que não há, portanto, ideias universais inatas. De certo modo, o pensamento empirista enxerga a mente como uma *tabula rasa*, uma folha em branco, na qual se escrevem as bases do conhecimento através da experiência (para um desenvolvimento interessante do debate empirismo *vs.* racionalismo na ciência contemporânea, cf. PINKER,

2004, que propõe um combate às posições da *tabula rasa* em favor de uma nova abordagem da noção de natureza humana).

2.2.1 Empirismo e racionalismo no pensamento sobre a linguagem

Na base dessa discussão empirismo *versus* racionalismo está a distinção entre indutivismo e dedutivismo. Se a história do pensamento sobre a linguagem sofre alguma influência das questões filosóficas ligadas à natureza do conhecimento, é porque as teorias sobre a natureza e o uso da linguagem vão sendo desenvolvidas ao longo dos séculos com base em questões que são fundamentais na filosofia ocidental. Assim, a revolução do século XVII se dá em termos de uma reação aos modos antigos e medievais de conceber o conhecimento. Desse modo, uma vez que a nova ciência é resultado do empirismo radical das ciências naturais, culminando, por exemplo, nas visões mais radicais do behaviorismo no século XX, é natural que as discussões sobre a linguagem se deem lado a lado com as discussões filosóficas sobre a mente, sobre o conhecimento, sobre a ciência.

Pode-se constatar, assim, que a ciência natural indutivista aparece como uma alternativa poderosa e sedutora ao modo especulativo e metafísico de se chegar ao conhecimento praticado, por exemplo, pelos filósofos da Antiguidade ou pelos medievais. O aumento da importância das línguas vernáculas, resultante do expansionismo e colonialismo e do ambiente intelectual dos séculos posteriores ao Renascimento, favorece olhares indutivistas para a linguagem que culminam no surgimento de uma abordagem histórico-comparativa no século XIX, quando a linguística finalmente clama para si o *status* de ciência. Os desenvolvimentos da linguística do início do século XX ainda mantêm a abordagem indutivista de fundo, e mesmo com a revolução estruturalista, as generalizações sobre as línguas ainda são baseadas na coleta e análise da maior quantidade de dados possível. A linguística é, portanto, uma ciência empírica por excelência desde que se vê como ciência.

No entanto, Chomsky propõe, em meados dos anos de 1950, uma teoria fortemente dedutivista: a gramática gerativa. A pesquisa sobre a gramática universal será, portanto, de fundo racionalista. Sua linguística se inscreve na tradição cartesiana (CHOMSKY, 1972), e seu universalismo decorre naturalmente da ideia de que a gramática universal é a teoria do estado inicial do "órgão da linguagem"; a gramática universal deve ser igual para todos os seres humanos, uma vez que é transmitida geneticamente e é altamente especializada para se desenvolver e se transformar no estado final da língua do indivíduo.

Assim, as abordagens empirista e racionalista são como que concorrentes que se alternam de modo pendular para estabelecer o fundamento filosófico das abordagens frequentemente concorrentes na linguística. A ideia, nesta seção e no restante do livro, será mostrar que, em certa medida, as abordagens relativistas são dependentes de abordagens empiristas e as abordagens universalistas, por sua vez, dependem do racionalismo clássico.

2.3 ALGUMAS ANTECEDENTES DO RELATIVISMO LINGUÍSTICO NOS SÉCULOS XVII A XIX

Como a parte mais importante deste capítulo será centrada em Humboldt, precisamos fazer uma breve recapitulação de algumas posições que foram essenciais para o desenvolvimento das ideias do prussiano. Conforme afirma Ricken (1994: 174), "a questão sobre as fontes teóricas da hipótese da 'visão de mundo' antes de Humboldt foi muito raramente levantada"; mas, ainda segundo Ricken, "hoje não há dúvida sobre a dívida de Humboldt para com as teorias do Iluminismo".

Essas posições iluministas relacionavam-se também ao debate empirismo *versus* racionalismo, e, no que concerne ao problema da identificação das fontes das ideias relativistas, o problema mais importante do período entre os séculos XVII e XIX é certamente o da relação entre linguagem e pensamento. Esse período viu muitas discussões sobre a origem da linguagem e sobre o "abuso das palavras" e, de maneira geral, a posição mais frequente é a de que a linguagem e o pensamento estão fortemente ligados, a ponto de as línguas particulares influenciarem o pensamento. Como Ricken observa, de certa forma, a hipótese do RL já estava formulada por vários pensadores antes mesmo de Humboldt e Whorf, ainda que de maneira especulativa e não empiricamente verificável.

Francis Bacon (1561-1626), o filósofo inglês de orientação empirista, preocupado com o modo como a linguagem ordinária influencia o pensamento, e também preocupado em estabelecer os princípios para a ciência moderna, já estabelecia relações entre uma filosofia da ciência e uma visão relativista quanto às línguas. Segundo Ricken (1994: 176), "ele acreditava que a linguagem sofística das ciências tinha sido uma das principais causas da esterilidade da escolástica medieval". Bacon considerava as línguas individuais como expressões formalmente diferenciadas da mente humana que permitiam que se deduzissem as particularidades e costumes de comunidades linguísticas particulares. Essa posição é claramente relativista no sentido fraco exposto no capítulo anterior, já que prevê que as diferenças entre as línguas são significativas o suficiente para influenciar suas comunidades falantes.

John Locke (1632-1704), no desenvolvimento de suas teses empiristas, defende a ideia fundamentalmente relativista de que as diferenças entre as línguas causam variações no pensamento. Segundo Ricken (1994: 177), a possibilidade da influência das línguas particulares no pensamento é, para Locke, um argumento contra o racionalismo cartesiano. Como tento demonstrar ao longo deste livro, a maior parte das teses racionalistas universalistas é antirrelativista por motivos simples: a possibilidade da influência direta das línguas particulares no pensamento e na mente dos seus falantes coloca uma restrição muito grave para a hipótese, proposta pelos racionalistas, da universalidade das estruturas mentais e de seu caráter inato (e aqui penso especificamente em como as teorias cognitivistas racionalistas desenvolvidas a partir da segunda metade do século XX fazem questão de rechaçar a possibilidade do relativismo para fundamentar os estados mentais, a língua, a estrutura conceitual dos seres humanos em algo universalmente distribuído pela espécie através de herança genética).

Para Ricken, a argumentação de Locke tem a seguinte lógica: a possibilidade de variação no modo como as línguas estabelecem seus inventários de conceitos mostraria como a natureza não fornece os conceitos prontos. O argumento é similar àquele segundo o qual as línguas podem diferir de tal forma com relação a seus léxicos que os falantes de línguas diferentes poderão enxergar a realidade de modos muito diversos. O exemplo de Locke é o que reproduzo abaixo:

> Mas, voltando às espécies de substâncias corpóreas, se se perguntasse a alguém se o gelo e a água eram espécies distintas de coisas, não duvido que me respondessem afirmativamente; e não se pode negar que tivessem razão. Mas se um inglês educado na Jamaica, que talvez nunca tivesse visto ou ouvido falar de gelo, viesse à Inglaterra no inverno e encontrasse a água, que pôs à noite na bacia, gelada em grande parte, de manhã, e, não sabendo o nome especial que tem nesse estado, lhe chamasse água endurecida, eu pergunto: Isto seria uma nova espécie, para ele, diferente da água? (*Ensaio*, III, cap. 6, § 13).

É curioso como o argumento não é tão diferente dos argumentos relativistas contemporâneos de senso comum, como o de que os esquimós têm muito mais palavras para "neve" do que os falantes de inglês, que vimos no capítulo anterior.

Em uma espécie de desenvolvimento da teoria empirista de John Locke, o abade francês Étienne Bonnot de Condillac (1714-1780) segue o caminho sensualista e teoriza sobre a origem e o funcionamento da linguagem. Como defensores do sensualismo, ambos partem do princípio de que nada existe no intelecto antes dos sentidos, de modo que as experiências e sensações formam o conjunto de fenômenos/dados/instâncias que constituem nosso envolvimento com a realidade, que constroem progressivamente o que conhecemos. A linguagem como produto de uma visão empirista radical é algo que se adquire apenas porque temos contato com o mundo, e, através desse contato, e da "ligação das ideias", é que o conhecimento do estágio final da língua que falamos individualmente vem a ser atingido. É natural que de uma visão como essa saiam propostas relativistas em maior ou menor grau, uma vez que é fácil perceber que culturas diferentes, com línguas e "caráteres" diferentes, disponibilizam aos seus indivíduos conjuntos de dados diferentes, que, naturalmente, resultam em um sistema linguístico que depende, de certa forma, dessas diferenças, em um processo algo cíclico como o proposto por Humboldt, exposto a seguir.

Assim, o sensualismo de Condillac acaba por permitir uma das primeiras leituras relativistas da relação entre linguagem e pensamento, explicada mais ou menos como se segue por Ricken (1994: 118):

> Os seres humanos adotam relacionamentos diferentes com seu entorno por causa de sua sensibilidade, ou seus modos respectivos de ver e perceber as coisas ("*la manière de voir et de sentir*"). Seu pensamento e linguagem os orientam em direção ao mundo em que vivem, e não de acordo com normas cognitivas *a priori*. E as variações na expressão linguística, e portanto também na ordem de palavras, são um reflexo das diferenças nas coisas que os seres humanos percebem.

Para que se possa entender de que maneira a hipótese da origem da linguagem levantada por Condillac se relaciona com a proposta relativista, é necessário entendê-la ao menos em linhas gerais. Condillac supõe duas crianças que ainda não adquiriram linguagem e que se encontram perdidas após o dilúvio. Essas crianças não possuem nada além do que ele chama de "linguagem de ação": associam certos signos (gritos naturais) emitidos por elas mesmas a certos eventos por elas percebidos, mas não conseguem repetir de maneira regular tais associações – e, por isso, não conseguem usar regularmente esses signos. Somente quando começam a associar os gritos *do outro* a seus elementos provocadores é que aquelas duas crianças começam a exercer a capacidade da reflexão, que leva à memorização do que representam os signos, possibilitando sua repetição quando existir necessidade de emiti-los (CONDILLAC, 1999: 151-153). É através da reminiscência de um estímulo de dor que ele mesmo já sentiu e que vê causar o grito de dor de outra pessoa que o homem assimila aquele grito como um signo (HARRIS & TAYLOR, 1989: 126).

Essa teoria curiosa sobre a origem da linguagem de Condillac tem consequências interessantes: primeiro, as operações do intelecto anteriores à aquisição daquela linguagem primitiva são incipientes e dependem dos estímulos do contexto. É somente através da conquista da linguagem que o homem passa a conseguir controlar as operações do intelecto. É também por causa da hipótese de que os primeiros signos são derivados de uma experiência individual rememorada na experiência do outro que Condillac defende que o signo natural não pode ser arbitrário, pois não poderia ser entendido. Isso se estende ao restante da língua em todos os seus estágios, pois os signos naturais gerariam outros por analogia, num processo em que a criatividade individual seria limitada pelas possibilidades da criação analógica: se qualquer signo pudesse receber qualquer cadeia sonora, não teria existido sequer a possibilidade de um primeiro estímulo rememorado via a experiência de outra pessoa causar a associação de um grito natural a um estado da realidade (HARRIS & TAYLOR, 1989: 125-131).

No entanto, segundo Condillac, é exatamente o modo como os usuários dessas línguas originais derivam signos diferentes via processos de analogia que permite que haja línguas diferentes: algum grau de arbitrariedade nas escolhas analógicas dos indivíduos gera diferenças na língua e isso, aos poucos, pode gerar novas línguas. Essa teoria não é muito diferente da teoria de influência mútua entre linguagem, homem e pensamento que veremos adiante com a discussão sobre Humboldt (tb. no cap. 5).

Para Condillac, é porque as línguas são para nós os "métodos analíticos", assim como a aritmética é o método analítico da matemática, que as possíveis diferenças entre as línguas permitem que haja diferenças sensíveis no pensamento das diferentes comunidades de falantes. Em suas próprias palavras:

> As línguas são portanto mais ou menos perfeitas relativamente à sua adequação para a análise. Quanto mais elas facilitam a análise, mais elas dão assistência à mente. Com efeito, nós julgamos e raciocinamos com as palavras, assim como nós calculamos com os números; e as línguas são para as pessoas comuns o que a álgebra é para os geômetras (*Grammaire*, 286-287, apud HARRIS & TAYLOR, 1989: 121).

A quase formulação de uma hipótese relativista derivada da concepção sensualista de linguagem de Condillac pode ser vista no seguinte trecho da sua *Logique*:

> Uma vez que as línguas, que se formam na medida em que as analisamos, tornam-se tantos métodos analíticos, é compreensível que nós consideremos natural pensar de acordo com os hábitos que elas fizeram que adquiríssemos. Nós pensamos com elas. Regentes de nosso julgamento, elas determinam nosso conhecimento, nossas opiniões e preconceitos. Resumindo, elas criam neste domínio tudo que é bom ou ruim. Tal é a sua influência, e não poderia ter acontecido de modo diferente (*Logique*, 396, apud HARRIS & TAYLOR, 1989: 133).

Ricken analisa o RL de Condillac de modo a associá-lo com a concepção teórica segundo a qual a língua exerce uma atividade constitutiva nos processos cognitivos, e não com as visões mais comuns à época, ligadas a estudos empíricos que comparam várias línguas. Daí deriva um tipo de problema com as abordagens relativistas do período (que de certa forma se repete em Humboldt) que se relaciona com a possibilidade da geração de preconceitos contra línguas mais ou menos "perfeitas", uma vez que "a imperfeição de uma língua coloca limites na atividade do pensamento, enquanto que uma língua altamente desenvolvida pode levar a conquistas em todas as áreas do conhecimento" (RICKEN, 1994: 179).

Outro filósofo do período, Pierre Louis Moreau de Maupertuis (1698-1759), publicou em 1748 suas *Réflexions philosophiques sur l'origine des langues et la signification des mots*. Na obra, sob influência do nominalismo de Berkeley, Maupertuis defende que as línguas possuem "planos intelectuais" (*plans d'idées*) que as determinam e as organizam de modos variados. De acordo com Ricken (1994: 183), para Maupertuis os sistemas linguísticos que resultariam da organização via planos de ideias seriam tão diferentes que a própria possibilidade de tradução seria minada. O próprio conhecimento seria determinado de formas diferentes, de acordo com as diferentes línguas. Maupertuis, nesse sentido, também parece propor uma forma de RL bastante radical, discutindo inclusive a intraduzibilidade como elemento fundamental de corroboração da sua versão da tese relativista.

Passando aos alemães, Johann Georg Hamann (1730-1788), filósofo pietista e amigo pessoal de Herder, ficou famoso por suas visões radicais e proféticas sobre a língua como possibilitadora da mediação entre Deus e o homem. Miller (1968) afirma que ele foi o primeiro alemão a teorizar sobre a relação entre linguagem e pensamento. Segundo Brown (1967: 58), o próprio Hamann resume sua posição fundamental com as seguintes palavras: "comigo a linguagem é a mãe e a razão da revelação, seu Alfa e Ômega". O RL de Hamann diz respeito à sua posição reiterada de que a língua se desenvolve antes que o intelecto, e isso, para ele, é o que causa problemas com as teorias filosóficas incapazes de perceber que as visões de mundo específicas de cada língua impedem que se chegue ao conhecimento universal. Nas suas próprias palavras (HAMANN, apud BROWN, 1967: 61):

> Nenhuma dedução é necessária para estabelecer prioridade genealógica da *linguagem* e sua heráldica sobre as sete funções sagradas das conclusões e proposições lógicas. Não somente toda a capacidade de pensar assenta-se na linguagem... mas também a linguagem é o *centro do desentendimento da razão consigo mesma...*

Miller (1968) também resenha a posição hamanniana quanto à possibilidade da influência causal da "mentalidade natural" sobre a língua de um povo. Antecipando o pensamento humboldtiano, Hamann afirma (apud MILLER, 1968: 18):

> Se nossos conceitos (*Vorstellung*) se dispõem de acordo com o ponto de vista da mente, e se, como muitos acreditam, este último é determinado pelo estado do corpo, então pode-se aplicar a mesma coisa ao corpo de todo um povo. Os contornos de sua língua corresponderão, portanto, à direção de sua mentalidade; e cada povo revela sua mentalidade através da natureza, forma, leis e costumes de sua fala, assim como através de sua cultura externa e através de uma demonstração de comportamento visível.

Hamann influenciou não somente Herder como também Humboldt, e frequentemente se diz que a linhagem do pensamento relativista da "hipótese Sapir-Whorf" segue uma linha direta de Hamann e Herder, passando por Humboldt. Para Brown, o relativismo de Hamann fica ainda mais claro em sua formulação "nossos conceitos das coisas são mutáveis por meio de uma nova língua".

As discussões sobre a influência mútua da língua e do pensamento foram tão frequentes no século XVIII que dois dos prêmios anuais da Academia de Berlim ficaram famosos não somente pelo tema, mas também pela importância dos trabalhos que receberam a premiação. O primeiro deles foi o de 1759, sobre a interdependência da língua e do pensamento, vencido pelo livro *Resposta à questão sobre a influência das opiniões na linguagem e da linguagem nas opiniões*, de Johann David Michaelis (1717-1791), que discutirei brevemente no capítulo 5. O segundo foi o de 1770, sobre a origem da linguagem, vencido pelo *Ensaio sobre a origem da linguagem* de Herder (cf. SCHAFF, 1974: 17).

Herder (1744-1803) representa uma espécie de culminação da discussão sobre a origem da linguagem. Assim como outros autores que trataram do mesmo tema (como Rousseau, Süssmilch e até Adam Smith, cf. BROWN, 1967, cap. II; BORGES NETO, 1993), Herder precisou estabelecer uma interdependência importante entre língua e pensamento. De uma maneira bastante característica do período – que, como será visto com Humboldt, iguala pensamento e linguagem –, Herder acaba por defender um tipo embrionário de RL.

Para Brown (1967: 56), Herder e Hamann estão entre os mais importantes defensores da tese de que a língua não fornece, como queriam os iluministas, evidência de como a mente funciona, mas, antes, constitui o próprio *medium* do pensamento. A direção da investigação sobre a relação mente-língua deveria ser, portanto, da língua para o pensamento, e não o contrário.

Assim como Hamann, Herder propõe uma visão relativista das línguas, em grande parte em oposição à tese central da anterioridade do pensamento com relação à linguagem. Brown (1967: 63-64) cita trechos de outras obras de Herder que não o *Ensaio* dos quais se pode deduzir uma forma de RL ligada à sua concepção especial da relação entre linguagem e pensamento:

> As melhores tentativas de uma história e das características variadas do entendimento e do sentimento humanos seriam também uma comparação filosófica das línguas, já que nelas mesmas estão inscritos o entendimento e o caráter de um povo.

E, ainda,

> O espírito humano pensa com *palavras*; é através da língua que ele não apenas enuncia seus pensamentos, mas também de alguma forma os simboliza para si mesmo e os rearranja. A língua, diz Leibniz, é o espelho do entendimento humano e, como o homem pode corajosamente estabelecê-la, é um livro de descobertas de suas ideias, uma ferramenta de sua razão que não é apenas habitual, mas também indispensável. Por meio da língua nós aprendemos a pensar, através dela nós separamos ideias e as ligamos umas às outras, frequentemente muitas de uma só vez (HERDER, apud BROWN, 1967: 63-64).

Miller (1968) afirma que, para Herder, a língua é a obra mais característica do ser humano, e o estudo de muitas línguas constituiria a melhor contribuição para uma filosofia do conhecimento humano:

> Se as palavras não são meramente sinais, mas também moldes pelos quais vemos nossos pensamentos, então eu considero uma língua inteira como uma grande cadeia de pensamentos tornados manifestos [S, II, 12]... Se é verdade que não podemos pensar sem pensamentos, e que aprendemos a pensar através das palavras, então a linguagem dá a todo o conhecimento humano seus limites e contornos [S, II, 17]... Pensamos com a linguagem... e na vida comum é, de fato, aparente que pensar é quase nada além de falar [S, II, 18]... Assim, eu consideraria a linguagem como uma ferramenta, o conteúdo e a forma dos pensamentos humanos [S, II, 24].
>
> Toda nação fala... de acordo com o modo como pensa, e pensa de acordo com o modo como fala: não importa quão variado tenha sido o ponto de vista a partir do qual uma nação olhou para uma coisa, ela a designou da mesma forma [S, II, 18] (MILLER, 1968: 20-21).

Friedrich Schleiermacher (1768-1834), teólogo alemão, proferiu, em 1813, na Academia Real de Berlim, uma palestra que constitui um dos mais importantes momentos da teoria da tradução alemã, intitulada *Über die verschiedenen Methoden des Übersezens* [Sobre os diferentes métodos de tradução] (citado aqui como SCHLEIERMACHER, 2001). Schleiermacher, também creditado como um dos fundadores da hermenêutica, estabelece nesse texto uma distinção entre dois modos de traduzir: aproximar o leitor do texto original ou aproximar o texto original do leitor. Sua escolha pelo primeiro método em detrimento do segundo tem um tom programático na teoria idealista e romântica da tradução: como se vê pelas traduções de contemporâneos como Goethe, Hölderlin, Voss, Schlegel e Humboldt (o próprio Schleiermacher traduziu Platão), o impulso tradutório dos alemães do período tinha como um objetivo mais ou menos comum alargar e ampliar as fronteiras da própria língua alemã, apropriar-se do estrangeiro com a finalidade de empreender a elevação da própria cultura (quanto a uma discussão mais específica a esse respeito, cf. BERMAN, 2002).

Contudo, a argumentação de Schleiermacher como um todo possui um caráter importante também como veículo das posições então correntes quanto à linguagem. De uma maneira muito específica aos pensadores do período, a teoria da tradução estava muito fortemente relacionada a uma teoria geral da linguagem. Tanto Schleiermacher quanto Humboldt, ou mesmo Schopenhauer e Nietzsche, não dissociavam seus comentários sobre tradução de questões mais profundamente relacionadas com as da natureza da linguagem. Assim, a escolha pelo método de tradução que leva o leitor até o texto original não é apenas uma escolha derivada da preferência de Schleiermacher: ela passa por uma argumentação que envolve um posicionamento relativista quanto à ligação entre linguagem e pensamento. Nas palavras do autor,

> Por um lado, cada pessoa é dominada pela língua que fala, ela e todo seu pensamento são um produto dela. Uma pessoa não poderia pensar com total certeza nada que estivesse fora dos limites dessa língua; a configuração de seus conceitos, a forma e os limites de sua combinatoriedade lhe são apresentados através da língua na qual nasceu e foi educada, inteligência e fantasia são delimitadas através dela (SCHLEIERMACHER, 2001: 37).

O que temos nessas palavras é a formulação de uma versão determinística forte do RL. Juntamente com ela logo vemos o caminho contrário, que fecha o ciclo da influência indivíduo-linguagem-indivíduo – ciclo que também encontramos em Humboldt:

> Mas, por outro lado, toda pessoa que pensa de uma maneira livre e intelectualmente independente também forma a língua à sua maneira. Pois, se não por essa influência, como poderia ela ter se desenvolvido de seu estado inicial cru para a sua formação mais avançada na ciência e na arte? Nesse sentido, pois, é a força viva do indivíduo que dá novas formas à matéria formadora da língua, inicialmente só para comunicar um estado de consciência passageiro para a finalidade do momento, das quais, às vezes mais, às vezes menos, algumas vão ficando na língua e, acolhidas por outras, vão se propagando e se aperfeiçoando (SCHLEIERMACHER, 2001: 37).

Após apresentar o primeiro método de tradução, o que leva o leitor em direção ao texto original, Schleiermacher apresenta o segundo método, o que faz o contrário: busca produzir um texto na língua de chegada que seria exatamente o que o autor teria escrito se ele tivesse escrito nesta língua. A argumentação contrária a esse segundo método envolve exatamente a posição relativista exposta acima, que Schleiermacher explica com palavras inflamadas:

> Quem estiver convicto de que, essencial e mentalmente, pensamento e expressão são exatamente a mesma coisa, pois é nesta convicção que se baseia toda a arte de toda compreensão do discurso e portanto também de toda tradução, este pode querer separar uma pessoa de sua língua nativa e achar que uma pessoa, ou uma linha de pensamento de uma pessoa, poderia tornar-se uma e a mesma em duas línguas? [...] pode-se dizer que o objetivo de traduzir da forma como o autor mesmo tivesse escrito não é só inatingível, mas em si mesmo também fútil e vazio; pois quem reconhece a força formadora da língua, como ela é uma coisa só com as particularidades do povo, também tem de confessar que para os mais cultos, todo o seu saber, e também a possibilidade de apresentá-lo, são formados com e através da língua (SCHLEIERMACHER, 2001: 65-67).

Parte da argumentação de Schleiermacher contra a tradução que traz o original para a língua de chegada diz respeito, portanto, a uma posição fortemente relativista, segundo a qual a "força formadora" da língua impede que se passe a enxergar a realidade com os olhos do outro. Um fator que auxilia na força do argumento é a suposta impossibilidade de encontrar sinônimos perfeitos em línguas diferentes. O argumento também será usado por Humboldt, como veremos em seguida, e pode ser relacionado com a versão mais moderna do argumento, fundamental para a maioria das teses relativistas no que diz respeito à linguagem (como se mostrou no capítulo anterior). Se não há correspondentes exatos entre as palavras de uma língua para outra, elas são semanticamente incomensuráveis, e, portanto, alguma parte do sentido expresso pelos conceitos diferentemente representados pelas palavras não pode ser dito em uma língua ou em outra. O argumento para Schleiermacher é expresso da seguinte forma:

> Se temos de dizer que já na utilização da vida comum existem somente poucas palavras em uma língua das quais uma corresponderia perfeitamente a outra em qualquer outra língua, de forma que esta pudesse ser utilizada em todos os casos de uso daquela, e numa mesma relação que aquela, ela também tivesse sempre o mesmo efeito, assim isto vale tanto mais em todos os conceitos quanto mais lhe for misturado um conteúdo filosófico e, pois, especialmente, na verdadeira filosofia. Aqui, mais do que em qualquer outro lugar, cada língua, apesar das divergentes opiniões simultâneas e consecutivas, contém um só sistema de conceitos que, por se tocarem, interligarem, completarem na mesma língua, são um todo cujas partes separadas não correspondem, porém, a nenhuma outra do sistema de outras línguas, mal descontando Deus e Ser, o substantivo original e o verbo original (SCHLEIERMACHER, 2001: 75).

Tais observações, para Schleiermacher, impediriam qualquer tradução que visasse colocar nas palavras do autor uma língua que não fosse a dele, e favoreceriam a tradução que leva o leitor até mais próximo da língua traduzida, num movimento criativo que expande os limites da língua estética, estilística, lexical e gramaticalmente. Assim, Schleiermacher chega a uma posição relativista, que concede um *status* único, incomensurável, a cada língua enquanto visão de mundo específica de um povo[24]. Essa posição iguala linguagem e pensamento, de modo que nega a possibilidade do universalismo dos conceitos, hipótese que vemos ser admitida hoje em dia – por exemplo, na semântica cognitiva.

---

24. E, em certa medida, para Schleiermacher (2001: 27) até mesmo em um único indivíduo: "Mesmo os contemporâneos não separados por dialetos, pertencentes a distintas classes sociais que, pouco relacionadas em seu trato, divergem muito em sua formação, muitas vezes só conseguem se entender através de uma intermediação".

2.4 A LINGUÍSTICA HISTÓRICO-COMPARATIVA COMO PONTE PARA AS IDEIAS RELATIVISTAS DO SÉCULO XX

A chegada do pensamento empirista pós-renascentista nos estudos gramaticais culminou com uma explosão de estudos comparativos no século XIX. Estudiosos como Franz Bopp, Jacob Grimm, August Schleicher e Wilhelm von Humboldt mudaram drasticamente o panorama dos estudos da linguagem ao investigar diversas línguas diferentes buscando compará-las quanto a sua estrutura e história. Isso acabou por legar ao Ocidente uma visão menos universalista, menos racionalista, da estrutura das línguas humanas. A perspectiva racionalista, se não era o modo padrão de olhar para a linguagem, ao menos subjazia a grande parte das práticas tanto teórico-filosóficas quanto pedagógicas dos estudos da linguagem desde a Antiguidade[25].

O acesso aos dados brutos (e, portanto, "sensíveis") mostrou à Europa que a visão eurocentrista originada de uma tradição gramatical essencialmente greco-romana não precisaria obrigar os pesquisadores a aceitar a visão universalista de que as línguas são todas, no fundo, iguais, e que as diferenças são como que epifenômenos superficiais, possivelmente apenas lexicais. É essa postura positiva que abre caminho para o estabelecimento de uma ciência da linguagem, nos moldes das ciências naturais, a partir da virada do século XVIII para o XIX. Já no XIX, alguns autores (entre eles, alguns radicais, como os *Junggrammatiker*, que, de certa forma, encenam a ruptura entre uma gramática histórico-comparativa mais filológica, ainda que já de pretensões cientificizantes, e uma linguística estruturalista nascente na virada do séc. XX) passaram a clamar estatuto de ciência para o que se fazia com os estudos da língua, uma vez que os métodos observacionais, a postura epistemológica positivista e o rigor de análise, verificação de hipóteses e taxonomização colocava os gramáticos-linguistas em

---

25. No entanto, a visão oposta também se sustenta: o estudo simultâneo de várias línguas de uma mesma família claramente traz a visão geral que permite verificar mais semelhanças do que diferenças, de modo que se pôde até mesmo reconstituir a protolíngua da família indo-europeia, por exemplo.

pé de igualdade com, por exemplo, os biólogos do século XIX (para mais detalhes, cf. MOUNIN, 1967; ROBINS, 1983; KOERNER & ASHER, 1995; FOUCAULT, 2002; e WEEDWOOD, 2002, entre outros). Assim, a linguística propriamente dita nasce como ciência empírica, devendo funcionar nos moldes das ciências empíricas. Esse mesmo empirismo, como discutimos anteriormente, traz para a teoria da linguagem consequências absolutamente relevantes. Se a ênfase em dados sensíveis para o estudo e a teorização da linguagem é resultado dessa nova maneira de pensar do homem moderno (do chamado "Período Clássico" de Foucault), é natural que os gramáticos comparativos do século XIX, que os neogramáticos da virada do século XIX para o XX, e os estruturalistas da primeira metade do século XX sejam, praticamente sem exceção, produtos de um empirismo positivista que parece ser, até então, o único meio de se fazer ciência.

É a partir daí que vemos que o RL pode ser entendido, na verdade, como uma espécie de consequência natural da posição assumida pelos cientistas da linguagem: se o conhecimento científico advém da observação cuidadosa de dados coletados de modo sistemático, naturalmente muitos dados de muitas línguas passam a constituir um *corpus* muito grande; e nesse *corpus* se encontram muitas diferenças – aparentemente impactantes – inter e intralinguísticas, diferenças que acabam por favorecer a hipótese de que as línguas moldam ou influenciam as realidades culturais e/ou mentais dos falantes. A formulação da hipótese, até aqui, embora se apresente bastante vaga, consiste em aceitar que as línguas são significativamente diferentes umas das outras, e que isso depende das diferentes culturas dos povos, o que, por sua vez e de modo inverso, acaba por influenciar as diferentes maneiras de pensar dos povos.

2.5 WILHELM VON HUMBOLDT

Wilhelm von Humboldt é, possivelmente, um dos autores menos estudados da tradição da ciência da linguagem moderna e, no entanto, um dos mais interessantes. Suas propostas apresentam uma síntese profundamente elaborada do pensamento linguístico desenvolvido ao longo dos períodos pós-cartesianos, especialmente do Iluminismo e do Idealismo Alemão. Humboldt apresenta uma espécie de síntese entre objetivismo e subjetivismo, entre relativismo e universalismo, através de um tipo peculiar de relação entre língua, indivíduo e sociedade. O relativismo linguístico proposto por Humboldt não é explícito nem formulado com precisão. Além disso, o sentido da influência causal língua-pensamento não é único: há, para Humboldt, influência da língua no pensamento do indivíduo, assim como antes houve influência do indivíduo na língua, formando um círculo de influência que constitui uma das visões mais interessantes do RL especulativo pré-Whorf.

A obra de Humboldt é vasta, complexa e difusa. Seu texto mais importante sobre linguagem foi originalmente escrito com a finalidade de servir de introdução à sua extensa obra sobre a língua kawi da Ilha de Java. Wilhelm trabalhou os últimos anos de sua vida nessa obra, beneficiando-se da enorme quantidade de dados linguísticos provenientes das muitas viagens de estudos de seu irmão mais novo, Alexander von Humboldt (1769-1859), etnógrafo e naturalista. Mais tarde, essa introdução foi editada como uma obra separada, prefaciada pelo irmão Alexander e lançada como um memorial a Wilhelm, e também como uma espécie de resumo de suas ideias linguísticas. O livro chama-se *Über die Verschiedenheit des menschlichen Sprachbaus und seinen Einfluss auf die geistige Entwickelung des Menschengeschlechts* [Sobre a diversidade da linguagem humana e sua influência no desenvolvimento espiritual da humanidade] (1836), e as traduções que utilizo são a de George Buck e Frithjof Raven, *Linguistic Variability & Intellectual Development* (HUMBOLDT, 1972), além da primeira tradução de Humboldt para o português brasileiro, publicada num esforço conjunto de vários tradutores, em uma edição organizada por Werner Heidermann e Markus J. Weininger (HUMBOLDT, 2006). Nessa última, os textos não são todos provenientes da introdução de 1836, e incluem outros, entre os quais cartas e textos de palestras.

É importante ressaltar, antes de apresentar uma discussão do que venha a ser a postura relativista em Humboldt, que a própria ideia de que Humboldt seja relativista é controversa. Há tanto autores que o consideram precursor da hipótese Sapir-Whorf (cf. GUMPERZ & LEVINSON, 1996; HEIDERMANN, 2006; DEUTSCHER, 2010) quanto autores que, ao mesmo tempo, listam Humboldt na linhagem de racionalistas universalistas (cf., esp., CHOMSKY, 1964, 1965, 1972, 1979, 1998, 2005[26]; e, de certo modo, HARRIS & TAYLOR, 1994: 160). Tal dificuldade de categorização diz respeito especialmente ao caráter complexo das ideias linguísticas de Humboldt. Para este capítulo, será mais importante verificar em que medida há alguma formulação do RL em Humboldt, uma vez que voltarei aos seus textos para a discussão sobre a relação entre aspecto criativo e RL no capítulo 5.

Nesse ponto, farei uma discussão relativamente extensa das ideias linguísticas de Humboldt a fim de poder identificar suas posições relativistas, universalistas, bem como a fim de apontar o papel importantíssimo, para ele, do caráter energético da linguagem (que se assemelha, em alguns sentidos, ao que entendo aqui por aspecto criativo). Para isso, vou inicialmente apresentar sua concepção de linguagem em geral, com os temas presentes em seus textos mais frequentemente estudados e citados.

2.5.1 O início do pensamento sobre a linguagem em Humboldt

Pode-se dizer, como constata Jürgen Trabant (1992: 31), que a carta a Schiller datada de setembro de 1800 inaugura o pensamento filosófico de Humboldt sobre a linguagem. Muitas das ideias mais maduras encontradas nos ensaios posteriores e na introdução ao kawi já encontram sua formulação inicial nessa carta, motivada por uma discussão do *Wallenstein* de Schiller.

---

26. Desde a discussão mais longa sobre a obra de Humboldt no *Current Issues in Linguistic Theory* de 1964 (p. 16-27), Chomsky cita Humboldt sempre pelo mesmo motivo: por sua visão formal de criatividade no sentido de o indivíduo fazer um uso ilimitado de recursos limitados.

Posteriormente, em um ensaio datado de 1807 e intitulado *Sobre a natureza da linguagem em geral* (*Über die Natur der Sprache im allgemeinen*, in: HUMBOLDT, 2006: 2-19), encontramos definições mais gerais da linguagem, como a seguinte:

> A linguagem nada mais é do que o complemento do ato de pensar, a intenção de elevar as impressões externas e as sensações internas ainda obscuras à condição de conceitos nítidos, e, para a criação de novos conceitos, ligar esses conceitos uns aos outros (HUMBOLDT, 2006: 9-11).

Para Humboldt, os termos nação, raça e povo se confundem e são usados por vezes intercambiavelmente (HEIDERMANN, 2006: xxxvii-xxxviii), mas o que é verificável é o modo como a língua, para ele, está diretamente ligada à nação. Mais uma vez, a definição de língua que formula dá a ela um caráter fortemente constitutivo da atividade mental. E, do mesmo modo, a ligação direta entre língua e o ato de pensar que se vê no trecho acima transcrito se estende especificamente a cada cultura, a cada "raça", como se pode depreender do seguinte trecho:

> A língua é também um instrumento mais propício para se apreender o caráter, um meio entre o fato e a ideia, e tendo sido ela formada por princípios gerais e vagamente percebidos como tais, e também composta em sua maior parte de um repertório já disponível, ela fornece não apenas recursos para o cotejo de várias nações, mas também uma pista para a verificação da influência de uma sobre a outra (HUMBOLDT, 2006: 5).

Seguindo essa linha, Humboldt sustenta que, além de a língua ser complementar ao pensamento e ao mesmo tempo o instrumento da apreensão do caráter de um povo, "a soma de todas as palavras, a língua, é um mundo situado no espaço intermediário entre o mundo externo, aparente, e o mundo interno que age em nós" (HUMBOLDT, 2006: 9). Ora, com as passagens citadas chegamos perto de começar a entender a complexidade do ideário humboldtiano sobre a linguagem: a língua é, ao mesmo tempo, veículo do pensamento, instrumento do pensamento, instrumento da apreensão do caráter da nação e o próprio "mundo" intersubjetivo que liga as operações internas ao mundo exterior.

Sobre a natureza da linguagem em geral é importante na medida em que discute o caráter ambíguo da noção de língua enquanto entidade ao mesmo tempo geral e individual, universal e privada. Neste ensaio, Humboldt defende que o estudo das línguas "ensina também a analogia entre o homem e o mundo, em geral, e cada nação, em particular, a qual se expressa na língua" (HUMBOLDT, 2006: 9). Assim, uma única língua não é capaz de dar conta de todas as possibilidades de interpretações de uma dada realidade:

> [...] como o espírito que se revela no mundo não pode ser reconhecido de modo exaustivo por nenhuma dada quantidade de pontos de vista, sendo antes que cada novo ponto de vista descobre algo de novo –, seria portanto melhor multiplicar as diferentes línguas, na medida permitida pelo número de seres humanos habitantes do planeta (HUMBOLDT, 2006: 9).

2.5.2 A problemática dos conceitos, das palavras e da tradução em Humboldt

Ao mesmo tempo em que no texto de 1807, discutido na seção anterior, Humboldt chega perto de definir a noção moderna de idioleto, ele também aproxima-se de uma visão relativista, que se encontra mais profundamente elaborada em outros momentos de sua reflexão: as diferentes línguas são modos diferentes de acessar a realidade existente, permitindo a seus falantes o acesso a diferentes "cosmovisões". A explicação para esse tipo de posição relativista quase extrema diz respeito a uma posição frequentemente tomada por Humboldt quanto à natureza do modo como as línguas diferentes representam conceitos diferentes através das palavras. Como já citado acima, uma de suas definições de língua a entende como a soma de todas as palavras disponíveis, constituindo um mundo mediador entre o intelecto e o mundo exterior. Se a natureza da ligação entre os conceitos e as palavras é variável (como se vê no silogismo relativista de Gumperz & Levinson, que discutimos no capítulo anterior), também será variável o modo como diferentes línguas medeiam a relação subjetivo-objetivo. E a posição de Humboldt sobre o modo como as palavras correspondem a conceitos é a de que não há sinônimos perfeitos entre línguas diferentes. Para ele, a palavra distingue-se da imagem pelo fato de permitir que se imagine a coisa sob ângulos diferentes:

> [...] quem pronuncia a palavra *nuvem* não pensa em uma definição, tampouco em *uma* imagem específica desse fenômeno da natureza. Todos os diferentes conceitos e as diferentes imagens desse fenômeno, todas as sensações que se alinham à sua percepção, tudo enfim, que estiver ligado a esse fenômeno dentro e fora de nós, pode se apresentar ao espírito, e não corre risco algum de se confundir, porque este *único* som fixa e mantém coeso o todo (HUMBOLDT, 2006: 13-15).

Por esse motivo, o modo como uma palavra evoca um conjunto de elementos subjetivos é diferente até mesmo de indivíduo para indivíduo. Naturalmente, de língua para língua haverá, portanto, discrepância no modo como as palavras segmentam o espectro das sensações e experiências. Por isso, para Humboldt, mesmo no caso de objetos concretos, "as palavras de diferentes línguas não são sinônimos perfeitos, e quem pronuncia *hýppos, equus* e *cavalo* não diz total e perfeitamente a mesma coisa" (HUMBOLDT, 2006: 17-19).

Esta mesma discussão está por trás da posição de Humboldt sobre a tradução: em última instância, pode-se supor que não há tradução possível. Novamente, encontramos a visão de que as línguas diferem muito no modo como as palavras se associam aos conceitos, e as diferentes visões de mundo que codificam são incomensuráveis. A discussão sobre tradução que aparece em *Sobre a natureza da linguagem em geral* é retomada da que Humboldt apresenta na introdução à sua tradução do *Agamênon* de Ésquilo, de 1816. Nesse texto, ele se utiliza precisamente da problemática da sinonímia para argumentar pela incomensurabilidade das línguas:

> [...] abstraindo das expressões que designam apenas objetos físicos, nenhuma palavra de uma língua é perfeitamente igual a uma de outra. Diferentes línguas são, deste ponto de vista, somente outras tantas sinonímias: cada uma delas exprime o conceito de um modo um pouco diferente, com esta ou aquela determinação secundária, um degrau mais alto ou mais baixo na escala das sensações (HUMBOLDT, 2001: 91).

Humboldt não está procurando desenvolver uma teoria da intraduzibilidade, mas, antes, acaba demonstrando que as dificuldades que o tradutor enfrenta ao ter que lidar com sistemas linguísticos diferentes e, de certa forma, incomensuráveis, são parte de uma teoria da linguagem fundamentalmente relativista[27].

Assim como Humboldt não procura defender a impossibilidade da tradução, as diferenças entre as línguas e a dificuldade da tradução não são motivo para que o relativismo humboldtiano conduza a um determinismo preconceituoso – como o que já se procurou imputar a Humboldt (HEIDERMANN, 2006: xxxv-xxxix, discute mais o assunto).

2.5.3 As relações entre universalismo, relativismo, linguagem e pensamento em Humboldt

Ao contrário da posição preconceituosa que se poderia imputar a Humboldt, percebemos nele um respeito pelas diferentes línguas e a visão, bastante moderna, de que as línguas são equivalentes do ponto de vista da expressividade. Já numa palestra de 1820 intitulada "Sobre o estudo comparativo das línguas em relação com as diferentes épocas do desenvolvimento das línguas" [*Ueber das vergleichende Sprachstudium in Beziehung auf die verschiedenen Epochen der Sprachentwicklung*], ele afirma:

> A experiência com traduções de línguas muito diferentes e com o uso das mais rudimentares e incultas, que têm como desígnio a instrução nas doutrinas mais secretas de alguma religião revelada, mostra, na verdade, que, mesmo com grandes diferenças de êxito, em cada uma delas pode-se expressar qualquer série de ideias. Mas isto é apenas uma consequência do parentesco geral de todas, e da flexibilidade dos conceitos e de seus signos. As línguas mesmas e sua influência sobre as nações manifestam-se apenas naquilo que delas provém naturalmente; não naquilo a que podem ser obrigadas, mas sim naquilo a que elas convidam e entusiasmam (HUMBOLDT, 2006: 55).

---

27. Ainda que aqui a discussão seja relacionada com a visão específica de Humboldt sobre a tradução, fica claro que os termos em que a questão está colocada são muito simplórios, já que deixam de lado a noção de equivalência funcional/textual e consideram a ênfase da tradução na traduzibilidade da palavra isoladamente.

Ora, o que temos aqui é até mesmo, sob um certo viés mais universalista humboldtiano, uma negação do relativismo: afinal, o fato de todas as línguas poderem expressar qualquer série de ideias provém, em primeiro lugar, do próprio parentesco geral de todas as línguas, ou seja, da assunção de que todas as línguas, de uma forma ou de outra, derivam da mesma língua-mãe ancestral; e, em segundo lugar, da "flexibilidade dos conceitos e de seus signos", ou seja, da maleabilidade semântica que se manifesta na possibilidade da tradução, da paráfrase, da intercompreensão – a despeito da inexistência de sinônimos perfeitos e das diferenças naturais nas relações palavra-conceito codificadas em cada língua.

Para Humboldt, a importância do estudo comparado entre muitas línguas jaz exatamente no fato de que somente esse estudo cuidadoso e meticuloso é capaz de responder à questão: "Como pode ser vista, de um modo geral, a diferença entre as línguas, em relação com a formação do gênero humano?" (HUMBOLDT, 2006: 63).

A resposta, em grande medida, depende de um exame cuidadoso da própria formulação das teorias da linguagem em Humboldt. No mesmo texto, em seguida, temos uma discussão que novamente reforça sua visão relativista quanto a essa influência causal da língua na "formação do gênero humano":

> Ao ato do entendimento, que produz a unidade do conceito, corresponde, enquanto sinal sensível, a unidade da palavra, e uma tem que acompanhar a outra o mais de perto possível no pensamento através da fala. Pois assim como a força da reflexão produz a separação e a individualização dos sons através da articulação, esta também deve reagir sobre a matéria do pensamento dividindo e individualizando, e tornando-lhe possível, partindo do que é indissociado, e buscando alcançar o que é indissociado, a unidade absoluta, percorrer este caminho por meio da separação (HUMBOLDT, 2006: 65).

O ato da reflexão é permitido pela fala, que, ao articular os sons, articula, separa e segmenta o pensamento, organizando-o em unidades analisáveis, permitindo que ele possa se dar de maneira racional. É assim que o pensamento depende da linguagem, é tornado possível através dela. A relação causal que Humboldt estabelece entre linguagem e pensamento aqui é devedora daquela que encontramos em Condillac acima, e permite uma leitura que facilite a aproximação com o RL por fornecer meios de enxergar a língua como facilitadora de caminhos de influência sobre o ser humano. No entanto, a discussão não para por aí. Pois "o ato de pensar não depende apenas da linguagem em geral, mas também, até um certo grau, de cada língua particular determinada" (HUMBOLDT, 2006: 67). É por esse motivo que o relativismo humboldtiano se desenvolve também como parte de um programa de cientificização dos estudos da linguagem emergentes do programa empirista das novas ciências da linguagem. Os pressupostos da linguística histórico-comparativa formavam-se ao mesmo tempo em que Humboldt escrevia seus primeiros textos sobre a linguagem, tanto pelo seu próprio esforço quanto pelos esforços de vários de seus contemporâneos e interlocutores da Alemanha da virada do século XVIII para o XIX.

O ponto de vista particularista daqueles que se interessavam igualmente por línguas tão distantes quanto o sânscrito, o basco, as línguas ameríndias e o kawi foi capaz de mostrar com mais clareza um fato crucial: as diferenças entre as línguas são muito maiores do que as reveladas por línguas diretamente aparentadas, como são o latim, as línguas neolatinas e as línguas anglo-germânicas, que dominaram o cenário intelectual pós-renascentista na Europa Ocidental.

A discussão do ensaio de Humboldt continua nos seguintes termos:

> A palavra, aquilo que primeiro transforma o conceito num indivíduo do mundo das ideias, acrescenta semanticamente a este conceito muito de si; e na medida em que a ideia recebe precisão por meio da palavra, é simultaneamente *confinada a certos limites*. Uma determinada impressão surge de seu som, seu parentesco com outras palavras com significado semelhante, de seu conceito transitório – geralmente contido nela de modo simultâneo – para o objeto renomeado do qual ela se apropria, e de suas relações paralelas com a percepção, ou com o sentimento (HUMBOLDT, 2006: 69, grifo meu).

Ao segmentar o pensamento, possibilitando sua análise, o uso de uma certa palavra de uma certa língua produz *um certo* tipo de impressão na mente do falante, impressão que depende em grande parte da relação *não arbitrária* que a palavra estabelece com o seu significado[28]: as impressões únicas que uma palavra causa no falante dependem de seu simbolismo fonético[29], das associações que o falante estabelece inconscientemente com outras palavras da língua, com momentos exclusivos de uso daquela palavra proporcionados tanto pela própria língua quanto pela experiência individual daquele falante com aquela palavra e seu campo de relações, e assim por diante[30]. Assim, conforme grifei, cada língua, cada palavra, estabelece limites para o pensamento, que, naturalmente, explicam porque quem fala *equus* não fala exatamente a mesma coisa que quem fala *cavalo*. Poderíamos partir dessas constatações para aprofundar a proposta de um efeito-significante em Humboldt, ou seja, do modo como a materialidade de palavras de uma língua particular produz impressões subjetivas em seus falantes individualmente – um tipo particular de relativismo com reverberações importantes nas teorias da linguagem da psicanálise lacaniana, por exemplo.

Para encerrar a discussão das ideias que Humboldt apresenta na palestra "Sobre o estudo comparativo das línguas", é preciso considerar as duas passagens antológicas. A primeira representa de maneira absoluta o que Humboldt entendia por relação causal linguagem-pensamento:

---

28. A despeito de a leitura de Humboldt também apontar para uma aproximação com as ideias da arbitrariedade de Saussure, desenvolvidas quase um século mais tarde, aqui temos um Humboldt que tende à posição naturalista (encontrada aberta e repetidamente em seu "discípulo" Cassirer, p. ex.) de que há alguma relação entre a forma da palavra e seu significado. Essa posição já era defendida por Crátilo no diálogo homônimo de Platão, em oposição à posição convencionalista radical de Hermógenes.

29. Para os defensores da tese naturalista, as onomatopeias são exemplos bastante claros (e relativamente frequentes na língua) de signos cujo significado estabelece uma relação natural com o significante. O simbolismo fonético depende da ideia de que certos sons se relacionam mais frequentemente com certos tipos de noções do que outros sons: "cocoricó" seria representação quase direta (supunham os inventores da palavra) do som que o galo emite. No *Crátilo*, por exemplo, há uma discussão extensa sobre como certos sons se ligam a certas noções, como o caso da consoante lateral [l], que representa noções como a de deslizamento e suavidade (cf. PLATÃO. *Crátilo*, 427b).

30. Cf. tb. a *(Wort-)Feldtheorie*, a teoria do campo lexical, do neo-humboldtiano Weisgerber, discutida e descrita em Miller (1968) e Schaff (1974).

> Através da dependência recíproca do pensamento e da palavra fica evidente que as línguas na verdade não são meios para a representação da verdade conhecida, mas sim muito mais para a descoberta do anteriormente desconhecido. A sua diferença não reside nos sons e signos, mas na diferença de concepções de mundo em si. Aqui se encontra o motivo e o último objetivo de toda pesquisa linguística. A soma do que é cognoscível fica, como um campo a ser trabalhado pelo espírito humano, num ponto médio entre todas as línguas, e independente delas. Só se pode se aproximar deste domínio puramente objetivo segundo o seu modo de identificação e sensibilidade – num caminho subjetivo, portanto. Precisamente lá, onde a pesquisa toca os seus pontos mais elevados e profundos, encontra-se, no fim de sua efetividade, o uso mecânico e lógico do entendimento mais facilmente separável de toda característica particular, dando lugar a um processo de percepção e criação interior no qual fica bem nítido apenas que a verdade objetiva provém de toda a força da individualidade subjetiva. Isto só é possível com e através da língua (HUMBOLDT, 2006: 77-79).

A segunda passagem é antológica pelo seu caráter abertamente universalista, que estabelece uma tensão dialética entre a posição relativista-determinista radical e a universalidade do conteúdo profundo comum a todas as línguas:

> Pois, se nas línguas que se expandiram até a mais alta formação estão contidas visões de mundo próprias, então deve haver uma relação destas não somente entre si, mas também com a totalidade de todas as línguas imagináveis (HUMBOLDT, 2006: 91).

Resumindo, a linguagem molda o pensamento, mas o pensamento também molda a linguagem, ou seja, o ser humano é refém de uma visão de mundo determinada pela sua língua. Mas isso se dá apenas porque o indivíduo se inscreve num momento histórico particular em que a língua que fala já existe por completo (ou seja, o início da língua lhe é completamente inacessível), e em que ele é objeto da própria língua. Por outro lado, a sua própria maneira de atuar faz, ao mesmo tempo, com que ele seja sujeito para a língua e cause, por exemplo, mudança linguística. Essa síntese nos mostra, na verdade, que temos um Humboldt simultaneamente racionalista-universalista e empirista-relativista, com formulações acerca da natureza das relações entre língua e desenvolvimento intelectual bastante singulares. Isso acontece, em grande parte, porque Humboldt fez que convergissem em sua obra elementos do Iluminismo racionalista e empirista, de um lado, e do Romantismo e Idealismo Alemão, de outro, bem no momento de nascimento da linguística científica.

Observe-se, ainda, que o primeiro trecho deixa explícita a ideia de que a língua é a responsável não só por um sentido de influência causal no pensamento, mas também por propiciar a descoberta da verdade anteriormente desconhecida. A língua, uma vez que é o elemento possibilitador do pensamento, é o que torna possível a segmentação analítica do pensamento, num processo dedutivo de contornos kantianos. Se é a língua específica que permite o pensamento do seu falante, este falante, com acesso à realidade e à visão de mundo reveladas por sua língua individual, terá acesso àquela parcela da verdade resultante do seu acesso ao mundo pela sua língua. O conjunto de todas as línguas é o conjunto de todas as verdades, e a união de todas as línguas é o lugar da verdade (poderíamos estender a discussão para o conceito de "língua pura" de Walter Benjamin, p. ex.). Ao mesmo tempo em que há uma hipótese relativista no trabalho de Humboldt, há também o valor de um quase manifesto da linguística comparativa como a única ciência capaz de levar à verdade última, já que uma única língua mostra apenas uma parcela da realidade.

2.5.4 O programa de investigação humboldtiano

Em um fragmento datado de 1820 intitulado *Ueber den Einfluss des verschiedenen Charakters der Sprache auf Literatur und Geistesbildung* [Sobre a influência do caráter diferenciado das línguas na formação intelectual], Humboldt critica posições que ele considera que não se deve esperar de quem tenha se dedicado ao estudo da natureza das línguas. Tais posições – como a de que a língua é apenas um conjunto de signos arbitrários, ou a de que as palavras não possuem atributos e poderes outros que apenas o de evocar certos objetos (cf. HUMBOLDT, 2006: 199) – são ainda hoje consideradas como representantes de uma visão mecanicista e instrumentalista do processo linguístico de significação e representação. Já naquela altura do pensamento sobre a linguagem, Humboldt recusava-se a aceitar essas posições superficiais sobre o funcionamento da linguagem e defendia um programa de investigação linguística que tivesse como pressupostos pontos fundamentais de fundo relativista, especificamente: (i) "que as línguas diferentes constituem os órgãos das maneiras singulares de pensamento e sentimento das nações;" (ii) "que um grande número de objetos só são criados através das palavras que os designam e apenas nelas têm sua existência"; e (iii) "que [...] os elementos fundamentais das línguas não surgiram arbitrariamente e como que por convenção, porém são sons [...] provenientes do mais íntimo da natureza humana, que se mantêm e se reproduzem" (HUMBOLDT, 2006: 199).

Além desses pressupostos, Humboldt define metas para investigação futura a respeito do campo de influência recíproca entre linguagem e pensamento. Ele estabelece, de certa forma, um programa de pesquisa que traça pontos ainda a serem investigados, alguns dos quais ele veio a desenvolver mais profundamente em seu trabalho tardio que culmina com a introdução ao kawi, e outros que viriam a ser desenvolvidos apenas pelos whorfianos no século XX. Dentre os pontos que permaneciam abertos para a pesquisa, Humboldt destaca: (i) "a *natureza* do impacto da língua sobre o pensamento"; (ii) "a indicação daquelas entre suas características nas quais o pensamento se baseia", (iii) "a estipulação de exigências (na língua) quando se alcançar nela um ou outro grau, ou precisa se expressar essa ou aquela certa distinção do pensamento" e (iv) "a relação de dependência ou de independência da nação para com sua língua; o poder que a nação pode exercer sobre a língua ou a força da língua a que a nação precisa se sujeitar" (HUMBOLDT, 2006: 201, grifo meu).

Esses pontos são de fundamental importância para guiar a pesquisa sobre o RL, e, consciente ou inconscientemente, Humboldt criava um programa de investigação que seria cumprido em maior ou menor grau pelos que se inscreveram nessa tradição. O interesse na exata natureza das relações entre nação, linguagem e pensamento é o que levará os pesquisadores a propor teorias cada vez mais próximas da possibilidade de experimentação e corroboração, afastando-se da especulação filosófica pura.

2.5.5 A obra madura de Humboldt: a introdução à gramática do kawi (1836)

Nesta seção, discutirei apenas os capítulos da introdução ao kawi[31] que foram traduzidos na edição de Heidermann e Weininger (HUMBOLDT, 2006), sempre com a intenção de abordar os assuntos mais importantes que relacionem Humboldt ao tema do RL.

No capítulo "Form der Sprachen", Humboldt define linguagem de um modo que posteriormente ficou bastante famoso: como uma *atividade* e não como um *produto*:

> Considerada do ponto de vista de sua verdadeira essência, a linguagem é algo que se encontra constante e ininterruptamente em transição. Até mesmo sua conservação pela escrita nunca é mais do que mera preservação incompleta, mumificada, que por sua vez sempre exige que busquemos evocar aos sentidos a elocução oral ao escrever. A língua em si não é uma obra acabada (*Ergon*), mas sim uma atividade (*Energeia*). Por isso, sua verdadeira definição só pode ser aquela que a apreenda em sua gênese. Afinal, a língua consiste no esforço permanentemente reiterado do espírito de capacitar o som articulado para a expressão do pensamento (HUMBOLDT, 2006: 99).

Assim, a linguagem se confunde com os processos do intelecto, e ambos, linguagem e pensamento, só podem ser entendidos em seus processos, jamais como unidades estanques e mortas. A linguagem não é mero instrumento, portanto, do pensamento, mas, antes, estabelece uma relação de interdependência com ele. Esta definição de língua como *energeia* dá ensejo à formulação do que para Humboldt constitui a forma das línguas: "a atividade constante e uniforme do intelecto de elevar os sons articulados ao

---

31. Conforme dito acima, trata-se da obra intitulada *Über die Verschiedenheit des menschlichen Sprachbaus und seinen Einfluss auf die geistige Entwickelung des Menschengeschlechts*, publicada postumamente em 1836.

nível da expressão" (HUMBOLDT, 2006: 103). Tal definição constitui, para Humboldt, "o impulso absolutamente individual mediante o qual uma nação faz valer, antes da língua, seu pensamento e sentimento" (HUMBOLDT, 2006: 105).

É neste ponto da discussão que Humboldt inicia uma das analogias mais importantes para que possamos entender a sua concepção de um RL com fundamentos universalistas. Trata-se da analogia com a fisionomia humana[32]: os rostos humanos são todos absolutamente individuais e idiossincráticos; mas, ainda assim, percebemos, por exemplo, a influência dos pais na formação fisionômica de seus descendentes, e de seus pais antes deles. Assim, o conjunto de indivíduos ligados pela mesma formação social acaba se unindo em famílias que compartilham de certas características fisionômicas reconhecíveis; uma criança pode vir a ter os olhos mais parecidos com os do pai enquanto que seu irmão pode receber os olhos mais parecidos com os de sua mãe. É por isso, por exemplo, que reconhecemos o rosto de uma pessoa conhecida em uma pessoa desconhecida que não tem absolutamente nenhuma relação com aquela primeira: de um inventário finito de características fisionômicas, a completa individualidade ao mesmo tempo remonta ao outro em vários graus. Trata-se, obviamente, de uma questão genética (típica do séc. XIX, diga-se de passagem), assim como, na verdade, pode-se também considerar que Humboldt produz uma analogia quase-genética: as línguas apresentam peculiaridades radicalmente diferentes umas das outras; mas, na profundidade do poço de características constitutivas, todas elas compartilham de algo. O aparente paradoxo de Humboldt é explicitado em várias das passagens de seu texto, como a seguinte:

> E tão prodigiosa é a individualização dentro da uniformidade geral da língua que podemos dizer com igual acerto que a humanidade inteira possui em verdade apenas uma *única* língua e que cada pessoa tem uma língua particular (HUMBOLDT, 2006: 117).

---

32. Discussão também realizada por outros autores do período, como Winckelmann e Goethe.

A analogia com a fisionomia ainda se mantém: todos temos fisionomias absolutamente individuais, mas compartilhamos de uma mesma *única* fisionomia em última instância, já que nenhuma fisionomia é absolutamente idêntica a nenhuma outra. De maneira parecida, Trabant (1992: 55) aponta para o modo especial como Humboldt se apropria da ideia de Herder de que o homem é um ser "que canta": o homem é um ser que canta, mas que associa pensamentos aos sons[33]. A metáfora da língua como *órgão* enquanto *instrumento* musical, longe de ser apenas uma metáfora mecanicista de comunicação, mantém um pouco da tensão dialética do aparente paradoxo de Humboldt: instrumentos musicais também podem "falar a mesma coisa", ou seja, produzir as mesmas notas musicais, ainda que todas as suas produções sejam peculiares e individuais, pelos timbres específicos de cada instrumento individual, com sua existência material peculiar e única. Aliás, a analogia vai ainda mais longe, já que, assim como a música, a língua também só tem materialidade no instante da fala, que depende dos sons articulados anteriores ao momento de fala atual e dos que ainda virão, para compor um todo que só existe na medida em que o reconstruímos em nossa intelectualidade. Na carta a Schiller, de 1800, Humboldt diz: "O efeito da língua, portanto, não é meramente o de uma pintura que nasce do conjunto de suas partes contíguas, mas sim, simultânea, ou melhor, principalmente o de uma música, na qual os sons precedentes e os posteriores só atuam no som momentâneo na medida em que o reforçam e dele carecem" (HUMBOLDT, 2006: 185).

No capítulo intitulado "Natur und Beschaffenheit der Sprache überhaupt" [Natureza e constituição da língua em geral], Humboldt detalha mais profundamente a conexão da linguagem com o ato de pensar, e defende que é a língua que cria um objeto no pensamento: "toda fala, desde a mais simples, é um ato de atar aquilo que é sentido individualmente à natureza

---

33. "[...] provavelmente não houve em nenhum ermo tribos migrantes que não possuíssem já suas canções" (HUMBOLDT, 2006: 151).

comum da humanidade" (HUMBOLDT, 2006: 135). Assim, até mesmo sozinho o homem precisa da linguagem para estabelecer a própria consciência, o próprio ato de pensar na solidão isolada. Quando ouve suas palavras na boca de outro, no entanto, o indivíduo vê transformar-se a subjetividade em objetividade – ideia que, como vimos, também Condillac formulou ao tentar caracterizar a situação em que pela primeira vez duas crianças viriam a dar início à linguagem. Dessa forma, a ideia da passagem da subjetividade para a objetividade, e até mesmo do colapso do sujeito com o objeto, passa pela linguagem, meio principal do estabelecimento tanto da interioridade subjetiva quanto da realidade objetiva apreendida pelos sentidos[34]. Assim,

> Como a subjetividade está inevitavelmente entremeada a qualquer percepção objetiva, pode-se, então, ver toda a individualidade humana como um ponto de vista particular na visão de mundo, já independente da língua. Mas ela se torna assim ainda mais pela língua, pois a palavra, por sua vez, como veremos mais adiante, apresenta-se à alma como objeto também, com um acréscimo de significado próprio, e adiciona uma nova particularidade. Nesta particularidade, a do som linguístico, predomina dentro de uma mesma língua necessariamente uma analogia consistente; e como uma subjetividade de um gênero igual age sobre a língua numa mesma nação, assim encontra-se em cada língua uma maneira particular de ver o mundo [*so liegt in jeder Sprache eine eigenthümliche Weltansicht*] (HUMBOLDT, 2006: 147).

Aqui nós temos possivelmente a formulação mais clara do relativismo linguístico em Humboldt. A língua se coloca inteiramente entre o homem e a realidade percebida, gerando uma visão de mundo específica para cada língua, e ainda:

> O ser humano convive com os objetos principalmente, ou melhor, exclusivamente assim como a língua lhos introduz, devido ao fato de que o sentir e

---

34. Há, aqui, um problema complexo no modo como Humboldt estabelece a relação entre objetivo e subjetivo. Para sermos mais precisos, falaríamos, hoje, em intersubjetividade onde encontramos as ideias de colapso do subjetivo com o objetivo, ou quando falamos de apreensão da realidade objetiva pelos sentidos. Não há garantias de que consigamos apreender a realidade objetiva subjetivamente: o que há é, apenas, o modo como diferentes sujeitos, sempre através do seu sistema perceptual, apreendem a realidade, que jamais é a realidade objetiva exata (se é que algo assim exista ou possa ser acessado).

> o agir nele dependem de suas ideias. Pelo mesmo ato pelo qual tece a língua para fora de si, ele se enreda e isola no tecido da mesma, e cada língua desenha um círculo ao redor do povo ao qual pertence, do qual ele [o ser humano] consegue sair apenas na medida em que passa simultaneamente para o círculo de uma outra língua. Por isso, o aprendizado de uma língua estrangeira deveria ser a conquista de um novo ponto de vista na maneira anterior de ver o mundo, e de fato o é até certo grau, pois cada língua contém toda a teia de conceitos e o ideário de uma parte da humanidade. Este resultado apenas não é sentido de maneira pura e completa porque a própria visão do mundo e da língua é sempre transferida para a língua estrangeira, em maior ou menor grau (HUMBOLDT, 2006: 149).

Vemos, então, a saída de Humboldt para o perigo do determinismo: não somos completamente dominados pela língua que falamos, não somos lançados em sua prisão porque podemos sair na medida em que possuímos o poder criativo ou na medida em que falamos outra língua. As línguas diferentes são, portanto, maneiras coexistentes e complementares de ver o mundo, que, somadas, correspondem ao total das representações possíveis do mundo objetivo. Assim, o relativismo humboldtiano é ao mesmo tempo ligado ao universal do conjunto de todas as línguas humanas, em cuja união se encontra o conhecimento último. O universalismo encontrado por trás de todas as línguas, portanto, é diferente daquele de uma língua universal específica, como o latim, o esperanto, a lógica simbólica, as linguagens da computação ou as características universais (cf. tb. TRABANT, 1992: 55ss.).

2.5.6 Algumas leituras críticas da obra de Humboldt

Cassirer, em sua discussão sobre a obra de Humboldt, critica a visão universalista tradicional classificando-a como realismo ingênuo, para o qual a diversidade das línguas nada mais é do que diversidade dos sons em sua exterioridade. O realismo ingênuo, que se constataria nas tentativas universalistas mencionadas acima (e, por que não, no universalismo sintático chomskiano), estaria sempre voltado para *coisas*, e consideraria as línguas apenas como meios de acesso a elas. Esse mesmo realismo ingênuo não conseguiria alcançar o nível de ampliação do conhecimento que uma visão humboldtiana da linguagem pode permitir. Nas palavras do próprio Cassirer (2001a: 144),

> A verdadeira *idealidade* da linguagem fundamenta-se na sua *subjetividade*. Por isso, foi e sempre será inútil a tentativa de substituir as palavras das diversas línguas por signos universalmente válidos, à semelhança da matemática que os possui nas linhas, nos números e nos símbolos da álgebra. Porque estes signos abrangem apenas uma pequena parte da massa do imaginável, e com eles são designáveis apenas os conceitos que podem ser formados através de uma construção puramente racional.

Desse modo, se há algum tom de universalismo linguístico em Humboldt, ele é, segundo Cassirer, diferente daquele universalismo ingênuo dos proponentes das características universais da linguagem ou, eu diria, da proposta contemporânea de Chomsky e associados. O universalismo de Humboldt é mais fielmente recuperado pela noção de língua pura de Walter Benjamin (cf. STEINER, 2005), e diz respeito a uma visão fundamentalmente relativista da busca pelos universais. Aqui vemos, de fato, como Humboldt não pode ser classificado como um relativista radical ou como um determinista. Sua visão de linguagem trabalhou com tensões dialéticas tão frequentemente vistas como irreconciliáveis, e através dessas aproximações é que se produziu uma síntese de ideias fundamental para muitos autores influenciados por ele (incluindo autores não citados neste livro, como Heidegger, Merleau-Ponty, Bakhtin, entre outros).

Resumindo, o RL humboldtiano diz respeito às diferenças insuperáveis entre os modos de representação adotados por cada língua particular, que conduzem a uma *Weltansicht* [cosmovisão] particular, tão particular que cada língua se manifesta ainda mais particularmente em cada indivíduo dotado de subjetividade e de desejo de intercompreensão.

Conforme se pode perceber pela longa exposição de diferentes momentos da obra linguística de Humboldt, há uma série de tensões não resolvidas, aparentes paradoxos e uma dificuldade de exprimir em linhas gerais o que seria *a* teoria humboldtiana da linguagem. Em grande medida, isso se deve ao fato de, como já afirmei acima, Humboldt ter sido influenciado em grande medida tanto pelos iluministas quanto pelos idealistas e românticos alemães, o que, em si, já estabelece uma tensão importante e de difícil resolução[35]. Além disso, há o caráter de formação pessoal que a escrita exerce para Humboldt (cf. HEIDERMANN, 2006: xxiii-xxv), que escrevia mais para si do que para seu público leitor. Mas, fundamentalmente, sua obra demonstra de modo claro certas tensões de pensamento que permaneceram sem solução. Brown (1967: 110) menciona duas razões pelas quais essas ambiguidades são frequentes nos textos do prussiano: Humboldt nunca resolveu as tensões inerentes nos próprios autores e ideias dos quais ele deriva as suas, mesmo que seu pensamento tenha mudado bastante ao longo do tempo. É como se testemunhássemos o crescimento e desenvolvimento do ideário humboldtiano através da própria sequência de seus textos, um crescimento e desenvolvimento que, no entanto, permanecia deixando intocados certos problemas constantes de suas reflexões. Essa conjuntura, segundo Brown, é responsável pela existência desses pares antitéticos de ideias que são tão presentes e importantes para a concepção geral de RL humboldtiana: (i) a crença simultânea no pensamento dedutivo-racionalista e indutivo-empirista, (ii) a crença simultânea nas características universais de todas as nações e nas peculiaridades individuais importantes de cada nação e (iii) a crença simultânea do poder do indivíduo para moldar a coletividade e do poder da coletividade sobre o indivíduo.

A avaliação de Brown é a de que Humboldt não é um relativista *total* (BROWN, 1967: 118). Por um lado, porque Humboldt defende a existência

---

35. P. ex., do ponto de vista da relação entre linguagem e pensamento, enquanto a visão iluminista era a de que o pensamento precede a linguagem, a romântica era uma que via linguagem e pensamento como simultâneos. Já a de Humboldt, nesse espírito eclético, ultrapassava as duas e invertia a primeira, colocando a linguagem antes do pensamento (cf. BROWN, 1967: 54).

de certos universais, o que o desqualifica como proponente do RL mais forte. Do mesmo modo, ele defende a possibilidade de o indivíduo moldar, ainda que de maneiras mais fracas e sutis, a sua própria língua, o que seria impossível segundo uma teoria do determinismo linguístico forte, para o qual a influência total da língua sobre o indivíduo depende fundamentalmente da impossibilidade de se fugir das determinações da própria língua influenciando-a de algum modo (BROWN, 1967: 12). Assim, o aspecto criativo da linguagem (que discutiremos nos próximos capítulos) é, de maneira peculiar em Humboldt, um dos requisitos para uma visão razoável do RL que não seja por um lado nem totalmente determinista, nem seja por outro lado trivial. Ou ainda, nas palavras do próprio Brown,

> O fato de que um indivíduo pode introduzir mudanças de um tipo menor na estrutura de sua língua não significa que ele seja incapaz de executar inovações mais fundamentais; e o fato de que existam estruturas características de diferentes línguas certamente não significa que não existam, do mesmo modo, várias coisas que sejam verdadeiras de todas as línguas (BROWN, 1967: 119).

Harris & Taylor (1989: 159ss.) também criticam a crença comum de que a teoria da linguagem de Humboldt é simplesmente relativista: para eles, a tensão dialética entre o particularismo que possibilita o modo de pensamento de uma dada comunidade e o universalismo que deriva da existência de características universais compartilhadas pelas línguas gera uma posição definida por eles como *absolutismo linguístico*:

> [Humboldt] defendeu a posição de que há certos princípios universais de pensamento que determinam as funções gramaticais que cada língua deve executar. O que varia de língua para língua é o meio pelo qual essas funções gramaticais se realizam (HARRIS & TAYLOR, 1989: 161).

No entanto, ainda que cada língua deva realizar as funções gramaticais universais, os meios que cada uma delas emprega podem ser melhores ou piores:

> Consequentemente, uma vez que os falantes devem fazer uso de suas línguas para articular seus pensamentos e controlar suas operações mentais, as formas menos gramaticalmente eficientes atrapalharão as operações mentais de seus usuários. Dessa forma, o impulso criativo inferior que os levou a adotar um mé-

todo menos eficaz de sinalizar relações gramaticais tem um efeito permanente que não pode ser superado (HARRIS & TAYLOR, 1989: 162)[36].

Assim, o que se percebe é que os tons relativistas do ideário de Humboldt não podem se desvincular da sua visão universalista, e menos ainda da noção de criatividade e poder individual que perpassa a sua obra. Se o aspecto criativo e a influência dos indivíduos permitiram a criação de uma certa língua com certas características, num estágio mais estável de sua conformação final, essa mesma língua, já totalmente formada, exercerá influência sobre o indivíduo e a nação.

Lafont & Peña (1999), em sua análise do relativismo de tradição humboldtiana, discutem um dos pontos fundamentais da questão em Humboldt: ao reprovar a visão instrumentalista da linguagem como meio puramente referencial e comunicativo, Humboldt efetua uma "babelização" do mundo linguístico, impossibilitando a existência de um único mundo objetivo, ao qual as línguas se refeririam. Nas palavras dos autores:

> Essa concepção humboldtiana da linguagem incide assim na unilateralidade contrária à que ela condenava na concepção tradicional: reduzir as funções da linguagem em geral à sua função de revelação do mundo – em detrimento da função referencial –, e rechaçar de vez o realismo metafísico que reconheça a existência no real de todas as entidades correspondentes às diversas expressões da linguagem, produz uma babelização da linguagem, cuja consequência é considerar que as diferentes línguas, devido às perspectivas de mundo que lhes são inerentes, prejulgam a tal ponto a nossa experiência intramundana que já não se pode defender a suposição de um mundo objetivo idêntico para todas as línguas e independente delas (LAFONT & PEÑA, 1999: 196).

A crítica passa pelas respostas que os autores dão a vários dos problemas levantados pelo RL, tais como a intraduzibilidade, a incomensurabilidade e a visão de mundo. Quanto a esta última, o problema levantado pela aceitação da noção humboldtiana de uma *Weltansicht* específica para cada nação ou

---

36. O texto fala, aqui, especificamente, de uma discussão que se encontra em Humboldt e que não foi abordada neste capítulo, que diz respeito aos seus estudos de tipologias das línguas. Humboldt criou uma categorização linguística que divide as línguas exatamente pelo modo como elas realizam as categorizações linguísticas, do lado mais imperfeito da escala através da ordem de palavras apenas (como é o caso do chinês) e, do lado mais perfeito, através de flexão (como é o caso do sânscrito, para Humboldt).

povo é o de não se poder explicar, a partir dela, por que, mesmo dentro de uma mesma comunidade linguística, diferentes falantes podem não se entender, ou ainda, podem não compartilhar de uma mesma visão de mundo, da mesma forma que falantes de línguas diferentes e pertencentes a nações diferentes também podem compartilhar de visões de mundo (LAFONT & PEÑA, 1999: 206-207). Sua crítica se baseia fundamentalmente na impossibilidade da sustentação dos argumentos fundamentais do RL de tradição humboldtiana, como a própria intraduzibilidade ou a noção de cosmovisão. Para eles,

> Os relativistas linguísticos [...] desconhecem a função referencial da linguagem ou lhe reduzem a importância, na medida em que supervalorizam outras funções que eles não sabem distinguir da referencial (p. ex., a de veicular "sentidos" intensionais – o que quer que seja isso – ou conotações estilísticas, pragmaticamente condicionadas). Uma vez que se devolva o papel preponderante à função semântica referencial, os argumentos relativistas tornam-se muitíssimo enfraquecidos (LAFONT & PEÑA, 1999: 216).

A argumentação de Lafont & Peña é bastante consistente e relevante. No entanto, ela diz respeito à tradição humboldtiana proponente de teses relativistas quanto à linguagem, e não ao RL de autores posteriores. Mesmo sendo um texto recente, ele deixa de lado a pesquisa experimental que vem sendo feita de maneira sistemática e abundante (que veremos nos capítulos posteriores), e se concentra nos autores influenciados por Humboldt (que, para os autores, vão de Vossler, passando por Stalin, até Habermas). A meu ver, negligenciam tanto o próprio Humboldt quanto, em larga medida, os neowhorfianos.

Naturalmente, o foco na função constitutiva da linguagem ao invés de na função referencial tem suas raízes em uma crítica a teorias da linguagem muito superficiais, como vimos acima (p. ex., na discussão do texto de 1820 de Humboldt). Mais adiante argumentarei a favor das teses humboldtianas sobre a linguagem com base na sua concepção do aspecto criativo, constitutivo e "energético" da linguagem.

Antes, no entanto, deveremos apresentar, no próximo capítulo, a visão "clássica" do RL: as formulações da hipótese que aparecem em Franz Boas, Edward Sapir e Benjamin Lee Whorf.

Capítulo 3

Formulações "clássicas" do relativismo linguístico

Este capítulo tratará das formulações "clássicas" do RL, no sentido em que são as mais frequentemente mencionadas quando se discute o tema, e, no mais das vezes, são consideradas as mais importantes (a despeito de toda a história das hipóteses do RL esboçada anteriormente). Comumente, o RL é chamado simplesmente de "hipótese Sapir-Whorf", por causa da ideia comum de que a hipótese relativista quanto à linguagem foi formulada pela primeira vez por Edward Sapir (1884-1939) e seu discípulo Benjamin Lee Whorf (1897-1941). Veremos que, por outro lado, apesar de toda a história pregressa da hipótese que apresentei no capítulo anterior, a formulação do termo *linguistic relativity* é de responsabilidade de Whorf, e seu trabalho foi o primeiro mais claramente voltado para uma forma radical do RL através de pesquisa empírica. Nesse sentido, apresento um Whorf responsável pela formulação principal do RL, ainda que suas análises de dados tenham sido posteriormente consideradas pouco científicas e improcedentes, como veremos ao longo deste capítulo. Considero Whorf como o principal relativista contemporâneo; daí chamarmos os mais recentes pesquisadores experimentais dessa vertente de "neowhorfianos". Também veremos por que a hipótese do RL, para alguns, não deve levar o nome de Sapir, muito embora seus estudos seguissem claramente a tradição alemã do capítulo anterior, e influenciassem fortemente seu discípulo Whorf.

Antes de passar para a análise de Sapir e Whorf, detenho-me em alguma medida em um dos iniciadores da tradição da linguística estrutural norte-americana, Franz Boas (1858-1942), que, como veremos, é responsável, em alguma medida, pela ponte que liga o pensamento alemão do século XIX (esp. o de Humboldt) a Sapir e Whorf.

Este capítulo se pretende fundamental para o estudo das vertentes contemporâneas, científicas e experimentais dos estudos em RL dos neo-whorfianos, que serão apresentados no capítulo seguinte, quando também teremos a ocasião de apresentar as refutações contemporâneas mais importantes do relativismo, especialmente a do linguista e cientista cognitivo Steven Pinker.

3.1 FRANZ BOAS (1858-1942)

Boas, um dos maiores antropólogos norte-americanos a lidar com questões de linguagem, nasceu na Prússia e emigrou para os Estados Unidos em 1887. Iniciou sua carreira acadêmica com um doutorado em física em 1881. Seu interesse por física e geografia foi responsável por sua participação em uma expedição a Baffinland, terra inuíte-esquimó, que foi responsável pelo grande interesse etnológico que levou Boas ao trabalho com a antropologia, em especial com os povos indígenas norte-americanos.

Alguns de seus discípulos atribuíram a grande revolução que Boas teria causado nas ciências antropológicas, que ele teria "cientificizado", a seu interesse em física. Krupat (1988: 105-106) lista comentários de seus seguidores que, em suma, afirmam que Boas encontrou a disciplina num estado incipiente de opiniões "selvagens" e transformou-a em uma disciplina na qual as teorias poderiam ser testadas. Boas é somente um dos muitos linguistas-antropólogos da virada do século XX que têm relações com a Alemanha do século XIX.

Essa ponte entre o pensamento germânico sobre a linguagem e a linguística estruturalista científica de bases etnológicas e antropológicas dos

Estados Unidos pode ser traçada de Humboldt a Boas, de Boas a Sapir e de Sapir a Whorf, como veremos.

A ponte pode ser estabelecida em especial através de uma análise da síntese do pensamento boasiano sobre a linguagem encontrada em um texto publicado dois anos após sua morte, pelo também eminente colega linguista estruturalista Roman Jakobson (1896-1982).

Sobre o percurso intelectual de Boas no campo da linguagem, Jakobson (1944: 188) faz questão de deixar claro que ele foi um autodidata. O mais importante, no entanto, do trabalho de Jakobson é sintetizar as ideias linguísticas de Boas de forma a nos mostrar um pensador cuja influência na formulação da hipótese do RL de Sapir e Whorf foi crucial. Um dos pontos mais importantes da discussão diz respeito à suposta dificuldade ancestral da tradição ocidental sobre o pensamento da linguagem, que há milênios procura reproduzir em todas as línguas estudadas o esquema das categorias gramaticais e classes de palavras listadas e estudadas pelo gramático mais antigo de que se tem notícia, o grego Dionísio da Trácia, do século II a.C.[37] As categorias gramaticais estabelecidas pela tradição gramatical europeia e da Ásia ocidental deveriam ser encontradas em todas as línguas, como previa o universalismo linguístico medieval.

Para Boas, contudo, as línguas indígenas mostravam que as categorias tradicionais não se aplicam a todas as línguas do mundo. Um grau de diferença importante como esse seria responsável pela força que o relativismo

---

37. Há, aqui, uma lista extensa de referências que posso fazer a trabalhos extremamente importantes sobre a tradição da gramática antiga, dos quais cito, em especial, Chapanski (2003), Collart (1978), Coradini (1999), Desbordes (1995), Koerner & Asher (1995), Mounin (1967), Pereira (2000), Robins (1983) e Weedwood (2002). Um dos exemplos mais interessantes sobre o poder da tradição no discurso sobre gramática é o modo como a gramática latina (como a de Prisciano) precisou estipular a classe das interjeições como uma das oito classes de palavras, em virtude de o latim não possuir artigos, que constituíam uma classe de palavras para a gramática grega de Dionísio e, por conta da rivalidade muito antiga, os romanos não aceitarem ter uma língua com menos classes de palavras que a língua dos gregos. Vários outros exemplos podem ser encontrados nas discussões presentes nas referências acima.

linguístico exerceria nas ideias desse grupo de linguistas antropólogos. Para Boas, "cada língua tem uma tendência peculiar de selecionar este ou aquele aspecto da imagem mental que é representada pela expressão do pensamento" (apud JAKOBSON, 1944: 191). É neste ponto que Jakobson cita uma das afirmações mais interessantes e poderosas do "relativismo boasiano": línguas diferentes selecionam aqueles aspectos da experiência que *precisam* ser expressos. Esse é um pressuposto que se pode considerar relativista na medida em que ele reconhece que diferenças entre as conformações gramaticais e lexicais das línguas são responsáveis por uma diferença no modo como seus falantes devem fazer certas "distinções". É assim, por exemplo, que línguas com marcação de gênero no adjetivo são obrigadas a estabelecer relação explícita de gênero com os substantivos aos quais se ligam, enquanto outras línguas, que não precisam fazer isso, deixam o adjetivo em sua forma "neutra". Num exemplo simples, a expressão inglesa "*Leo is pretty*" nos obriga a saber ou decidir se "Leo" é nome próprio feminino ou masculino para traduzir *pretty* por "bonito" ou "bonita". O resultado é uma especificidade no adjetivo na língua com gênero que não é obrigatória na outra, o que causa algum grau de incomensurabilidade quando, por exemplo, se pretende traduzir da língua sem marcação de gênero para a língua com marcação de gênero ou vice-versa. Os exemplos podem se multiplicar, com maior ou menor consequência para a tese relativista.

Para Jakobson, o trabalho com as línguas específicas feito por Boas levou a uma nova orientação quanto à questão da linguagem em geral. Afinal, ainda que concordem que as línguas em si sejam arbitrárias, para Boas só há arbitrariedade do ponto de vista de outra língua no espaço ou no tempo. As particularidades de uma dada língua não são arbitrárias para os seus falantes. Elas os influenciam de alguma forma inteiramente subconsciente criando linhas definidas pelas quais eles devem seguir. Nas palavras de Jakobson (1944: 191), "as formas linguísticas exercem influência não apenas na poesia e nas crenças, mas até mesmo no pensamento especulativo e nas 'posições científicas, que são baseadas, aparentemente, no raciocínio consciente'".

Para além da discussão de em que grau a influência da língua específica atrapalha ou favorece uma dada cultura, Boas, creditado como o "pai da antropologia", já nos prevenia para o perigo etnocentrista do relativismo maldigerido: pelo que vemos no outro, acreditamos que nós, no centro do universo, somos, de alguma forma, melhores. Para Boas, trata-se de uma visão muito malformulada, por um motivo muito simples: "é de certo modo difícil para nós reconhecer que o valor que atribuímos para a nossa própria forma de civilização se deve ao fato de que nós fazemos parte dessa civilização" (apud JAKOBSON, 1944: 192).

3.2 EDWARD SAPIR (1884-1939)

Sapir também nasceu na Prússia, mas emigrou para os Estados Unidos muito mais jovem do que Boas, aos 5 anos de idade. Sapir foi aluno de Boas e fez parte de um movimento bastante atuante do que se convencionou chamar de "linguistas gerais" do cenário linguístico norte-americano do início do século XX (entre outros nomes importantes, Leonard Bloomfield (1887-1949) se inscreve nessa tradição da fundação do estruturalismo norte-americano). Apesar de sua vida relativamente curta, Sapir foi reconhecido como o maior linguista de orientação antropológica de seu tempo, e publicou muitos trabalhos sobre línguas indígenas. No entanto, o seu livro *Language*, de 1921 (utilizado aqui na tradução de Mattoso Camara Jr., editada em 1954), é um manual introdutório no qual Sapir, além de desenhar uma teoria da linguagem (que envolve, inclusive, várias das ideias importantes que lhe renderam reconhecimento, como a teoria da deriva da língua e da cultura, o tratamento dado aos sons e à forma das línguas, entre outros), propõe definições gerais de língua, pensamento, raça e cultura e discute longamente a relação entre esses elementos fundamentais.

As visões das relações entre, por um lado, linguagem e pensamento e, por outro lado, linguagem e cultura, para Sapir, são muito diferentes. Sapir desenha um modelo de influência recíproca entre linguagem-pensamento que independe, de certo modo, do eixo linguagem-cultura.

Por isso, quero demonstrar aqui que chamar o RL de "hipótese Sapir-Whorf" deve ser relativizado.

No primeiro capítulo de *Language*, Sapir define linguagem usando movimentos retóricos interessantes: num primeiro momento, a fala humana é comparada à nossa capacidade de andar. A fala parece tão natural quanto o andar. No entanto, ao tirarmos o indivíduo do seio do contato social antes de qualquer contato, ele continua a andar, mas não mais consegue falar. Da mesma forma, ao transportá-lo a outro grupo, ele falará como o outro grupo, mas andará sempre como ser humano. Assim, a língua é um produto social, e não instintivo ou inato. Mesmo os órgãos que usamos para a fala são meramente usados para esse fim por um acaso fisiológico (já que eles vieram a se desenvolver de forma a possibilitar a emissão dos sons), e não por desígnio básico do aparelho fonador humano (como o coração é feito para bombear o sangue, e não é o caso que ele veio a ser um órgão que possibilitou o bombeamento do sangue):

> [A linguagem] é um método puramente humano e não instintivo de comunicação de ideias, emoções e desejos por meio de um sistema de símbolos voluntariamente produzidos. Entre eles, avultam primacialmente os símbolos auditivos, emitidos pelos chamados "órgãos da fala".

No entanto,

> Não há, a rigor, órgãos da fala; há apenas órgãos que são incidentalmente utilizados para a produção da fala. Os pulmões, a laringe, a abóbada palatina, o nariz, a língua, os dentes e os lábios servem todos para esse fim; mas não podem ser considerados órgãos primordiais da fala, da mesma sorte que os dedos não são órgãos de tocar piano nem os joelhos os órgãos da genuflexão religiosa (SAPIR, 1954: 22).

O que é absolutamente crucial na discussão da definição geral de linguagem de Sapir é que ele já alude a pesquisadores que querem alocar a linguagem no cérebro como função cognitiva biológica (como os inatistas fazem hoje). Sapir afirma que é impossível considerar a linguagem apenas dessa forma, uma vez que, para ele, ela corresponde a um sistema simbólico muito complexo que mapeia as experiências individuais e específicas a conceitos compartilhados socialmente que, sim, de alguma forma, são processados pelo nosso cérebro. Além da discussão que mais nos diz respeito aqui, sobre os elementos do relativismo linguístico na obra de Sapir, ele chega mesmo a desenvolver uma pesquisa sobre o modo como a língua do indivíduo é responsável pela formação de sua própria personalidade (cf. SAPIR, 1927). Nesse texto, inclusive, Sapir propõe um modelo de análise de como certos elementos linguísticos tais como ritmo, entoação e a articulação dos fonemas são responsáveis por nos apresentar perante o outro, antecipando em grande parte vários temas da linguística contemporânea, como, por exemplo, alguns da pragmática moderna.

Aliás, não somente a linguagem exerce esse papel de estabelecimento de personalidade, mas também, de certa forma, ao ser ao mesmo tempo força que influencia o pensamento de todo um povo e absolutamente individual (na medida em que a qualidade, o timbre, a frequência da voz, a entoação e a articulação, o alcance do vocabulário e a construção peculiar de estruturas e sentenças, cf. SAPIR, 1933, apud JOSEPH; LOVE & TAYLOR, 2001: 13), a linguagem estabelece mais uma relação de tensão e antinomia que parece ter correspondente de complexidade e profundidade apenas em Humboldt e que responde, em certa medida, à pergunta daqueles autores, formulada nos seguintes termos:

> Se é verdade que "nós vemos, ouvimos e temos experiências em geral como fazemos pelo fato de os hábitos linguísticos de nossa comunidade predisporem certas interpretações", então como é que falantes da mesma língua não pensam exatamente do mesmo modo? Como é possível a *individualidade*? (JOSEPH; LOVE & TAYLOR, 2001: 10).

Assim, como, à época, não havia um modo de inscrever a linguagem apenas no cérebro, Sapir foi obrigado a recorrer à teoria holística de linguagem como "sistema funcional completo que pertence à constituição psíquica ou 'espiritual' do homem" (SAPIR, 1954: 24). Naturalmente, seguindo a linhagem de Herder e Humboldt a Boas (o primeiro e o segundo foram tema da produção intelectual da juventude de Sapir[38], e ao terceiro ele deve a sua própria formação acadêmica), a ideia de "espírito da língua" acabaria por ser perigosamente relacionada com a cultura e a raça, o que Sapir quis evitar (cf. JOSEPH; LOVE & TAYLOR, 2001: 5ss.). Aqui começa a aparecer a tensão fundamental entre uma tradição dos estudos da linguagem dos alemães dos séculos XVIII e XIX e a nova orientação mais objetivista e positivista da linguística nascente, em especial nos Estados Unidos.

É a partir do momento em que define linguagem que Sapir passa a se perguntar se seria possível, como já se especulava, pensar sem linguagem, ou, ainda, se a linguagem e o pensamento não seriam uma e a mesma coisa. A resposta de Sapir é complexa, já que, primeiramente, parte do princípio de que a linguagem não acompanha todos os processos psíquicos, mas serve de guia para grande parte dos processos internos de nossa constituição espiritual. Ainda, segundo Sapir, como o conteúdo externo da linguagem é objetivo mas não o é a mesma coisa que seu conteúdo interno, que "varia livremente com a atenção ou o interesse seletivo do espírito e [...] com o desenvolvimento geral do espírito" (SAPIR, 1954: 27), linguagem e pensamento não são estritamente coincidentes. "Quando muito", diz ele, "a linguagem pode chegar a ser faceta externa do pensamento, no nível mais alto e geral da expressão simbólica" (SAPIR, 1954: 27).

Pensamento e linguagem são diferentes, o que contraria a doutrina universalista antiga que defendia que a linguagem é a mera exteriorização dos processos psíquicos. O sentido se inverte para Sapir, pois, para ele, "a linguagem é, primariamente, uma função pré-racional. Limita-se com humildade a entregar ao pensamento, nela latente e eventualmente

---

38. Sua dissertação de mestrado, publicada em 1907, chamava-se *Herder's "Ursprung der Sprache"* ["A origem do idioma", de Herder].

exteriorizável, as suas classificações e as suas formas; não é, como ingenuamente se costuma supor, o rótulo final de um pensamento concluído" (SAPIR, 1954: 27).

Tendo sido derrubada a visão identificada como ingênua de linguagem como sistema de mera rotulagem ou etiquetagem das coisas objetivas para relacioná-las diretamente com o conteúdo interno do espírito, abrem-se as passagens que permitem alguma influência da linguagem sobre o pensamento. As classificações específicas da língua específica também são, em si, o que permite algum grau de influência da língua no pensamento. Mais do que isso, na esteira das teorias da origem da linguagem de orientação condillaciana, Sapir chega a afirmar que "é mais do que provável que a linguagem seja um instrumento aplicado, de início, abaixo do plano dos conceitos e que *o pensamento tenha surgido de uma interpretação requintada do conteúdo linguístico*" (SAPIR, 1954: 28, grifo meu). Estamos muito próximos de uma teoria do RL que define o pensamento como a variável dependente da linguagem nesse ponto da obra de Sapir. Da discussão anterior, Sapir chega à conclusão que é *inconcebível* o pensamento sem a linguagem. Mesmo os elementos não linguísticos que se costuma atribuir ao pensamento não são propriamente do pensamento. A confusão – aliás, em suas palavras, *ilusão* – se dá, entre outros fatores, pela incapacidade de se separar, por exemplo, elementos da cognição como a evocação de imagens não linguísticas do que Sapir considera efetivamente como pensamento[39].

Por outro lado, Sapir faz questão de deixar claro que o sentido contrário, a influência do pensamento sobre a linguagem, não tem motivos para ser descartado. Assim, ainda que a linguagem tenha surgido pré-racionalmente (a partir dos gritos primordiais, defende Sapir, herderiana e

---

39. Parece-me natural que a questão é, em grande parte, terminológica, já que, mais tarde, como veremos no capítulo seguinte, os neowhorfianos conseguirão formular experimentos para demonstrar a existência de algum grau de influência da linguagem em elementos da cognição, como a orientação espacial ou o funcionamento da memória, a fim de corroborar teses fundamentalmente relativistas.

romanticamente), ela não poderia se desenvolver se os conceitos distintos e a faculdade de pensar não tivessem se desenvolvido.

Os dois sentidos de influência entre linguagem e pensamento continuam a acontecer diante de nossos olhos, afirma Sapir: "o instrumento torna possível o produto, o produto aperfeiçoa o instrumento" (SAPIR, 1954: 29). A explicação do processo é grandiosa e mostra reflexos de um determinismo linguístico que vai influenciar Whorf anos mais tarde:

> O advento de um novo conceito é invariavelmente facilitado pelo uso mais ou menos forçado de um antigo material linguístico; o conceito não atinge uma vida individual e independente senão depois de ter encontrado uma encarnação linguística própria. Na maioria dos casos, o novo símbolo é apenas qualquer coisa extraída do material linguístico já existente, à custa de métodos norteados por precedentes, que se impõem ditatorial e esmagadoramente. Assim que possuímos a nova palavra, sentimos intuitivamente, como que com um suspiro de alívio, que o conceito está em nossas mãos. Só depois de termos o símbolo é que sentimos também ter uma chave para o conhecimento ou compreensão imediata do conceito. Seríamos tão prontos a morrer pela "liberdade", a lutar pelos "ideais", se estas duas palavras não estivessem estridulando dentro de nós? *Aliás, a palavra, como bem sabemos, pode deixar de ser uma chave; pode também ser um grilhão...* (SAPIR, 1954: 30, grifo meu).

Esse processo da construção do conceito e da reflexão contrária da influência da língua no pensamento exemplifica o que seria o modo universal de entender a linguagem humana como "humilde" possibilitadora do pensamento. Associado a esse fato está o Sapir etnólogo, estudioso de línguas exóticas e afastadas do cânone das línguas indo-europeias, que vê como ofensa a crença rasteira de que as línguas de culturas chamadas de "primitivas" são, por isso mesmo, também primitivas. Para Sapir, "não é menos notável do que essa universalidade [a que aludimos na discussão de sua definição de linguagem] a sua quase incrível diversidade" (SAPIR, 1954: 34).

Mas é exatamente pela exaltação da diversidade linguística e pela defesa dos povos injustamente considerados "primitivos" que ficamos esperando de Sapir uma teoria de influência causal entre língua e cultura que não encontramos. Aliás, é justamente o contrário que ele faz questão de enfatizar fortemente no encerramento de seu livro.

No penúltimo capítulo, "Língua, raça e cultura", Sapir procura dissociar radicalmente as línguas das culturas e "raças" que as falam, basicamente através da separação da ligação direta entre língua e cultura. Afinal, para ele, é bastante fácil provar que não há relações diretas entre as línguas e os povos que as falam, já que muitas línguas penetram em várias culturas e mesmo raças e povos considerados inimigos acabam compartilhando línguas iguais, por percalços históricos dos mais variados, que são responsáveis por relativizar a própria noção de relativismo linguístico-cultural. Assim, por exemplo, o inglês é tanto a língua dos negros norte-americanos quanto a da rainha da Inglaterra (SAPIR, 1954: 207).

E quanto ao modo como a própria "índole" de um povo pode influenciar a sua cultura e a sua própria língua? Sapir parte para uma argumentação que suspende a tentativa de dissociação completa de língua, raça e cultura e apresenta sua visão do que afirma ser "um dos mais difíceis problemas da psicologia social" (SAPIR, 1954: 214). A argumentação segue o seguinte rumo: ainda que aceitássemos que a "índole" de um povo tivesse alguma influência na modelagem de sua cultura, não seria necessário que essa modelagem também se desse na língua. Sapir é bastante categórico quanto ao fato de que é muito difícil encontrar relações diretas de influência desse tipo (é, inclusive, uma "futilidade" procurá-las). Para ele, a língua "preocupa-se tanto com as emoções e os sentimentos dos indivíduos que a falam, como o curso de um rio com os humores atmosféricos da paisagem" (SAPIR, 1954: 214). A partir desse momento, presencia-se uma das mais fortes defesas de um universalismo quase antirrelativista, que permite inclusive o questionamento acerca da própria inserção do nome de Sapir na formulação de Whorf do RL. Em suas palavras,

> A linguagem e os nossos canais de pensamento estão inextricavelmente ligados, e, a certos respeitos, são uma e a mesma coisa. Como nada prova que haja diferenças raciais notáveis da conformação básica mental, segue-se que a variabilidade infinita da forma linguística, que é um segundo nome para a variabilidade infinita do processo mental, não pode ser um índice de diferenças raciais notáveis. O paradoxo é apenas aparente. O conteúdo latente de todas as línguas é o mesmo: é a "ciência" intuitiva da experiência. A sua forma

> manifesta é que nunca se repete, pois essa forma, que chamamos morfologia linguística, não é nem mais nem menos do que uma "arte" coletiva de pensar, uma arte despida das irrelevâncias do sentir dos indivíduos. Em última análise, portanto, é tão excessivo fazer emanar da raça a língua, como a forma do soneto (SAPIR, 1954: 214-215).

A tensão entre uma visão que iguala linguagem e pensamento, que a posiciona anteriormente ao pensamento, que defende que o pensamento em grande parte depende da linguagem e uma visão radicalmente contra qualquer tipo de relação entre língua, índole do povo, raça e cultura é muito forte em Sapir. Ligando todos esses elementos, Sapir nos diz que a língua é um "como" se pensa, enquanto a cultura é "o quê" a sociedade faz e pensa. Como produto, a cultura não exerce nenhuma influência na nossa constituição interior. Já a língua, como meio, molda o pensamento na medida em que pode variar livremente. O aspecto criativo da linguagem fica aqui destituído de valor: a língua é o molde dos pensamentos, mas as alterações que nela ocorrem têm pouca influência na moldagem mais íntima:

> A deriva da língua não diz absolutamente respeito a mudanças de conteúdo senão a meras mudanças de expressão formal. É possível mudar mentalmente todos os sons, vocábulos e conceitos concretos de uma língua, sem mudar sua atualidade íntima, mais levemente que seja, tal como um molde fixo pode verter-se, conforme se queira, água, gesso ou ouro líquido (SAPIR, 1954: 215).

O ponto aqui é importante: a argumentação é toda ela voltada para uma igualdade e um antideterminismo universalista, ao contrário daquela visão romântica e caridosa relativista que motiva tantas formulações do RL (como vimos no cap. 1); Sapir foge do atrelamento de línguas mais complexas a formas melhores de vida social e a raças superiores. O antirrelativismo de Sapir recebe a formulação mais explícita ao final do capítulo:

> Daí se segue que todas as tentativas para estabelecer conexão entre tipos dados de morfologia linguística e certas formas correlatas de desenvolvimento cultural, são vãs. [...] Tipos simples e complexos de linguagem, da mais infinita variedade, são encontradiços no uso falado, qualquer que seja o nível de progresso cultural que se submeta a exame. Em se tratando de forma linguística, Platão vai de par com um porqueiro da Macedônia, Confúcio com um selvagem do Assam, caçador de cabeças. [...]

> O linguista não deve jamais cometer o erro de identificar uma língua com o dicionário que dela se extrai (SAPIR, 1954: 215-216).

Sapir, com esse encerramento majestoso do tratado (o próximo capítulo, depois disso, trata de língua e literatura), dá um fechamento ao mesmo tempo à tradição que segue a linhagem de Herder aos estruturalistas norte-americanos, da qual faz parte juntamente com Boas e, paradoxalmente, às especulações futuras sobre aproximações irrefletidas e não científicas sobre os modos diferenciados de segmentação dos conceitos que os vocabulários de línguas diferentes possam apresentar (como aquelas formulações ingênuas do RL que vimos no cap. 1). De uma forma ou de outra, Whorf será ao mesmo tempo um discípulo brilhante e alguém que comete o erro que Sapir adverte os linguistas para que jamais cometam.

3.2.1 A hipótese de Whorf merece o nome de Sapir?

Landar (1966) discute especificamente a atribuição do nome de Sapir à hipótese de Whorf (ele se pergunta, aliás, se o termo "hipótese" não seria melhor substituído por "metáfora de base arquetípica"). A mesma discussão feita acima é usada como base argumentativa para Landar, que procura atribuir a Whorf uma leitura equivocada de Sapir e à tradição posterior uma ligação excessivamente apressada entre os dois quanto à visão da relação causal entre língua e cultura/pensamento. Landar chama de "triste fato da história" que os ensinamentos de Sapir não tenham sido compreendidos por Whorf. Em um dos frequentes e repetidos ataques que Whorf costuma receber (veremos adiante como Pinker usa uma argumentação parecida), Landar (1966: 222) defende que a formação acadêmica e os interesses de Whorf o impediam de compreender adequadamente o ponto de vista de Sapir.

A explicação de Landar para a associação direta entre Sapir e Whorf no contexto do estabelecimento da hipótese clássica do RL do século XX é mais ou menos como se segue: Sapir é "transferido" para os trabalhos de Whorf através da "*transdução* ou transferência da linguagem de Sapir para dentro da descrição do sistema de Whorf". Afinal, continua, "as palavras que um homem usa são coloridas pelo contexto" (LANDAR, 1966: 222). A explicação parece nebulosa. No entanto, ela é seguida de um fato importante: um texto posterior de Sapir, uma conferência chamada "The Status of Linguistics as a Science" [O *status* da linguística enquanto ciência], publicada em 1929 no periódico *Language*, apresenta formulações muito mais relativistas, entre elas um trecho clássico que foi utilizado por Whorf como epígrafe em um dos seus artigos mais importantes para o estabelecimento da sua versão da hipótese do RL (WHORF, 1956: 134). A citação deve ser apresentada em sua totalidade:

> Os seres humanos não vivem no mundo objetivo sozinhos, nem sozinhos no mundo da atividade social como entendida comumente, mas estão deveras à mercê da língua particular que se tornou o meio de expressão de sua sociedade. É certamente uma ilusão imaginar que alguém se ajusta à realidade essencialmente sem o uso da língua e que a língua é meramente um meio incidental de resolver problemas simples de comunicação e de reflexão. O cerne da questão é que o "mundo real" é, em grande medida, construído sobre os hábitos linguísticos do grupo. Não há duas línguas que sejam suficientemente similares para serem consideradas como representantes da mesma realidade social. Os mundos em que as sociedades diferentes vivem são mundos distintos, não meramente o mesmo mundo com rótulos diferentes grudados a ele (SAPIR, 1929: 209).

Apesar do tom fortemente relativista, a passagem continua a não misturar os elementos linguagem e cultura, defendendo um relativismo linguístico ligado ao modo de conceber a realidade exterior, que não será a mesma posição que Whorf adotará.

Uma análise mais detida dessa palestra de Sapir poderá iluminar alguns pontos nessa complexa relação de tensão entre relativismo e universalismo encontrada em Sapir.

A primeira observação importante a respeito da motivação do trecho anterior é que o artigo em questão é uma espécie de tentativa de elevar a linguística a um *status* importante entre as outras ciências humanas. No caso específico do estudo das culturas, é através da língua, segundo Sapir, que tal investigação pode se tornar científica. Realizar um estudo antropológico sobre uma cultura primitiva antes de conhecer de maneira razoável a língua falada nessa cultura seria como proceder a um estudo de história sem que fosse possível o acesso às fontes. O "simbolismo linguístico" guia o estudioso através dos meandros da cultura: "em um certo sentido, a rede de padrões culturais de uma civilização é *indexada* na língua que expressa essa civilização" (SAPIR, 1929: 209, grifo meu). A aparente mudança de perspectiva de Sapir tem agora um tom de propaganda que pretende, principalmente, legitimar os estudos da linguagem não no que já tinham conseguido de importante (e a linguística indo-europeia do séc. XIX é citada como modelo), mas no que poderiam vir a fazer pela ciência como um todo.

A partir daqui, uma "teoria" do RL de Sapir pode ser esboçada: a linguagem é um produto social, portanto, as palavras (elementos formados socialmente) são formulações específicas de grupos sociais distintos que levam o conteúdo de sua significação socialmente dependente aos sistemas de pensamento desses grupos. Para Sapir,

> Mesmo atos simples de percepção estão muito mais à mercê dos padrões sociais chamados palavras do que nós podemos suspeitar. Se alguém desenhar uma dúzia de linhas, por exemplo, de diferentes formas, as perceberá como divisíveis em categorias como "retas", "tortas", "curvadas", "em zigue-zague" por causa da sugestividade dos próprios termos linguísticos. Nós vemos, ouvimos e de outra forma experienciamos em grande medida do modo como o fazemos porque os hábitos linguísticos de nossa comunidade predispõem certas escolhas de interpretação (SAPIR, 1929: 210).

Irei apresentar as pesquisas relativistas experimentais contemporâneas no capítulo seguinte, mas já é importante vermos essa formulação relativista de Sapir como muito mais próxima das versões plausíveis e testáveis do relativismo do que as de Whorf. Há em Sapir uma agudeza de observação motivada por questões mais objetivas que parece estar ausente em Whorf e seus textos mais inflamados e retóricos. A relação entre língua e cultura não é uma relação de interdependência causal forte determinista, mas, antes, "podemos pensar na língua como o guia simbólico da cultura" (SAPIR, 1929: 210).

Uma formulação alternativa do RL de Sapir se encontra em uma passagem de um texto de 1931 citado por Joseph; Love & Taylor:

> A linguagem... não apenas se refere à experiência amplamente adquirida sem o seu auxílio, mas na verdade define a experiência para nós por meio de sua completude formal e por causa de nossa projeção inconsciente de duas expectativas implícitas no campo da experiência... Categorias tais como número, gênero, caso, tempo... não são descobertas na experiência como impostas sobre ela por causa do controle tirânico que a forma linguística tem sobre a nossa orientação no mundo (SAPIR, 1931, apud JOSEPH; LOVE & TAYLOR, 2001: 10).

No entanto, um dos pontos mais importantes desse texto de Sapir, também tratado de modo bastante superficial, é a relação dos filósofos com a linguagem. Trata-se, antes de tudo, de um reconhecimento de como a filosofia já na década de 1920 se preocupava fundamentalmente com problemas de linguagem (é reconhecidamente uma abordagem do final do séc. XIX e do XX o movimento da filosofia que concentra seus esforços em problemas da linguagem, a filosofia analítica, que tem entre seus mais importantes representantes nomes como Gottlob Frege (1848-1925), Bertrand Russell (1872-1970) e Ludwig Wittgenstein (1889-1951)).

A crítica de Sapir ao modo tradicional de identificar categorias gramaticais a elementos metafísicos é moderna e atualizada, já que Sapir procura aconselhar os filósofos para que tomem cuidado com os prejuízos[40] de sua própria língua; ele o faz na esteira dos lógicos e filósofos analíticos que buscavam uma linguagem independente de certas características da língua natural, tais como ambiguidades, indeterminação/indefinitude etc., como o fizeram os proponentes de teorias linguísticas formais de base lógica. Assim, Sapir, já em 1929, colocava o linguista no papel de auxiliar no processo de libertar os filósofos e lógicos das amarras da língua natural, conforme vemos na passagem abaixo:

> O filósofo precisa entender sobre a linguagem ao menos para proteger-se contra seus próprios hábitos linguísticos, e, portanto, não é surpreendente que a

---

40. Apesar de soar como cognato maltraduzido, "prejuízo" neste sentido se aproxima menos da tradução de "prejudice" do inglês e mais da ideia de algo que se perde, como no antônimo de "lucro" em português.

filosofia, ao tentar livrar a lógica dos impedimentos da gramática e entender o conhecimento e o significado do simbolismo, seja compelida a fazer uma crítica preliminar do próprio processo linguístico. Os linguistas deveriam estar em uma posição excelente para auxiliar no processo de tornar claras para nós mesmos as implicações de nossos termos e procedimentos linguísticos. De todos os estudantes do comportamento humano, *o linguista deveria, pela própria natureza do seu assunto, ser o mais relativista no sentimento, e o que menos fosse tomado pelas formas de sua própria fala* (SAPIR, 1929: 212, grifo meu).

Mais uma vez Sapir adverte o linguista incauto para que não se deixe enredar pelas prisões de sua própria língua: o linguista deve ser o mais relativista de todos os cientistas do comportamento humano, mas não para propor o determinismo linguístico da relação ingênua entre categorias gramaticais e categorias do pensamento; ao contrário, a ideia é que o linguista livre a ciência do comportamento humano dos preconceitos de visões irrefletidas e ingênuas sobre o próprio processo linguístico.

Joseph; Love & Taylor (2001: 8) identificam nesse mesmo ponto do texto de 1929 de Sapir uma das saídas para o dilema apresentado em 1921:

> Os sentidos romântico e antropológico de "cultura" são responsáveis pela tensão no *Language* de Sapir entre afirmações tais como, por um lado, "a fala é... uma função 'cultural'" (p. 210) e "a língua e as nossas sendas mentais estão inseparavelmente interligadas; são, em um certo sentido, uma e a mesma coisa" (p. 232) e, por outro lado, "E eu não posso acreditar que a cultura e a linguagem sejam em algum sentido verdadeiro relacionados causalmente" (p. 233) e "faremos bem em considerar as derivas da língua e da cultura como sendo processos não comparáveis e não relacionados" (p. 234).

Para os autores, é exatamente a nova posição de Sapir sobre a língua como algo que estabelece "problemas" filosóficos na sua relação com o pensamento que ajuda a livrá-lo da tensão resultante do dilema exposto acima, e, em especial, a livrá-lo das implicações românticas de um relativismo de tradição baseada em Humboldt e Herder.

Um dos pontos mais importantes do trabalho de Joseph; Love & Taylor é que, ao longo da tradição dos estudos sobre a relação entre linguagem, pensamento e cultura, muito pouco se discutiu sobre o seguinte: se a língua que falamos molda o nosso modo de pensar, o que dizer do fato de que "língua", de maneira geral, é um termo que abrange uma série de formulações teóricas de diversas naturezas, tais como um símbolo político, um conjunto de palavras em um dicionário, o conjunto de dialetos e idioletos falados por um certo grupo social, e não, ao contrário, uma entidade única e uniforme? (cf. JOSEPH; LOVE & TAYLOR, 2001: 14). A crítica que nesse ponto os autores fazem a Sapir pode ser facilmente expandida para abarcar todas as formulações mais ingênuas de hipóteses de RL: sem uma definição precisa de "língua", não há nem mesmo como começar a investigar a sério a relação entre pensamento e linguagem[41].

O saldo que se pode aduzir da discussão que apresento sobre Sapir é positivo: embora não tenha empreendido esforços específicos no sentido de formular uma hipótese relativista da influência da linguagem no pensamento e na cultura, acabou por iniciar a tradição explorada por Whorf, ainda que seu papel e seu próprio nome na formulação famosa de Whorf sejam mais facilmente entendidos como uma homenagem que se reverteu em força e visibilidade para Whorf. No entanto, as tensões estabelecidas entre a relação de influência causal língua-pensamento, por um lado, e a independência relativa entre língua, raça e cultura, por outro (além do papel preponderante da língua na formação individual da personalidade e da alteridade), colocam Sapir no patamar de Humboldt no que diz respeito à sua visão complexa das tensões inerentes ao processo linguístico. Sua diferença reside no fato de que Sapir buscou conscientemente se afastar da tradição romântica que acabava por permitir julgamentos valorativos sobre culturas mais ou menos primitivas, o que a nova antropologia e etnografia, em um mundo revirado como o da primeira metade do século XX, não poderiam aceitar.

---

41. Naturalmente, a definição de "pensamento" também seria urgente nesse caso, bem como a separação clara entre "língua" e "linguagem".

3.3 BENJAMIN LEE WHORF (1897-1941)

3.3.1 A biografia romanesca de Whorf na introdução de Carroll (1956)

Apesar de não ter sido um procedimento comum neste livro até agora apresentar biografias dos autores discutidos, abrirei uma exceção para Benjamin Lee Whorf, pois há um jogo retórico curioso no modo como se constrói sua biografia pelos seus partidários, quase sempre procurando legitimar a genialidade inconteste que paira ao seu redor, visando aumentar o poder de sua autoridade no campo dos estudos da linguagem, apesar de sua atuação e formação terem sido restritas, quando não falhas. A seção sobre Whorf será aquela em que eu menos conseguirei a neutralidade de quem se propôs a analisar o RL "de fora", pois seu texto provoca reações muito variadas e opostas, às vezes, em uma distância muito pequena entre um momento e outro.

No prefácio escrito por Stuart Chase ao livro que reúne seus textos mais relevantes (CARROLL, 1956[42]), Whorf é de imediato comparado a Albert Einstein, e colocado ao seu lado como uma das pessoas que, "*once in a blue moon*" (ou seja, "muito raramente"), vêm e mostram para o mundo alguma coisa muito importante. Para Chase, Einstein nos trouxe a teoria da relatividade do espaço e do tempo, enquanto Whorf nos ensinou o modo como a língua pode moldar nossos pensamentos mais internos (CHASE, 1956: v).

Nossa abordagem pretende ajudar a desmistificar o ar de genialidade inconteste que paira tanto sobre a hipótese de Whorf quanto sobre a sua própria pessoa. Ao mesmo tempo, assim como é relevante mostrar como Whorf é retratado como um ser superior por Chase e por muitos estudiosos que simplesmente identificam praticamente todas as visões relativistas

---

42. O livro, editado por John B. Carroll, será citado com a data de edição, mas farei referência aos textos de Whorf pelo ano de cada texto, de acordo com a datação estabelecida por Carroll.

quanto à linguagem com as figuras de Whorf e de seu mestre Sapir[43], esquecendo-se tanto da história pregressa da hipótese que tentamos levantar no capítulo anterior quanto da fase científica das pesquisas do RL que descreveremos no capítulo seguinte, também é relevante dedicar parte deste capítulo a mostrar como Whorf também sofre, por outro lado, ataques muito severos de oponentes que costumam desqualificar sua contribuição para os estudos do RL como aquela de um leigo que acabou recebendo crédito excessivo por uma hipótese que não tem valor heurístico nenhum e que mal passa de uma formulação quase tautológica (cf., esp., vários trabalhos de Steven Pinker, como apresento ao final da seção).

Assim, espero, um dos papéis deste livro será o de possibilitar (assim como vários autores tentaram fazer – cf. esp. GUMPERZ & LEVINSON, 1996; STEINER, 2005) uma visão mais ampla do conjunto de propostas ligadas ao RL em vários momentos e de vários tipos, propondo, especialmente, o fim da denominação da hipótese do RL como "hipótese Sapir-Whorf".

Retornando ao prefácio da edição de Carroll, nas palavras de Chase ecoam muitas opiniões glorificantes emitidas a respeito de Whorf, assim como nas palavras de Pinker ecoam as críticas mais frequentes que se ouvem a respeito dele. Assim, logo depois do elogio descabido e da comparação com Einstein, Chase já nos dá a informação de que Whorf não foi treinado como linguista profissional. Ele se formou em engenharia química pelo MIT e a sua incursão pela linguística foi algo motivado por uma espécie de "impulso interior" (CHASE, 1956: v).

---

43. Um exemplo no mínimo curioso é o modo como Steele (2003) apresenta, em um periódico de ensino de sociologia, uma proposta metodológica para abordar assuntos abstratos nas aulas de sociologia, e escolhe como exemplo a "hipótese Sapir-Whorf". Naturalmente, como a grande maioria das menções ao RL faz da mesma forma menção apenas a Sapir e a Whorf, esse trabalho se apresenta peculiar e exemplar ao mesmo tempo por apresentar toda a hipótese basicamente a partir de um breve trecho de Sapir e outro de Whorf, ambos pertencentes aos conjuntos de trechos canônicos e antológicos dos autores. Aparentemente, nenhuma reflexão sobre a proposta em si anteriormente a Sapir nem posteriormente a Whorf é necessária, e costuma-se abordar o tema de forma assim superficial em uma quantidade bastante grande de trabalhos (cf. uma série de publicações, entre elas MARKING, 1962; LANDAR, 1966; LYONS, 1968 e 1987; COLE & SCRIBNER, 1974; TYLER, 1978; KAY & KEMPTON, 1984; MONTGOMERY, 1985 e KRAMSCH, 1998.)

Ainda mais laudatória é a introdução escrita pelo editor do livro, John Carroll. Temos então uma biografia de Whorf que deixa escapar vários elementos dignos de um panegírico: Whorf não foi treinado, foi um linguista "intuitivo", mas isso mal importa, já que ele é retratado como uma espécie de "gênio" em tudo o que fazia. Afinal, segundo Carroll, ele conseguiu "reconhecimento em suas atividades de negócios ao mesmo tempo em que avançava à alta eminência no trabalho acadêmico – *mesmo* sem ter passado pelas preliminares formais do estudo acadêmico representadas por um título avançado..." (CARROLL, 1956: 1 grifo meu). Como veremos, não é consensual que a ausência de treinamento específico e de um título na área tenham tornado Whorf mais excelente em sua atuação na linguística. No entanto, não podemos deixar de lembrar a tradição que também localiza na ausência de treinamento específico de Boas, por exemplo, um ponto positivo pela excelência de sua obra.

Nascido em uma família de artistas, *designers* e intelectuais, Benjamin Whorf é retratado de forma quase romanesca por Carroll como alguém muito forte, capaz de defender os irmãos mais jovens na escola, concentrado a ponto de não reconhecer mesmo os amigos na rua, fascinado por química, poeta e devorador de livros.

Tendo sido selecionado ainda enquanto estudante no MIT para trabalhar como estagiário numa empresa de seguros contra incêndio, Whorf é então descrito como "o melhor técnico de prevenção de incêndio que já existiu" pelo colega da pós-graduação do MIT que o selecionou (CARROLL, 1956: 4). A partir daí uma série de elogios à sua carreira de técnico de prevenção de incêndios (que durou por toda a sua vida) é associada à sua excelência intuitiva com línguas. Uma anedota a respeito de sua excelência profissional precisa ser recontada aqui, para auxiliar a minha argumentação:

> Em uma ocasião, enquanto inspecionava uma usina química, Whorf não foi admitido em uma certa instalação sob a alegação de que ela abrigava um processo secreto. O próprio gerente da usina, a quem ele foi encaminhado, insistiu que ninguém de fora poderia inspecionar aquele prédio. Whorf disse: "Vocês estão fazendo o produto tal e tal?" A resposta foi: "Sim." Whorf pegou uma caderneta, rapidamente escreveu uma fórmula química, e a entregou para o geren-

te da usina, dizendo: "Eu acho que é isso que vocês estão fazendo". O produtor, surpreso, respondeu: "Como é que você sabia disso, Senhor Whorf?", ao que Whorf calmamente respondeu: "Vocês não poderiam fazê-lo de nenhum outro modo". É desnecessário dizer que então ele foi admitido no prédio que continha o processo secreto (CARROLL, 1956: 4).

O tom romanesco, quase hollywoodiano, do relato, é importante para entendermos que a figura de Whorf inspira uma opinião de que se trata de um indivíduo calmo, sereno, quase ficcional, de um espírito profundamente sábio e genial. Como o seu nome vem associado à hipótese do RL mais famosa do século XX, a que mais frequentemente é considerada por muitos como a verdadeira e única hipótese do RL, a argumentação de uma biografia engrandecedora em nível pessoal e de desenvolvimento intelectual certamente redime um homem de negócios, de mente ágil e prática, de ter supostamente desenvolvido a tese mais incrível da linguística sem nem ao menos ser linguista. A argumentação é complexa, e muito comumente é feita do modo absolutamente contrário; afinal, o que teria a dizer de novo e revolucionário à ciência da linguagem um diletante que trabalhou a vida toda com relatórios de segurança de incêndios?

Outra informação importante sobre a motivação de Whorf para os estudos da linguagem nos é dada por Carroll: seu interesse crescente pela religião e pela língua hebraica o levou ao místico Antoine Fabre d'Olivet (1768-1825), que acreditava que a exegese dos significados mais profundos dos textos sagrados passava por uma análise místico-filológica dos radicais hebraicos. Whorf interessou-se especialmente pelo método de análise de Fabre d'Olivet, que envolvia um simbolismo fonético que ele começou a aplicar às línguas indígenas – que começou a estudar por acaso, na biblioteca que frequentava[44]. Aos poucos, segue Carroll enumerando os feitos,

---

44. Nas palavras do próprio Whorf (1936c: 74-75), Fabre d'Olivet "recusou-se a impingir os padrões do latim e do grego sobre o hebraico". Isso certamente o influenciaria muito em sua busca por análises linguísticas livres dos moldes da tradição gramatical, o que o impele em direção a línguas que ele mesmo chamou de "exóticas" (WHORF, 1937a: 87) e de línguas faladas por comunidades primitivas. Parece ser um passo subsequente natural uma proposta relativista quanto à relação entre linguagem e pensamento.

Whorf conseguiu uma bolsa de pesquisa para estudar no México, bolsa que, mais uma vez, é descrita como concedida apenas a pesquisadores reconhecidos e institucionalizados.

Continuando a carreira como estudioso dos hieroglifos maias e da língua e cultura asteca, Whorf só conheceu Sapir num congresso em 1928, e manteve pouco contato com ele até que Sapir ocupou a cadeira de antropologia para ensinar linguística em Yale em 1931. Whorf matriculou-se no programa, foi aluno da primeira turma de Sapir, e recebeu um A em um trabalho sobre a estrutura das línguas atabascas. Ainda que nunca tenha terminado o doutorado, Whorf foi leitor em antropologia em Yale nos anos de 1937 e 1938[45]. Carroll atribui a Sapir o estímulo de Whorf para estudar a língua hopi, da família Uto-Asteca, falada pela nação indígena dos hopi, do Arizona, nos Estados Unidos. Essa língua foi responsável pelos trabalhos de linguística mais importantes e famosos de Whorf. Carroll nos informa que Whorf iniciou os estudos sobre a língua hopi em 1932 através de um falante nativo que vivia em Nova York[46], e que passou um pequeno tempo em uma reserva de índios hopi no Arizona. Após vários anos de estudos e vários artigos lidos e publicados para leigos, Whorf acreditava que tinha o papel de popularizar a linguística para o grande público. No entanto, diz Carroll,

---

45. Em carta a Carroll publicada em Whorf (1937b: 102) com o título de *Discussion of Hopi Linguistics* [Discussão sobre Linguística Hopi], Whorf informa que o período de *lectureship* abrangeria o período letivo de janeiro a junho de 1938, e ele daria duas horas de aula por semana para um curso intitulado "Problems of American Linguistics" [Problemas da Linguística Americana].

46. Na referida carta, inclusive, datada de 1937 (de cinco anos depois do início dos estudos de Whorf sobre o hopi e quatro anos antes de sua morte), Whorf confessa a Carroll que "o informante mesmo não consegue dar nenhuma explicação" para um certo ponto complicado da gramática do hopi. O que interessa é que, por muito tempo, Whorf teve "o" informante, e não um contato direto com a língua. Outro questionamento sobre os métodos de Whorf pode ser levantado a partir de um outro depoimento, tirado do artigo "Some verbal categories of Hopi" [Algumas categorias verbais em hopi], publicado na *Language* em 1938, em que Whorf relata seu desenvolvimento com relação à língua, e diz: "as sentenças que eu inventava e submetia ao meu informante hopi estavam geralmente erradas" (WHORF, 1938a: 112).

Ele percebeu, contudo, que seria impossível popularizar a linguística, e que não haveria muito sentido em fazê-lo, a menos que a linguística levasse consigo uma mensagem de apelo popular. Essa mensagem, acreditava Whorf, era a de que a linguística tinha muito a dizer sobre o modo como pensamos (CARROLL, 1956: 18).

Esse papel quase missionário de divulgador da ciência da linguagem através de uma crítica do modo academicista e pouco popular inerente às ciências mais herméticas que se pode notar nas entrelinhas na passagem acima tem diversos paralelos em outros momentos (cf. a discussão sobre a "linguística crítica" em GONÇALVES & BECCARI, 2008 ou até mesmo o modo popular do discurso de Pinker, arqui-inimigo de Whorf), mas, mais importante, demonstra que parte do apelo das propostas identificadas como "hipótese Whorf" pode derivar dessa vontade evangelizatória e missionária de levar a linguística para além do seu círculo fechado de pesquisadores especialistas. Grande parte da retórica de Whorf pode ser derivada daí, e os seus artigos "Science and Linguistics" [Ciência e Linguística] e "Linguistics as an exact science" [Linguística como uma ciência exata], de 1940, trazem importantes discussões a respeito. Aqui, nos aproximamos de mostrar de que maneira os interesses relativistas de Whorf quanto à língua têm, de fato, muito em comum com aqueles interesses instigadores de propostas relativistas em geral: há, de fato, um humanismo solidário por trás do modo como Whorf é descrito por Carroll; há um antiepistemologismo-ocidental-etnocentrista, e podemos constatar a elevação quase romântica das palavras de Whorf citadas ao final do trecho biográfico da introdução de Carroll, não publicadas entre os artigos que compõem a edição de 1956:

> Não foi percebido suficientemente que o ideal de fraternidade e cooperação global falha se não incluir a capacidade de se ajustar intelectual e emocionalmente à nossa irmandade com outros países. O Ocidente conquistou alguma compreensão emocional sobre o Oriente através da abordagem de tipo estética e beletrista, mas ela não cobriu a lacuna intelectual; não estamos mais próximos da compreensão dos tipos de pensamento lógico que se refletem nas formas verdadeiramente orientais de pensamento científico e análise da natureza. Isso requer pesquisa linguística sobre as lógicas das línguas nativas, e a percepção de que elas têm *validade científica igual à dos nossos hábitos de pensamento* (WHORF, apud CARROLL, 1956: 21, grifo meu).

É importante já mencionar que se pode encontrar em Whorf uma espécie de filosofia da ciência relativista, e que a sua hipótese do RL diz respeito ao relativismo cultural, conceitual e científico. Mais adiante, através da análise dos artigos de 1940, analisarei esse ponto com mais cuidado.

3.3.2 Análise dos textos da primeira fase da produção de Whorf

Quanto aos termos em que o próprio Whorf desenvolve a sua hipótese relativista, acredito que será mais proveitoso para um capítulo como este se apresentarmos as discussões mais relevantes em ordem cronológica dos textos coletados e editados por Carroll (1956)[47].

Em um texto lido em um encontro da Sociedade Linguística Americana em 1935 (portanto, apenas alguns anos depois do início da carreira de linguista de Whorf, e mais curta ainda carreira de estudioso dos hopi), Whorf, ao discutir o sistema aspectual da língua hopi, externa uma das primeiras formulações de sua hipótese, ainda nos moldes de observações sobre a implicação da diferença específica entre os sistemas aspectuais hopi e inglês, e não nos moldes de um princípio geral (como vai fazer mais tarde).

Para ele, as subcategorizações aspectuais do hopi são tão diferentes das do inglês que "[elas são] uma ilustração de como a língua produz uma organização da experiência" (WHORF, 1936a: 55). O trecho que se segue é uma das primeiras formulações claras do RL whorfiano:

> Estamos inclinados a pensar na linguagem simplesmente como uma técnica de expressão, e a não perceber que a linguagem, primeiramente, é uma classificação e arranjo do fluxo da experiência sensorial que resulta em uma certa ordem de mundo, em um certo segmento do mundo que é facilmente exprimível pelo tipo de meio simbólico que a linguagem emprega. *Em outras palavras, a linguagem faz, de um modo mais cru mas também de um modo mais amplo e versátil a mesma coisa que a ciência faz* (WHORF, 1936a: 55).

---

47. Carroll mesmo dá a informação de que a coletânea, embora não seja a versão completa dos trabalhos sobre linguagem de Whorf, traz "quase todos" os textos relevantes para o estabelecimento da sua hipótese do RL (CARROLL, 1956: 23).

Assim inicia-se uma sequência de textos que apresentam análises de línguas afastadas do núcleo das línguas indo-europeias mais conhecidas[48] e que propiciam a formulação da hipótese da influência direta da língua no pensamento, frequentemente enunciada com alguma relação com o papel determinístico da própria noção de ciência e do modo como ela também exerce certa influência sobre a nossa conformação intelectual. Esse é um lado pouco explorado da famosa "hipótese Sapir-Whorf": se, em geral, os oponentes de Whorf se concentram em mostrar que sua análise linguística não é tão sofisticada ou confiável, por outro eles deixam passar uma ligação importante entre o relativismo linguístico e o científico.

A partir dessa primeira formulação, inicia-se uma das argumentações mais claramente deterministas de Whorf: se a estrutura linguística (esp. tempo-aspectual) da língua dos hopi é tão diferente da nossa, a própria concepção de tempo deve ser radicalmente diferente da nossa, a ponto de percebermos a realidade temporal de maneiras mais ou menos apropriadas com relação a certas teorias (tanto de organização mesma de mundo quanto de teorias científicas). Nas palavras de Whorf,

> Os hopi, na verdade, possuem uma língua mais bem-equipada para lidar com tais fenômenos vibracionais do que a nossa terminologia científica mais recente. [...] De acordo com os conceitos da física moderna, o contraste entre partícula e campo de vibração é mais fundamental no mundo da natureza do que contrastes tais como tempo e espaço, ou passado, presente e futuro, que são os tipos de contrastes que nossa língua impõe sobre nós. O aspecto-contraste do hopi que nós observamos, sendo *obrigatório* sobre as formas verbais, praticamente *força* os hopi a perceber e observar os fenômenos vibratórios, e, além disso, os encoraja a encontrar nomes para esses fenômenos e classificá-los (WHORF, 1936a: 55-56, grifo meu).

Whorf está falando do que ele identifica como "aspecto segmentativo" do hopi. Segundo ele, um processo morfológico de reduplicação da sílaba final de um verbo mais o acréscimo de *-ta* à forma resultante gera uma diferença de significado responsável pela noção de "onda vibratória", responsável pela

---

48. A que Whorf mais tarde vai denominar de línguas *SAE*, ou *Standard Average European* – o europeu médio padrão, tanto como falante quanto como língua.

proposta determinista acima. Os exemplos seriam como "*ho'ci* → *hoci'cita* = it forms a sharp acute angle [forma um ângulo agudo] → it is zigzag [está em zigue-zague]" ou "wa'la → wala'lata = it makes one wave, gives a slosh [faz uma onda, dá uma jorrada] → it is tossing in waves, it is kicking up a sea [está ondeando, quebrando um mar]⁴⁹" (WHORF, 1936a: 52-53).

A despeito da estranheza natural dos exemplos, a argumentação é bastante forte: a presença de um sufixo de aspecto segmentativo capacita os hopi a pensar no tempo de modo mais adequado segundo a física moderna do que nós, falantes de línguas indo-europeias (incluo o português aqui pelo parentesco muito mais aproximado com o inglês do que com as línguas ameríndias)⁵⁰. A obrigatoriedade da marcação aspectual segmentativa é a responsável principal por essa formulação determinística, ainda que o processo morfológico descrito seja muito parecido com outros processos geradores de aspectos de repetição de eventos em unidades multiplicadas, como os frequentativos do português ou do latim, por exemplo (representados pelo infixo – it –, presente tanto em formas como "saltar → saltitar" quanto em formas como as mais produtivas do latim, e.g. "clamare → clamitare = gritar → gritar repetidamente em intervalos de tempo curtos e seguidos").

Longe de propor contra-argumentos para todos os exemplos de Whorf, acredito que os problemas encontrados tanto na dificuldade gerada pela estranheza dos exemplos escolhidos por Whorf quanto pela sua apresentação de dados de difícil acesso e verificação (como sói acontecer nas pesquisas etnolinguísticas de línguas muito afastadas do núcleo das línguas indo-europeias, facilmente acessíveis) são os mais frequentemente escolhidos pela crí-

---

49. Temo, aqui, piorar ainda mais os exemplos conturbados de Whorf ao traduzi-los para o português deixando a sua tradução em nota ou eliminá-la do corpo do texto. Portanto, a tradução entre colchetes virá logo após a tradução em inglês dos exemplos de outras línguas de Whorf.

50. Lembremos da abertura da introdução, que discute o filme *Arrival*, cuja premissa científica principal se baseia na capacidade de os alienígenas conhecerem futuro e passado ao mesmo tempo em virtude de sua língua possuir uma concepção de tempo não linear. Lembremos também que o próprio filme menciona a hipótese Sapir-Whorf.

tica de Whorf adiante para refutar a passagem de exemplos empíricos pouco numerosos, não experimentais e baseados na sua interpretação dos dados dos informantes hopi para uma hipótese geral de RL determinista forte.

O que parece estar em questão aqui é, ainda, antes, o caráter caridoso, tolerante e inversor da ordem etnocêntrica da ciência da linguagem universalista e preconceituosa que precede as pesquisas descritivistas do século XX. Whorf quer mostrar que não somos detentores do verdadeiro conhecimento, do melhor modo de interpretar o mundo, apenas porque somos falantes de línguas indo-europeias. Trata-se, novamente, de propor teses relativistas em favor da igualdade entre as línguas. Nas palavras de Carroll, na segunda parte da introdução ao livro de Whorf já discutida aqui,

> [Whorf] teria esperado que a consciência plena do relativismo linguístico poderia conduzir a atitudes mais humildes sobre a suposta superioridade das línguas do padrão médio europeu e a aceitar com grande disposição uma "irmandade de pensamento" entre os homens [...] (CARROLL, 1956: 27).

O problema, no entanto, é que o modo de apresentação de Whorf, desde os primeiros textos, como vemos, coloca a cultura remota dos hopi como superior à nossa, cancelando o caráter caridoso da hipótese ao inverter os papéis. Nesse sentido, mais caridosa e igualitária é a proposta universalista radical que propõe que todas as línguas são cortadas a partir do mesmo molde universal e que suas variações superficiais pouco ou nada dizem sobre as nossas diferenças intelectuais e culturais. Por outro lado, a proposta de um relativismo epistemológico é interessante na medida em que inverte uma outra crença, essa sim muito mais brutal: a de que a ciência ocidental é completamente equivalente à verdade objetiva última e inquestionável. É a partir da relativização da influência das línguas nos nossos sistemas intelectuais que Whorf parece propor algo muito mais caridoso: a relativização dos sistemas de crenças epistemológicas.

Em um texto que Carroll propõe ser datado de cerca de 1936, intitulado "An American Indian Model of the Universe" [Um modelo indígena americano do universo] (WHORF, 1936b: 57), Whorf continua a desenvolver sua teoria de que os hopi veem o mundo de forma diferente de nós, europeus-médios-padrão (os seus *SAE*). A argumentação nesse texto é um pouco mais desenvolvida e audaciosa: segundo Whorf, os hopi não possuem um conceito de tempo similar ao nosso, devido ao fato de que sua língua codifica as experiências com o tempo de maneira diferente das "nossas" línguas.

Os hopi não compartilham da nossa percepção do tempo como um fluxo contínuo do passado em direção ao futuro ou do futuro em direção ao passado. Antes, por não terem palavras que se refiram ao que nós chamamos de passado, presente ou futuro, os hopi possuem uma língua cuja "metafísica" temporal (WHORF, 1936b: 58-59) organiza as experiências de seus falantes em duas "grandes formas cósmicas", ou melhor, as experiências *manifestas* versus *manifestantes* ou, ainda, *objetivas* versus *subjetivas*. O domínio do manifesto ou objetivo abarca tudo o que está acessível aos sentidos, enquanto que o domínio do subjetivo ou do manifestante abarca tudo o que chamamos de futuro, "*mas não meramente isso*" (WHORF, 1936b: 58-59, grifo do original): inclui tudo que chamamos de "mental" (tudo o que, para os hopi, está no "coração" de homens, plantas, animais, e de tudo o que existe, ou ainda, do próprio Cosmos[51]). Além disso, o domínio subjetivo abarca aquilo que existe nos domínios dos desejos, expectativa e propósito (WHORF, 1936b: 60).

Linguisticamente, esse domínio do subjetivo que se manifesta através do desejo, da expectativa e do futuro se dá por meio de expressões verbais de "vir a ser" [*will come*] e "ir até" [*will come to*] ainda que, afirma Whorf, os hopi nem mesmo possuam verbos equivalentes a "ir" e "vir". Assim, o subjetivo ligado aos verbos de ir e vir é expresso através de perífrases como "eventuates to here ['eventua' até aqui] (*pew'i*)", "eventuates from it (*angqö*) ['eventua' a partir daqui]" ou "arrived [chegou] (*pitu*, pl. *öki*)".

Além dessas informações confusas sobre a manifestação linguística do domínio do subjetivo, Whorf ainda nos informa que o aspecto inceptivo, que focaliza o início de um evento (e outro intimamente relacionado, chamado de "expectivo") como parte do presente também faz parte desse domínio.

---

51. Para rebater o aparente misticismo de afirmações desse tipo, Whorf simplesmente declara que a própria ciência ocidental é mística, sem dar justificativa ou embasamento algum para uma afirmação tão forte.

Curiosamente, para amplificar o efeito de confusão e de incomensurabilidade, o sufixo de inceptivo é creditado por Whorf tanto com a capacidade de focalizar início quanto término de eventos.

No entanto, o grande problema que se costuma identificar nos trabalhos de Whorf é exatamente a falta de sistematicidade no tratamento dos exemplos e a obscuridade e confusão na apresentação das traduções. Um exemplo é o que se segue:

> A forma inceptiva de *tunátya*, que é *tunátyava*, não significa "começa a esperar"; mas, ao contrário, "vem a ser, tendo sido esperado". Por que ela deve logicamente ter esse significado terá ficado claro pelo que já foi dito (WHORF, 1936b: 62).

Em primeiro lugar, da exposição anterior, pouco se deduz logicamente, ao contrário do que espera Whorf. Em segundo lugar, a ausência de séries de exemplos melhor explicadas e tratadas nos deixa com a sensação de que se trata, na verdade, de um conhecimento arcano ao qual apenas os iniciados têm acesso. A impressão de relativismo forte é amplificada pela tradução quase ininteligível da passagem de "começa a esperar" para "vem a ser, tendo sido esperado".

A impressão geral que se tem do trabalho descrito, que se insere em uma sequência de textos de Whorf sobre a relação entre o sistema tempo-aspectual dos hopi e o seu modo radicalmente diferente de ver o mundo, é menos a de corroboração da sua hipótese do RL e mais a de que, tendo sido dado um tratamento melhor aos dados, com um instrumental teórico mais adequado (penso aqui, especialmente, em teorias semânticas de tempo, aspecto e de eventualidades como as que estão disponíveis hoje em dia e que não estavam na época de Whorf), teríamos um estudo interessante sobre uma língua que se organiza, sim, possivelmente, de modo bastante diverso das nossas línguas-padrão europeias, mas não necessariamente criando um filtro pelo qual a visão de mundo dos hopi seja entendida como incomensurável com relação à nossa.

Aqui se pode demonstrar com um exemplo como a descrição do hopi de Whorf não apresenta um argumento necessariamente favorável ao RL, mas se enquadra em teorias mais modernas universalistas, como a teoria da semântica de eventos de Parsons (1990). Whorf declara que o hopi, "com sua preferência pelos verbos, em contraste com a nossa preferência pelos nomes, transforma perpetuamente nossas proposições sobre coisas em proposições sobre eventos" (WHORF, 1936b: 63). Ora, o que parece estar em jogo é que a suposta preferência por verbos dos hopi é um dos fatores que possibilitam o alto grau de diferença e consequente relativismo com relação às "nossas" línguas[52]. No entanto, toda a proposta da semântica de Parsons tem a ver com uma semântica universalista que concebe todas as nossas proposições em proposições sobre eventos[53].

Parsons (1990) considera o evento[54] um primitivo semântico. O evento passa a ser o núcleo semântico da sentença, ou seja, a sentença denota um evento, com seu agente, paciente, tema e assim por diante. Assim, ao analisarmos uma sentença como "Brutus esfaqueou César", a teoria prevê no mínimo uma análise que diga que:

> Para um evento *e*,
> > *e* é um esfaqueamento
> > o agente de *e* é Brutus
> > o objeto de *e* é César
> > *e* culminou em algum tempo no passado

---

52. Aliás, torna-se excessivamente complicada a proposta quando Whorf fala que os hopi transformam as nossas proposições em proposições deles. Há, aqui, no mínimo, infelicidade na construção linguística da ideia.

53. Parsons mesmo faz um histórico de sua proposta, que deve basicamente a Davidson mas que estaria disponível, ainda que de maneira embrionária, há bem mais tempo.

54. A noção de evento como entidade fundamental da nossa ontologia semântica não nos é assim tão estranha quanto parece propor Whorf. A própria noção é essencial para diversas esferas da nossa atividade, como demonstra o exemplo de debate sobre eventos encontrado em Pinker (2007: 1-6) sobre quantos eventos ocorreram relacionados aos ataques terroristas na manhã do dia 11 de setembro de 2001 em Nova York. A destruição das Torres Gêmeas, o ataque terrorista mais famoso da história, gerou uma querela sobre a própria noção de evento, cujos interessados principais foram a companhia seguradora e o "proprietário" do World Trade Center, já que, segundo o contrato de seguro, este último deveria receber três bilhões e meio de dólares por "evento destrutivo". Naturalmente, como os ataques não foram simultâneos, houve uma disputa entre os advogados das duas partes, de forma que os advogados da seguradora argumentaram que se tratava de apenas um evento, conforme ele se representava mentalmente, enquanto que os advogados do proprietário argumentavam em favor de retratar o evento fisicamente e falar de dois ataques.

Assim, se todas as línguas organizam suas proposições em torno da noção de evento e não mais em torno da noção de proposição, a informação de Whorf de que a língua dos hopi é "centrada no evento" passa a ser menos impactante e menos propensa à incomensurabilidade. A própria teoria de Parsons (1990) iluminaria diversos aspectos excessivamente obscuros das análises de Whorf.

Várias informações sobre a gramática do hopi são complementadas e reformuladas conforme os anos passam e Whorf parece conhecer melhor a língua. Por exemplo, na já citada carta a Carroll, Whorf abandona a ideia de que o hopi não tem tempo verbal e afirma que a língua possui três tempos: o passado, o futuro e o genérico (WHORF, 1937b: 103). Em um artigo publicado em 1938 na revista *Language* (um ano depois da carta), Whorf reformula mais uma vez a ideia do sistema temporal do hopi e afirma que os tempos do hopi "traduzem, mais ou menos, os tempos do inglês" (WHORF, 1938a: 113). Temos agora, no lugar de "passado", o "reportivo" (que inclui presente, passado e tudo que é factual, verificável), no lugar do "futuro", o "expectivo" (que inclui não apenas futuro e verbos ligados a desejo, expectativa e volição em geral, mas também formas como "I was going to...") e, no lugar do "genérico", o "nômico" (que lida com expressões linguísticas de generalização não factual). Aos poucos, Whorf parece se afastar da crença radical de que o hopi não tem tempo como nós temos (afinal, não parece tão diferente dos sistemas linguísticos do padrão europeu médio (*SAE*) separar os tempos em factuais, modalizados (afinal, o futuro, antes de ser tempo, é modo) e os genéricos, assim como em diferentes momentos afirma que os hopi não têm distinção entre nomes e verbos (WHORF, 1937b: 94) e depois diz que essa diferença está oculta nos criptotipos e categorias cobertas[55].

---

[55]. Em vários dos textos da primeira fase, Whorf se utiliza das noções de categorias cobertas (como o gênero no inglês) e de criptotipos (uma categoria coberta de tipo especialmente sutil e obscuro) que servem, em geral, de instrumentação teórica para as análises das várias línguas que Whorf empreende – o que, inclusive, defendo que funcionaria para aumentar o hermetismo, concisão e obscuridade das análises whorfianas, passo fundamental para o estabelecimento do seu relativismo.

A coletânea de textos editada por Carroll apresenta uma série de outros artigos (alguns publicados, outros encontrados posteriormente – como a carta de Whorf a Carroll, que o editor confessa nunca ter recebido), que, organizadas cronologicamente, nos mostram uma percepção aguçada do papel da linguística tanto para a antropologia quanto para a psicologia. É possível, também, perceber a progressão de Whorf quanto às análises linguísticas, que vão ficando cada vez mais robustas e complexas. Grande parte desses textos sequer discute profundamente a questão da influência causal entre linguagem e pensamento, de modo a constituir uma "primeira fase" da obra de Whorf, mais fortemente dedicada à análise empírica de diversas línguas afastadas do cânone linguístico do padrão europeu médio, como o asteca, o shawnee, o maia e, especialmente, o hopi. É sobre o hopi a maioria dos textos anteriores ao artigo de 1939 intitulado "The relation of habitual thought and behavior to language" [A relação do pensamento e do comportamento habituais com a linguagem], que inicia (mesmo que ainda centrado fundamentalmente no hopi) discussões mais gerais sobre a hipótese relativista.

3.3.3 Elementos intermediários entre as análises iniciais e a proposta madura de Whorf

Antes de discutir propriamente a fase mais relativista de Whorf, é importante mencionar alguns detalhes e afirmações cruciais encontradas esparsamente nos artigos da fase inicial, que antecipam grande parte dos fundamentos de sua hipótese relativista.

No texto não publicado intitulado "A linguistic consideration of thinking in primitive communities" [Uma consideração linguística do pensamento nas comunidades primitivas] (WHORF, 1936c: 65), como justificativa para o tipo de trabalho que desenvolvia, Whorf identifica na linguística a possibilidade de fornecer à antropologia e à psicologia dados relevantes sobre a relação entre os modos de pensamento e as culturas dos povos. Assim, Whorf estabelece um programa de investigação em que a linguística é a responsável por tornar acessíveis os dados que tornem claras as relações entre os povos, as culturas e as estruturas mentais. Há, aqui, ainda que por motivos quase políticos e filosóficos (como veremos adiante, Whorf propôs como que uma filosofia da ciência para a linguística), uma das formulações categóricas e já um tanto relativistas do conjunto da obra de Whorf, como podemos ver na citação abaixo:

> O etnólogo engajado no estudo de uma cultura primitiva viva deve ter se perguntado com frequência: "O que essas pessoas pensam? Como elas pensam? Seus processos intelectuais e racionais são similares aos nossos ou radicalmente diferentes?" Mas logo ele deve ter deixado de lado a ideia como um enigma psicológico e desviado sua atenção imediatamente de volta para assuntos mais facilmente observáveis. E ainda o problema do pensamento e do pensar na comunidade nativa não é pura e simplesmente um problema psicológico. É um problema amplamente cultural. É, além disso, amplamente uma questão de um agregado especialmente coesivo de fenômenos culturais que nós chamamos de linguagem. *Pode-se aproximar-se dela através da linguística e, como espero mostrar, a aproximação requer um novo tipo de ênfase na linguística* [...] (WHORF, 1936c: 65-66).

Assim, a despeito de todos os questionamentos sobre os métodos e os dados de Whorf, a proposta é bastante clara: a língua é responsável por tornar possível o estudo científico do pensamento e da cultura. No entanto, isso só seria possível através da abordagem dos linguistas importantes que influenciaram Whorf: Boas, Bloomfield e Sapir.

Completando a argumentação, Whorf assume finalmente a postura relativista de identificação do pensamento com a linguagem, passo argumentativo que, como já vimos no capítulo anterior, é fundamental para o desenvolvimento de uma hipótese do RL: "Podemos, então, distinguir o pensamento como uma função que é em grande medida linguística" (WHORF, 1936c: 66).

Um segundo ponto relevante diz respeito a comentários mais gerais de Whorf sobre a natureza ao mesmo tempo radicalmente diferente de línguas como o hopi frente às nossas línguas europeias comuns e uma suposta aproximação de fundo. De início, em um artigo de 1938 já mencionado, Whorf afirma que, após ter passado por uma fase em que acreditava que o hopi era uma língua familiar, com as mesmas categorias gramaticais, uma "língua exótica cortada em grande medida do mesmo padrão do indo-europeu" (WHORF, 1938a: 112), com o passar do tempo, ao perceber que suas sentenças em hopi eram rejeitadas pelo seu informante, identificou seus erros, aprendeu mais e percebeu que o padrão do hopi era muito diferente. Em suas palavras,

> Acontece que as categorias do hopi são suficientemente como as indo-europeias para dar uma primeira impressão enganadora de identidade estragada com irregularidades desagradáveis, e suficientemente diferentes para produzir, depois de terem sido determinadas corretamente, um novo ponto de vista na direção de distinções similares feitas em muitas línguas indo-europeias modernas e antigas. Foi-me quase tão iluminador ver o inglês de um ângulo inteiramente novo requisitado para traduzi-lo em hopi como foi descobrir os significados das próprias formas do hopi (WHORF, 1938a: 112).

No entanto, no mesmo artigo, após apresentar uma série de categorias de modalidade que, a rigor, corresponderiam ao subjuntivo indo-europeu, Whorf afirma que nenhuma delas se alinha perfeitamente com ele. Logo após apresentar uma sequência de exemplos de subjuntivos em inglês e dos seus respectivos correspondentes nas categorias de modalidade do hopi, Whorf faz uma afirmação surpreendente, que, se não trai toda a sua visão relativista, ao menos apresenta uma conjectura bastante selvagem sobre a relação entre as famílias linguísticas indo-europeia e uto-asteca:

> Ou, no fim das contas, o padrão é assim tão diferente do indo-europeu? Permanece um fato que as línguas uto-astecas em geral, e o hopi especificamente, são, quanto às línguas americanas, estranhamente reminiscentes do IE em seu tipo de gramática. Seria possível que nas formas antigas do IE, talvez no hitita, pudessem existir padrões de construção sintática que se prestariam a uma análise que seguisse de algum modo o esquema do hopi? (WHORF, 1938a: 123).

Seguindo a lógica usual de Whorf que logo nos levará à sua formulação já clássica da hipótese do RL, uma passagem como essa parece minar todos os esforços empreendidos até então em apresentar a língua hopi como emblema de incomensurabilidade e diferença radical com relação às línguas do padrão europeu médio (o seu *SAE*), já que esse padrão europeu nada mais é do que o conjunto de línguas de prestígio da Europa, quase todas indo-europeias.

A partir do artigo de 1939 intitulado "The Relation of Habitual Thought and Behavior to Language" [A relação do pensamento e do comportamento habituais com a linguagem], publicado no livro dedicado à memória de Edward Sapir, editado por Leslie Spier em 1941, pode-se identificar a segunda fase da produção de Whorf, marcada por textos com mais densidade nas formulações explicitamente relativistas. É nesse texto que Whorf se utiliza do trecho famoso de Sapir discutido acima como epígrafe, tanto como homenagem ao mestre quanto como suporte retórico para a formulação relativista que ele mesmo estava prestes a estabelecer.

A primeira parte da formulação nesse texto diz respeito a uma série de exemplos elencados por Whorf de situações em que a linguagem influencia o pensamento na vida cotidiana. Segundo ele, nos seus muitos anos de trabalho como inspetor da companhia seguradora de incêndio, ele teria analisado muitos relatórios de circunstâncias ligadas a inícios de incêndios e de explosões. De acordo com Whorf, muitos dos casos envolviam algum grau de influência das formulações linguísticas nos atos que acabavam por causar os incêndios ou explosões. Num dos exemplos famosos, a expressão "empty gasoline drum [galão de gasolina vazio]", por causa da palavra "empty" e seus significados ligados a "inofensivo" motiva um comportamento mais descuidado do que a expressão "gasoline drums" que, pela falta do adjetivo "empty", exige maior cuidado dos envolvidos. Em outro exemplo, o sufixo -*stone* da palavra *limestone*[56] (carbonato de cálcio) causou descuido quanto à presença de fonte de calor, que queimou a substância, para a surpresa dos envolvidos[57].

---

56. -*stone* como sufixo seria confundido pelo falante incauto com *stone* como substantivo, significando "pedra", naturalmente não inflamável.
57. Joseph; Love & Taylor (2001: 45), inclusive, questionam se, ao trocar-se a forma *limestone* por *calcium carbonate*, o leitor saberia necessariamente que o carbonato de cálcio, ao entrar em contato com ácido acético, converte-se em acetato de cálcio, que, em contato com o calor, produz acetona inflamável.

Os exemplos de Whorf são bastante questionáveis (cf. PINKER, 2002 e discussão adiante); responsabilizar a linguagem por acidentes causados por descuidos de profissionais ligados a indústrias e ambientes em que há risco de incêndio devido à presença de vários tipos de substâncias perigosas e esquecer-se do fator irresponsabilidade e imprudência (ou até mesmo estupidez, em alguns casos) constitui argumentação no mínimo fraca.

Um parêntese importante deve ser feito aqui: não se pode deixar de discutir alguns outros exemplos bastante estranhos de traduções feitas por Whorf: o da língua apache (WHORF, 1941a: 241) que, segundo Whorf, para dizer "It is a dripping spring [é uma fonte gotejante/é uma primavera chuvosa]" só pode utilizar seu sistema linguístico de modo a produzir algo que se pode traduzir como "As water, or springs, whiteness moves downward [como água, ou fontes, a branqueza move-se para baixo]"; um ainda mais esquisito dos nootka, que, para dizer "he invites people to eat [ele convida pessoas para comer]", acabam produzindo algo como "*he, or somebody, goes for (invites) eaters of cooked food* [ele, ou alguém, vai até (convida) comedores de comida cozida]"; um terceiro exemplo, não menos pior, também do nootka, é de uma de suas muitas "sentenças de uma palavra só", como *mamamamamahln'iqk'okmaqama*, que Whorf traduz como "they each did so because of their characteristic of resembling white people [cada um deles o fez por causa de sua característica de parecerem-se com pessoas brancas]". Para Joseph; Love & Taylor (2001: 53), as traduções de Whorf são "deliberadamente não simpáticas". Elas servem para fins argumentativos importantes. O caso da tradução da sentença "the boat is grounded on the beach [o barco está parado na praia]" para o nootka, que resultaria em algo como "moving pointwise – on the beach – it is [movendo-se com a ponta adiante – na praia – está]" serve para reforçar o fato de que os nootka não têm palavra para "boat", e, ao invés disso, precisam formular a questão em termos de posicionamento relativo a outro objeto. No entanto, perguntam os autores, não estaria Whorf confundindo o pensamento puro com a sua formulação verbal? Há aqui um problema bastante sério derivado do fato de que temos acesso a uma tradução estranha de uma língua pouco conhecida, que supostamente apresenta características estranhas, feita pelo próprio pesquisador, que quer mostrar aquela estranheza[58]. Joseph; Love & Taylor (2001: 53) dizem que traduções deliberadamente estranhas para fins argumentativos como estes fariam inclusive com que uma língua bastante próxima do inglês, como o francês, apresentasse resultados muito esquisitos de traduções de sentenças simples. Assim, "je me suis lavé les mains [eu lavei as mãos]" poderia ser traduzido em um procedimento parecido com o de Whorf por "I me am washed the hands" ou, em português, "eu me sou lavado as mãos". Para eles, inclusive (JOSEPH; LOVE & TAYLOR, 2001: 54), "nós deveríamos ficar chocados quando um exemplo de um tipo de bobagem como 'movendo-se com a ponta adiante – na praia – está' é produzido como uma tradução, pois não corresponde a nada em nossos padrões de pensamento".

Voltando aos exemplos anteriores, eles servem apenas para iniciar a discussão sobre a forma da relação entre língua e pensamento e comportamento habitual. Para Whorf, a investigação pode ser resumida em duas perguntas:

> (1) Os nossos conceitos de "tempo", "espaço" e "matéria" são apresentados substancialmente da mesma forma pela experiência a todos os homens, ou eles são em parte condicionados pelas estruturas das línguas particulares? (2) Há afinidades perceptíveis entre (a) normas culturais e comportamentais e (b) padrões linguísticos em larga escala? (WHORF, 1939: 138-139).

E a curiosa continuação desta passagem é cautelosa e um tanto cética:

---

[58]. P. ex., não podemos deixar de mencionar o "experimento" de tradução *on-line* automática reportado por Eco (2007), no qual ele mesmo traduz via *websites* de tradução automática trechos de seus romances do italiano para uma outra língua, desta para uma terceira, e desta terceira para o italiano de novo, obtendo resultados esperadamente bizarros. Ou ainda, como narra Renato Miguel Basso, há a história – ainda que soe como lenda urbana – do tradutor automático que, ao rodar o resultado da tradução do inglês para o chinês de "out of sight, out of mind" ["o que os olhos não veem o coração não sente"] no tradutor de chinês para inglês, produziu o resultado "blind idiot" ["idiota cego"].

> Eu seria o último a fingir que há algo tão bem definido como uma "correlação" entre cultura e linguagem, e especialmente entre rubricas etnológicas tais como "agricultura, caça" etc. e rubricas linguísticas tais como "flexional", "sintético" ou "isolante".

Quanto a essa citação, as respostas às duas perguntas derivam diretamente de uma comparação entre vários aspectos "diferentes" do hopi e as nossas línguas europeias-padrão (novamente, o SAE). A formulação, no entanto, é claramente programática e estabelece o caminho de uma pesquisa relativista sobre a linguagem. No entanto, Whorf continua a desenvolver toda a sua argumentação apenas no seu conhecimento de hopi e nas comparações baseadas nas traduções que ele mesmo faz dos termos, sempre com a perspectiva de que o hopi tem que ser diferente, e isso claramente influenciaria o modo como eles pensam e agem no mundo real. Assim, evitando o tom repetitivo das análises dos textos de Whorf, parece-me que todo o seu programa de investigação parte da premissa da diferença radical e somente se dá na medida da sua descrição pessoal de não nativo e de quem aprendeu a descrever a língua mas não a falá-la (cf. WHORF, 1939: 138). Além disso, a impossibilidade de avançar a investigação de maneira experimental fez com que todo o trabalho de Whorf tivesse esse tom pessoal e, de certa forma, político, uma vez que sempre procura mostrar que a língua "exótica" tem um poder expressivo igual ou até mesmo superior às nossas com relação a vários aspectos.

A impossibilidade de realizar experimentos gera um caráter curioso do trabalho de Whorf: as longas descrições das características do hopi não são suficientes para nos convencer em nada sobre os resultados concretos na mente de um falante hopi advindos das diferenças tão radicais propostas por Whorf com relação às nossas línguas. Em outras palavras, Whorf não consegue listar objetivamente os elementos de diferença que se esperam de qualquer afirmação determinista de que a língua influencia a cultura e o pensamento. Todas as respostas são subjetivas e arcanas, já que, aparentemente, Whorf tem acesso às mentes dos hopi de um modo que só podemos aceitar via mera crença. Um exemplo bastante peculiar se segue no mesmo artigo: os falantes de inglês, quando pensam em uma roseira específica, sabem que ela está sendo meramente representada em sua mente. Para Whorf, os hopi não pensam da mesma forma: a sua língua apresenta características que subvertem a lógica espacial, de modo que seus pensamentos se dirigem até a roseira, levando consigo influências psíquicas para a própria roseira em si, fora da mente dos falantes. Em suas palavras:

> O mundo mental dos hopi não possui espaço imaginário. O corolário a isso é que ele não pode localizar o pensamento que lida com o espaço real em lugar algum exceto no espaço real, nem isolar o espaço real dos efeitos do pensamento. Um hopi naturalmente suporia que o seu pensamento (ou ele mesmo) dirige-se até a planta no campo. Se for um bom pensamento, será bom para a planta; se for um mau pensamento, será o contrário (WHORF, 1939: 150).

No mesmo parágrafo, Whorf justifica parte da afirmação com "assim disse o meu informante". Ou seja, uma teoria determinista radical continua a ser construída sobre informações de apenas um único falante nativo, através da imaginação de apenas um único pesquisador, e sem nenhuma justificativa empírica exceto as traduções e descrições convolutas desse mesmo pesquisador. Resumindo, o que temos é um conjunto de afirmações sobre o "poder do pensamento" derivadas de uma linguística descritiva defectiva e incipiente[59].

Isso, naturalmente, sem falar na hipótese de que o próprio Whorf sofra de uma espécie de determinismo radical no seu desconhecimento da noção de mau-olhado, olho gordo ou, ainda, mais eruditamente, da etimologia de "inveja/*envy*", que derivam do latim *inuideo*, ou seja, "olhar para dentro ou incisivamente contra alguma coisa".

Finalmente, quanto às perguntas propostas pelo texto, Whorf responde: quanto à pergunta 1, os conceitos de tempo e matéria são dependentes das línguas específicas (WHORF, 1939: 158). Assim, o sistema newtoniano de tempo-espaço é tão dependente das línguas europeias quanto da própria

---

59. Logo na sequência da discussão da roseira, na página seguinte, Whorf fala do "poder do pensamento" que uma torcida em um jogo de futebol possui quase nos mesmos termos em que fala do pensamento "voador" dos hopi.

cultura e sociedade na qual se desenvolveu, assim como o sistema de tempo dos hopi, baseado na duração e não no nosso modo de entender o tempo, depende de sua língua. A segunda pergunta, então, é respondida positivamente: as relações entre língua e cultura existem, mas não podem ser chamadas de "correlação", no sentido de identificar os sentidos possíveis das influências. O que é importante aqui é a proposição final do artigo, onde, apesar de todas as críticas que pudemos levantar por causa das análises e discussões obscuras e convolutas de Whorf, ele declara o campo aberto para pesquisas, e não entende seu trabalho como resposta final para as perguntas postas:

> Essas conexões devem ser encontradas não tanto ao enfocar a atenção nas rubricas típicas das descrições linguísticas, etnográficas ou sociais quanto ao examinar a cultura e a língua (sempre e somente quando as duas tiverem estado juntas historicamente por um tempo considerável) como um todo no qual se pode esperar que as concatenações que correm ao longo dessas linhas compartimentadas existam, e, se elas existirem, que sejam encontráveis, em última instância, através de estudo (WHORF, 1939: 159).

3.3.4 A produção madura de Whorf

Seguem-se os textos finais, de 1940 e 1941, a partir dos quais a hipótese do RL é popularizada e personificada em Whorf: os quatro textos que se seguem, "Science and linguistics" [Ciência e linguística] (1940a), "Linguistics as an exact science" [A linguística como uma ciência exata] (1940b), "Languages and Logic" [Línguas e lógica] (1941a) e "Language, mind, and reality" [Língua, mente e realidade] (1941b) são os textos da fase madura da produção de Whorf que mais fogem da análise descritiva de línguas como o hopi e mais se aproximam de um esboço de uma teoria da linguagem. Esses textos, especialmente o primeiro deles, além de tornarem explícitas as visões relativistas de Whorf, também explicitam claramente a sua visão mais bem-estabelecida sobre a relação entre mente e linguagem, além de, de certa maneira, estabelecerem uma espécie de filosofia da ciência.

Em "Science and Linguistics", Whorf inicia a argumentação ao estabelecer a noção de "lógica natural", um tipo de substituto da noção de senso comum, que diz respeito ao fato de que todas as pessoas, por usarem a linguagem naturalmente, acabam estabelecendo profundas crenças sobre o seu próprio uso da linguagem, além de estabelecerem uma espécie de "teoria da linguagem" ingênua, pré-científica, que também diz respeito ao modo como elas naturalmente entendem a relação entre linguagem e pensamento (WHORF, 1940a: 207)[60].

Essa lógica natural leva os usuários da língua a entendê-la de modo superficial, considerando-a como mero instrumento de comunicação, e não como instrumento de formulação de ideias. Essa "formulação", para o lógico natural, diz respeito a um processo que parece independente da linguagem, o do pensamento, que, nessa visão limitada, é indiferente às línguas particulares. Essa visão do pensamento independente da linguagem é o contrário do relativismo. Ela tem ligações íntimas com o que Whorf chama de "reputação" da matemática ou da lógica formal de representarem as leis do pensamento puro.

No entanto, diz Whorf, há duas falácias na ideia da lógica natural: (i) os falantes não percebem que os fenômenos da linguagem são, para eles, inconscientes e inacessíveis para a faculdade da consciência crítica e para o controle do mesmo falante. É dessa primeira falácia que deriva a posição radical de Whorf de que mesmo a lógica e a matemática são construtos que devem muito às formulações linguísticas – é como se, por exemplo, o cálculo de predicados da lógica só se tivesse desenvolvido em virtude de as nossas línguas indo-europeias (e, especificamente, a língua grega que falavam os

---

60. Assim como discutimos em Gonçalves & Beccari (2008), a questão colocada por Whorf (na referência citada, pelo linguista Kanavilil Rajagopalan) diz respeito a um problema de filosofia da ciência e de retórica, já que concerne a uma busca pela cientificidade em um campo em que absolutamente todos os usuários da língua se consideram especialistas nela. As propostas do que Rajagopalan chama de "linguística crítica" dizem respeito exatamente a isso. Segundo Whorf, "o fato de que toda pessoa fala fluentemente desde a infância torna todo homem sua própria autoridade no processo pelo qual ele formula e se comunica" (WHORF, 1940a: 207).

primeiros filósofos a desenvolver a nossa lógica formal) serem de natureza a facilitar a visão de que as proposições são unidades separáveis em *ónoma* e *réma*, ou sujeito e predicado, base de toda a lógica de predicados; (ii) os falantes, ao não entenderem os processos subjacentes às suas capacidades expressivas, julgam que o mero acordo intersubjetivo através da fala os leva à compreensão da própria fala, o que, sabemos, é dar um passo para além do que podemos como meros usuários das línguas. O papel de compreender o que está por trás da complexidade das línguas é do linguista, e não do falante comum; assim como um ser humano comum pode entender alguns mecanismos de funcionamento do seu próprio cérebro sem jamais conseguir explicar como ele faz tudo o que faz[61] (cf. WHORF, 1940a: 211).

É a partir dessa refutação da lógica natural que Whorf materializa a sua formulação mais famosa do RL (WHORF, 1940a: 212): a ciência da linguagem só pôde refutar as falácias universalistas da lógica natural a partir de pesquisas que cada vez abrangiam mais línguas diferentes dos padrões das línguas indo-europeias mais tradicionalmente estudadas. Só através da pesquisa da linguística comparativa e depois do descritivismo etnolinguístico norte-americano é que se pôde perceber que as línguas não são meros instrumentos para dar voz às ideias, mas, antes, são os próprios moldes dessas ideias (é desnecessário dizer que o fato de Whorf não ter lido Condillac, Hamann, Herder e Humboldt é, no mínimo, infeliz). Daí temos finalmente os trechos antológicos de Whorf:

> Nós dissecamos a natureza ao longo de linhas estabelecidas pelas nossas línguas nativas. As categorias e tipos que isolamos do mundo dos fenômenos nós não encontramos lá porque eles olham cada observador no rosto; ao contrário, o mundo é apresentado em um fluxo caleidoscópico de impressões que tem que ser organizado pelas nossas mentes – e isso significa, em grande medida, pelos sistemas linguísticos em nossas mentes. Nós cortamos a natureza, organizamo--la em conceitos e atribuímos significado como fazemos, em grande medida, porque somos signatários de um acordo para organizá-la desse modo – um acordo que se mantém ao longo da nossa comunidade de fala e que é codificado

---

61. Ou, de acordo com um exemplo de Whorf, jogar bem sinuca não requer muito conhecimento das leis da mecânica que operam na mesa de sinuca.

nos padrões da nossa língua. O acordo é, naturalmente, implícito e tácito, MAS SEUSTERMOSSÃOABSOLUTAMENTEOBRIGATÓRIOS;nãopodemosfalardemaneiranenhuma exceto se subscrevermos à organização e à classificação de dados que o acordo estabelece (WHORF, 1940a: 213-214; maiúsculas no original).

Assim, ao mesmo tempo em que estabelece um princípio de relativismo quanto à língua, Whorf determina que a imparcialidade ou a objetividade completa na relação do indivíduo com o exterior é não somente uma ilusão, mas também impossível. Isso o leva a uma visão relativista não somente quanto à relação entre os falantes de línguas diferentes e concepções de mundo diferentes, mas também com relação à incomensurabilidade das teorias científicas, praticamente nos moldes em que filósofos posteriores estabelecerão, mas com ênfase na linguagem como a geradora da impossibilidade de comensurabilidade, tradução e intercompreensão total. É no trecho imediatamente seguinte que se inicia uma proposta declarada de RL:

> Este fato é bastante significativo para a ciência moderna, pois significa que nenhum indivíduo é livre para descrever a natureza com imparcialidade absoluta, mas é restrito a certos modos de interpretação mesmo quando ele se considera mais livre. A pessoa mais livre em tais respeitos seria um linguista familiarizado com muitos sistemas linguísticos amplamente diferentes. Até aqui nenhum linguista está em tal posição. Somos então introduzidos a um novo princípio de relatividade, que propõe que os observadores não são conduzidos pelas mesmas evidências físicas à mesma imagem do universo, a menos que seus panos de fundo linguísticos sejam similares, ou que possam ser calibrados de alguma maneira (WHORF, 1940a: 214).

A proposta é considerada radical mesmo por Whorf, que, no entanto, explica que a enxergamos como radical porque estamos presos na visão de mundo dos "dialetos do indo-europeu" que são as nossas línguas diferentes. Mesmo a suposta unanimidade na descrição do mundo objetivo da ciência ocidental é derivada dessa prisão da mente específica da qual não saímos. Para Whorf, "todos os observadores falantes de línguas indo-europeias modernas" não podem ser igualados a "todos os observadores" (WHORF, 1940a: 214), o que é um passo argumentativo importante não somente no estabelecimento da hipótese do RL whorfiano, mas também na legitimação do tipo de trabalho que os cientistas da linguagem da época (ao menos aqueles em cuja linhagem Whorf se inseria) se importavam mais em fazer.

Seguem-se exemplos (WHORF, 1940a: 215ss.) e, como sempre, eles seguem o formato de algumas curiosidades esparsas e não apresentadas de maneira objetiva e abrangente, como se deveria esperar para a corroboração de uma hipótese tão polêmica. Alguns desses exemplos incluem o caso do termo hopi que significa tudo aquilo que voa, exceto os pássaros. Assim, aviador, vassoura de bruxa, dragão, abelha e avião são denotados pela mesma palavra (Whorf não nos diz qual é a palavra). O exemplo é colocado em paralelo com o das palavras diferentes dos esquimós para tipos diferentes de neve.

Novamente, a informação de que a língua dos hopi não tem tempo fortalece a afirmação de que nem mesmo os termos que representam grandes generalizações para a cultura ocidental são universais: os hopi não dizem "I stayed five days [Eu fiquei [por] cinco dias]", mas sim "I left on the fifth day [Eu parti no quinto dia]". Novamente, o texto de Whorf dá a desagradável impressão de que os dados são insuficientes e vagos demais para corroborar uma hipótese tão forte. Ao mesmo tempo em que podemos apontar para o problema mais grave dos textos de Whorf, que vão ser amenizados com as pesquisas experimentais posteriores que apresentaremos no capítulo seguinte, a proposta de Whorf é apresentada juntamente com os benefícios que ele mesmo aduz, e que frequentemente não são citados pelos seus críticos mais ferrenhos: o RL de Whorf é de enorme auxílio para a ciência em si:

> Uma contribuição significativa para a ciência do ponto de vista linguístico pode ser o maior desenvolvimento de nossa noção de perspectiva. Não mais seremos capazes de ver alguns dialetos recentes da família indo-europeia, e as técnicas de racionalização elaboradas a partir dos seus padrões, como o ápice da evolução da mente humana, nem sua atual disseminação como devida à sobrevivência por melhor adaptação ou a nada além de alguns eventos da história – eventos que poderiam ser chamados de afortunados somente dos pontos de vista paroquiais daqueles dos grupos favorecidos. Eles, e nossos próprios processos de pensamento com eles, não mais podem ser vistos como provenientes da gama

> da razão e conhecimento, mas somente como uma constelação em um firmamento galático. Uma percepção justa do incrível grau de diversidade do sistema linguístico que abrange o globo nos deixa com o sentimento inescapável de que o espírito humano é inconcebivelmente antigo; que os poucos milhares de anos de história cobertos pelos nossos registros escritos não são mais do que a espessura de um risco de lápis na escala que mede nossa experiência passada neste planeta [...] (WHORF, 1940a: 218).

Mais uma vez só se pode lamentar que Whorf não tenha lido Humboldt. O tom grandiloquente e profético das palavras de Whorf não se enquadra no modelo de discurso da ciência contemporânea, e, a rigor, nem mesmo o seu trabalho. Os ensaios sobre linguística e ciência que ele escreve são como manifestos contrários ao epistemologismo ocidental, do universalismo irrefletido e maldigerido, ao positivismo lógico jamais identificado por Whorf, mas sempre combatido. A arrogância da ciência moderna tem um dos seus combatentes mais fortes no RL proposto por Whorf[62].

Joseph; Love & Taylor (2001: 51) apresentam uma discussão muito importante sobre esse texto de Whorf: para eles, dizer que a ciência é relativa à língua não significa dizer que a realidade descrita pela ciência também o seja. Assim, relativiza-se também a profundidade pela qual se estabelece a relação causal entre ciência e línguas particulares. Para os autores, uma dificuldade bastante séria com relação a essa abordagem de Whorf é aquela relacionada ao fato de que, em geral, muitos momentos da ciência moderna foram marcados por afastamentos radicais e muitas vezes conscientes do senso comum estabelecido pela linguagem ordinária. O exemplo mais óbvio é o que diz que o heliocentrismo em si já entra em sério choque com expressões da linguagem ordinária como "o sol nasce no Leste". Eles citam inclusive a física newtoniana, tão frequentemente mencionada por Whorf, como exemplo de ciência que foge das formulações linguísticas cotidianas, e argumentam que, especialmente a partir do século XX, as ciências

---

62. Cf. Steiner (2005: 117): "Whorf foi incansável em enfatizar o preconceito embutido, a arrogância axiomática da filologia tradicional e universalista, com sua raramente dissimulada presunção de que o sânscrito e o latim constituem o modelo natural ótimo de todas as línguas humanas [...]".

se emancipam tão fortemente da linguagem ordinária que mal se podem compreender os fundamentos das ciências mais duras sem algum treinamento específico formal quanto a elas. Assim, para eles, Whorf deixa de lado muitas das implicações da ciência moderna para a hipótese relativista que tenta estabelecer e generaliza a noção de arrogância da ciência moderna, entendendo todos os cientistas como defensores da verdade absoluta. Whorf simplesmente ignora a filosofia da ciência contemporânea (esp. porque ela ganharia ainda mais fôlego após a sua morte) na sua proposta de que a ciência lida com modelos de descrição da realidade e jamais com a verdade universal e inconteste.

Cassirer (1942) analisa a questão com mais profundidade, apresentando os modos como a linguagem pode exercer influência sobre o pensamento ocidental. Dois de seus pontos são mais relevantes para a discussão do RL e seu lugar na história do pensamento ocidental sobre a linguagem: o primeiro (CASSIRER, 1942: 312) diz respeito ao modo como, de alguma forma, as categorias da realidade aristotélicas se relacionam com categorias da linguagem, identificando a ontologia filosófica de Aristóteles com a própria língua grega. Outra, ainda mais relevante pela proximidade com nosso tema (CASSIRER, 1942: 317), é o modo especial como o debate entre empiristas e racionalistas se apropria das questões da linguagem: os empiristas, ancestrais dos relativistas, reconhecem o poder específico da língua particular, cheia de acidentes e idiossincrasias, enquanto que os racionalistas, ancestrais das teorias universalistas, procuram aperfeiçoar a linguagem[63], propondo formas e modos linguísticos que se aproximem do universal e, portanto, da verdade, como as características universais (cf. ECO, 2001) e, mais recentemente, a lógica simbólica.

Um dos momentos mais importantes da abordagem de Cassirer (CASSIRER, 1942: 321) é a aproximação que ele empreende entre a relatividade

---

63. Cf. Ricken (1994) e Harris & Taylor (1989) sobre os problemas da imperfeição da linguagem no século XVIII.

einsteiniana como teoria científica e o relativismo/relatividade filosófico-
-epistemológicos, como se aquela fosse um modo de corroborar estes, o
que nos leva, naturalmente (e já para além da argumentação de Cassirer
que, apesar de humboldtiano e de comentar em seu texto o RL de Sapir,
ainda não identifica a hipótese com a formulação mais explícita de Whorf),
a entender o RL como uma decorrência dessa cadeia de ligações entre o
relativismo como doutrina filosófica, como doutrina linguística e como
teoria científica.

O próximo ensaio de Whorf, "Linguistics as an exact science", também
escrito para o periódico *Technology Review* em 1940, apenas continua a desenvolver o tema do RL como fundamental para a ciência como um todo.
Num trecho que segue a mesma linha de raciocínio do trecho mais profético citado acima, Whorf desdenha do objetivismo das atividades mentais
mais caras da ciência moderna:

> Não há necessidade de se fazer apologia à fala, a mais humana de todas as ações.
> Os animais podem pensar, mas eles não falam. "Falar" DEVERIA SER uma palavra
> mais nobre e digna do que "pensar". Além disso, devemos encarar o fato de que
> a ciência começa e termina na fala. Isso é o contrário de qualquer coisa ignóbil.
> Palavras tais como "analisar, comparar, deduzir, raciocinar, inferir, postular, teorizar, testar, demonstrar" significam que, sempre que um cientista faz alguma
> coisa, ele fala sobre o que faz (WHORF, 1940b: 220-221).

No entanto, logo após parafrasear a sua própria argumentação no artigo
anterior de 1940, Whorf suaviza o tom determinista que pode transparecer
de afirmações como a citada anteriormente, ao dizer que a ciência não foi
causada pela gramática, mas foi "simplesmente colorida por ela" (WHORF,
1940b: 221).

O artigo é dedicado principalmente a discutir em que medida a linguística pode ser considerada uma ciência exata, tema que causará muita
preocupação aos linguistas do século XX e XXI. Nesse sentido, ao mesmo
tempo em que o conteúdo principal do texto não é mais fundamentalmente a repetição e a corroboração da hipótese relativista; mas, pelo contrário,
uma tentativa de apresentar um formalismo muito específico de previsão

dos padrões silábicos do inglês, o texto se encerra com uma espécie de profecia sobre o futuro da ciência da linguagem que diz muito sobre o que os próprios seguidores de Whorf viriam a fazer (como veremos no próximo capítulo), ao mesmo tempo em que, de certa forma, redime Whorf pela incapacidade de estabelecer a hipótese do RL como teoria:

> A linguística ainda está em sua infância no que concerne aos recursos para o equipamento necessitado, seu suprimento de informantes, e o mínimo de ferramentas, livros e assim por diante. Financiamento para suprimentos mecânicos, como os que eu menciono acima, no momento é apenas um sonho. Talvez essa condição resulte da falta da publicidade que as outras ciências recebem e, no fim das contas, recebem merecidamente. Todos sabemos que as forças estudadas pela física, química e biologia são poderosas e importantes. As pessoas geralmente não sabem ainda que as forças estudadas pela linguística são poderosas e importantes, que seus princípios controlam toda sorte de acordo e entendimento entre os seres humanos, e que, mais cedo ou mais tarde, a linguística terá que sentar e julgar enquanto as outras ciências trazem seus resultados para o seu tribunal para questionar o que eles querem dizer. Quando chegar esse tempo, haverá laboratórios de linguística tão grandes e bem-equipados como há os das outras ciências (WHORF, 1940b: 232).

Naturalmente, se não dermos muita atenção para a profecia quase cristã de um juiz sentado no dia do julgamento final das ciências, Whorf antecipa a existência de um período como o de algumas décadas depois, quando já se poderá fazer pesquisa experimental mesmo na linhagem relativista que ele inicia dentro da ciência da linguagem[64]. Além disso, a importância que se vai dar à linguística no pós-guerra norte-americano vai ajudar a elevá-la a ciência de ponta em termos de laboratórios, financiamento (ainda que não necessariamente no Brasil) e relativamente bem divulgada enquanto ciência importante. Por outro lado, tirando os ambientes em que a profecia aparentemente se realizou (como talvez o MIT de Chomsky a partir dos anos de 1950), a linguística ainda sofre para ter seus resultados compreen-

---

64. E aqui é necessário admitir que, apesar de todas as críticas que tentei fazer à atribuição apressada da originalidade do RL ao trabalho de Sapir e de Whorf, é claro que este último é o primeiro a formular a hipótese pensando em uma ciência da linguagem, e não em uma filosofia da linguagem, como o fizeram os autores que analisei no capítulo anterior.

didos e divulgados pela comunidade científica (cf. os clamores da linguística crítica de RAJAGOPALAN, 2003 e GONÇALVES & BECCARI, 2007).

No ano seguinte, em que viria a falecer prematuramente, Whorf escreve os últimos dois textos da coletânea editada por Carroll, dos quais o primeiro, "Languages and Logic", é importante por suavizar um pouco o tom determinista dos dois últimos com relação à dependência da ciência das línguas particulares. Assim, segundo Whorf, apesar de a ciência ser, em grande parte, dependente da linguagem, há uma base subjacente com uma lógica discernível. Segundo Whorf (1941a: 239), "a ciência não é compelida a ver os seus procedimentos de pensamento e raciocínio transformados em processos meramente subservientes a ajustes sociais e motivações emocionais".

Mais adiante, ao explicar melhor a argumentação precedente, Whorf esclarece a questão nos seguintes termos: "A afirmação de que 'pensamento é uma questão de LINGUAGEM' é uma generalização incorreta da ideia mais correta de que 'pensamento é uma questão de línguas diferentes'" (1941a: 239), em um passo argumentativo que, nos mesmos moldes do relativismo universalista dialético de Humboldt e Benjamin (cf. capítulo anterior), identifica nas línguas diferentes modos complementares de alcançar a verdade.

Finalmente, no último ensaio da coletânea, "Language, thought, and reality", escrito para a revista *Theosophy*, da Índia, encontramos muitas das afirmações esotéricas, holísticas e quase alucinadas de Whorf, como a seguinte, que não se pode deixar de citar:

> A fala é o melhor espetáculo que o homem representa. É a sua própria "representação" no palco da evolução, na qual ele vem antes da descida da cortina cósmica e "faz o seu negócio". Mas nós suspeitamos que os deuses, ao observar, percebem que a ordem na qual esse incrível conjunto de artimanhas cresce até um grande clímax foi roubada – do Universo! (WHORF, 1941b: 249).

É também neste texto que encontramos as afirmações mais radicais do determinismo de Whorf, como a de que uma estação de rádio e uma usina de energia são ambos "processos linguísticos", ainda que não pensemos neles dessa forma (WHORF, 1941b: 250). É também neste último texto que encontramos uma das formulações mais claras do RL como decorrência do fato de que o próprio pensamento dos homens é, fundamentalmente, linguístico:

> E cada língua é um vasto sistema-padrão, diferente dos outros, no qual estão ordenadas culturalmente as formas e as categorias pelas quais a personalidade não apenas se comunica, mas também analisa a natureza, nota ou negligencia certos tipos de relações e fenômenos, canaliza seu raciocínio e constrói o lar de sua consciência (WHORF, 1941b: 252).

A leitura determinista da obra de Whorf é a que frequentemente mais se critica e teme. A possibilidade de completa rendição da nossa liberdade individual de pensamento, criação e intercompreensão causa pavor em qualquer pessoa sensata: se a língua que falamos nos impede totalmente de conceber certas coisas ou se ela pode ser usada para nos limitar em nossas ações, ela é uma arma (cf. ORWELL, 1950; PINKER, 2002, 2004, 2007; *inter alia*). No entanto, assim como já discuti no capítulo 1, o determinismo enquanto hipótese científica é bastante frágil, uma vez que ele carrega em si a própria negação: o exemplo de Whorf é interessante. O fato de ele conseguir traduzir do hopi, do nootka, do apache etc. por si só já mostra que a incomensurabilidade entre os sistemas linguísticos é apenas aparente (cf. JOSEPH; LOVE & TAYLOR, 2001: 55, para quem "a tese do determinismo acarreta sua impossibilidade").

No entanto, apesar de apresentar essa doutrina como "nova para a ciência ocidental", demonstrando mais uma vez o desconhecimento do histórico profícuo do RL na ciência e filosofia ocidental, pela primeira vez Whorf argumenta através de exemplificação mais vasta mesmo com palavras do inglês, além de esboçar uma discussão sobre semântica que está na base das teorias relativistas e menos objetivistas da linguística: é porque o significado do que Whorf chama de *lexations* [algo como "lexações"] é indeterminado e está mais próximo das variáveis do que das constantes da lógica matemática[65] que se torna possível que línguas diferentes representem

---

65. Há, aqui, a predefinição da noção de indeterminação do significado: as palavras podem assumir significados de uma forma mais ou menos específica, mas não têm um único significado, fixo, determinado, mesmo para falantes de uma mesma comunidade linguística.

construções de realidades diferentes para os falantes (e, naturalmente, a indeterminação do significado explicaria, inclusive, o relativismo intralinguístico, em algum grau).

Dentre alguns exemplos do que Whorf chama de "lexações", ele menciona *hand* [mão] e *bar* [barra/bar], que seriam lexações iguais em expressões muito diferentes como em "a good hand on gardening [uma boa mão para jarginagem]", "a good hand of cards [uma boa mão de cartas de baralho]", "chocolate bar [uma barra de chocolate]", "to be behind bars [estar atrás das grades]", entre outros, mas também termos tidos como objetivos e científicos, como "electrical" em "electrical apparatus [aparato elétrico]" e "electrical expert [expert em eletricidade]" (WHORF, 1941b: 260).

Assim, segundo Whorf (1941b: 261), "a referência é a menor parte do significado, a 'padronização' é a maior. A ciência, a busca pela verdade, é uma espécie de loucura divina como o amor"[66]. A obra de Whorf se interrompe prematuramente com sua morte em 1941, e será então sempre associada fundamentalmente à hipótese do RL.

3.3.5 As leituras críticas da obra de Whorf

A crítica à obra de Whorf é extensa e frequentemente focaliza os mesmos problemas: a metodologia da descrição linguística, o radicalismo de certas afirmações e o problema da tradução. Quanto a este último, conforme já discuti no capítulo 1 e acima, Steiner (1972) elabora um argumento importante mostrando que a possibilidade de tradução demonstra a circularidade do argumento relativista quanto à linguagem (tb. da mesma forma que se pode perceber em Humboldt). Para Steiner (1972: 24), há tautologia na afirmação de que um falante de uma língua diferente percebe a experiência de modo diferente, e, segundo ele, ela é derivada do fato de que nós

---

66. Na esteira dos ditos curiosos de Whorf, ele se arrisca inclusive pelo campo da psicoterapia ao afirmar que muitas neuroses são simplesmente o trabalho compulsivo de certos sistemas de palavras, e que a cura basear-se-ia em mostrar ao paciente como funciona o processo e o padrão da linguagem (WHORF, 1941b: 269).

deduzimos que essas diferenças vêm da fala, o que gera a circularidade. O fato de os falantes de línguas hopi ou de línguas africanas conseguirem se ajustar ao "nosso mundo" é um problema para as teses de Whorf. Mais adiante, Steiner nos diz que, fundamentalmente, o problema envolve a questão maior da tradução (para ele, não há problema de linguagem maior que este): segundo o RL, as línguas só podem ser traduzidas em graus parciais, de modo que

> a matriz do sentimento e do contexto associativo que dá energia ao uso em qualquer língua pode ser transferida para outro idioma apenas parcialmente, e em virtude de manobras metafrásticas e perifrásticas que inevitavelmente diminuem a intensidade, os meios evocativos, e a autonomia formal do original (STEINER, 1972: 24).

No entanto, a crítica de Steiner a Whorf é menos grave do que a que ele faz no mesmo texto a Chomsky, ao opor o universalismo chomskiano ao monadismo relativista em uma análise da relevância dessas posições para questões de literatura. Isso inclusive porque o próprio Steiner, em sua obra principal de 1975, *Depois de Babel* (traduzida por Carlos Alberto Faraco em STEINER, 2005), ao discutir os temas fundamentais sobre a teoria da linguagem e da tradução, muito frequentemente analisa as posições relativistas com bastante profundidade e simpatia (cf., principalmente, os cap. 2 e 3 da referida obra, nos quais, inclusive, Steiner historia o RL de modo bastante acurado e elegante). Uma das passagens mais simpáticas com relação a Whorf diz respeito ao caráter anti-imperialista caridoso de sua obra:

> Whorf foi incansável em enfatizar o preconceito embutido, a arrogância axiomática da filologia tradicional e universalista, com sua raramente dissimulada presunção de que o sânscrito e o latim constituem o modelo natural ótimo de todas as línguas humanas; ou, pelo menos, um modelo claramente preferível a todos os demais (STEINER, 2005: 117).

Davidson (1973-1974), ao criticar o relativismo conceitual radical, também parte de uma crítica de Whorf e também discute o problema da tradução. O fato de Whorf ter usado o inglês para nos dizer como é o sistema conceitual dos hopi é sintomático de que deve ser relativizada a própria afirmação radical de que os sistemas conceituais dos hopi e dos falantes de inglês não podem ser calibrados (nos termos whorfianos). A possibilidade da intercompreensão mina grande parte dos esforços do estabelecimento da tese da incomensurabilidade ou da intraduzibilidade acarretados por versões fortes das teses relativistas.

Rollins (1972) reavalia as ideias linguísticas de Whorf não apenas como uma versão avançada de um relativismo cultural fortemente voltado para o modo como a língua influencia culturas e povos, mas também apresenta uma argumentação sobre a visão religiosa de Whorf como motivadora das críticas à ciência ocidental. O texto analisa um romance que começou a ser escrito por Whorf aos 28 anos de idade, intitulado *The Ruler of the Universe*, que foi publicado no ano em que Whorf começou seus estudos sobre a linguagem. Para Rollins, a relação entre ciência e religião em Whorf, cristão ortodoxo de formação metodista, era de fundamentalismo, e, ainda, a nova física de Einstein e Heisenberg levaria a ciência do homem para mais perto da religião do que a ciência de Newton e Darwin. A preocupação de Whorf com a guerra e a possibilidade de os avanços motivados por ela permitirem que o homem controle a natureza também influenciam o ideário humanista, caridoso e religioso de Whorf. Essas leituras não estão claras em toda a obra de Whorf, e mesmo Carroll, na já citada introdução, pouco fala da fase romancista de Whorf, relegando-a a breves comentários sobre as incursões do jovem Whorf pelos caminhos da literatura. Na sequência, a argumentação passa para os próprios textos de Whorf que estabelecem a hipótese do RL, aqueles que classifiquei acima como pertencentes a uma "fase madura" em sua obra. A argumentação de Rollins é convincente: o fato de Whorf segmentar todas as línguas importantes da família indo-europeia no anagrama *SAE* (*Standard Average European*) é um modo de simplificar e rarefazer o *status* de superioridade que nós todos, leitores, acadêmicos, pertencentes a esse mundo "padrão médio" europeu, inconscientemente carregamos. Assim, nós todos, transformados em meros falantes médios, somos confrontados com uma visão de mundo radicalmente diferente da nossa, a dos hopi, cheia de mistérios romantizados aos quais não tivemos acesso por causa de nosso pertencimento a essa visão limitada do universo. A partir daí, atribui-se à visão de mundo simplista dos *SAE* a ciência que naturalmente deriva dela, que em grande parte foi criada via influência do modo linguístico comum a todos os falantes *SAE*: das nossas línguas *SAE* é gerada a lógica que rege toda a ciência, já que a ciência só pode ser enunciada de acordo com as nossas línguas. Rollins cita Whorf:

> Às vezes se diz que espaço, tempo e matéria newtonianos são percebidos por todos intuitivamente, em consequência de que a relatividade é citada como algo que mostra como análise matemática pode provar que a intuição está errada. Esse... colocar a culpa na intuição pela nossa lentidão em descobrir os mistérios do Cosmo, tais quais a relatividade, é... errado... A resposta é: espaço, tempo e matéria newtonianos não são intuições. Eles são recebidos da cultura e da linguagem. É de lá que Newton os pegou (WHORF, 1956: 152-153, apud ROLLINS, 1972: 576-577).

O fato de nós, falantes de *SAE*, sermos obrigados a falar de tempo, espaço, matéria e substância com as nossas línguas limitadas, que nos obrigam a reificar esses elementos "como garrafas em uma fileira" (WHORF, apud ROLLINS, 1972: 578) e o fato de os hopi terem à sua disposição uma língua livre dessas limitações, mais apropriada para falar em eventificação vibratória, torna-os mais aptos a entender a nova física, pós-newtoniana, relativista, de Einstein (além, é claro, de ser uma língua mais apropriada para lidar com fatores espirituais e sentimentais – lembremo-nos de que, em hopi, segundo Whorf, o domínio do mental está no que eles chamam por uma palavra não mencionada que ele traduz por "heart", "coração" – cf. ROLLINS, 1972: 579). Para um crítico da ciência tradicional positivista ocidental cheio de pretensões religiosas, românticas e humanístico-caridosas como Whorf, uma língua tão incrível como esta deveria ser apresentada como melhor do que as línguas *SAE*; daí toda a estrutura de sua obra, desde os primeiros textos de análise linguística mais bruta até os manifestos filosóficos quase panfletários antiepistemologistas, teosóficos, de sua última fase. Segundo Rollins (1972: 582),

> A *Weltanschauung* dos hopi que Whorf descreve certamente contrasta vividamente com aquela determinada pela linguagem e cultura do Ocidente. O hopi

> está sempre em contato com os processos primários da natureza, e não é, portanto, capaz da brutalização que o homem ocidental mostrou repetidamente no seu uso da ciência e da tecnologia para encontrar armas letais cada vez mais eficientes. A dimensão subjetiva forte da língua hopi (que, significativamente, não interfere na "ciência" dos hopi) parece prover um canal através do qual as afecções sociais e transcendentais podem fluir sem o tipo de conflitos que constantemente confrontam o crente e o poeta em uma era da ciência.

Uma das críticas mais importantes a Whorf é o artigo de Black (1959). Para Black (1959: 228), poucos são os livros de importância e interesse tão grande como o de Whorf: "só um leitor mentalmente lento seria indiferente às visões de Whorf".

O filósofo procura sistematizar o que Whorf chamou de *linguistic relativity* para transformar a hipótese em algo testável, e o faz através da segmentação de todo o trabalho de Whorf em dez teses principais e da análise ponto a ponto das teses. A importância do texto de Black reside exatamente na agudez da análise e do resultado promissor ao transformar uma crítica da falta de rigor teórico e metodológico de Whorf em um caminho para a pesquisa experimental posterior. A proposta se resume na seguinte formulação:

> O objetivo de tornar suficientemente preciso para ser testado e criticado aquilo que Whorf chamou de *"linguistic relativity"* encontra obstáculos formidáveis em seus escritos: formulações variantes dos pontos principais são geralmente inconsistentes, há muito exagero, e um misticismo vaporoso embaça as perspectivas já suficientemente vagas (BLACK, 1959: 228).

A seguir, apresento as dez proposições que Black identifica em Whorf e, logo após cada uma delas, discuto a sua leitura de Whorf. No entanto, Black enumera as dez proposições mas não discute todas. Dessa forma, quando não houver nada além dos títulos das proposições de Black, sigo o seu cansaço apenas mencionando os títulos, como ele.

Proposição 1: As línguas incorporam "modos integrados de fala" ou "sistemas linguísticos de fundo" que consistem em modos prescritos de expressar o pensamento e a experiência (BLACK, 1959: 229).

Por "sistemas linguísticos de fundo" [*background linguistic systems*], Whorf quer dizer mais do que simplesmente o léxico e a gramática que a língua impõe aos seus usuários. Pelo menos assim, para Black, Whorf foge da pura tautologia das versões ingênuas do RL. Nesse sentido, Black identifica em Whorf a discussão sobre os criptotipos como a que define esses sistemas linguísticos de fundo. O problema dos criptotipos de Whorf, diz Black, é que eles são tão complicados de encontrar nas línguas, mesmo através dos estudos do linguista, que dificilmente deveriam influenciar o falante comum. Este, por sua vez, jamais se tornaria consciente deles. Aqui, para Black, Whorf comete a chamada "falácia do linguista", ao imputar aos falantes que está estudando as suas próprias atitudes sofisticadas (BLACK, 1959: 230).

Proposição 2: Um falante nativo tem um "sistema conceitual" distinto para "organizar a experiência" (BLACK, 1959: 229).

O problema na argumentação de Whorf quanto ao "organizar" a experiência está no fato de que ele teria usado metáforas que envolvem atos como dissecar, cortar, segmentar a realidade da experiência através da linguagem. Para Black, "falar não é esquartejar, *contra* Bergson e outros críticos da análise. Dissecar um sapo é destruí-lo, mas falar sobre o arco-íris deixa-o inalterado" (BLACK, 1959: 231). O problema, argumenta Black, é que Whorf decide adotar a visão de que a função da linguagem é a de estabelecer a realidade em primeiro lugar. No entanto, os seres humanos têm muito mais conceitos que palavras, e o exemplo de Black é o velho exemplo dos sistemas linguísticos diferentes que possuem números diferentes de termos de cores para lidar com um espectro físico de cores que é fundamentalmente o mesmo. Ainda que tenhamos poucas palavras para expressar cores (de duas a onze, em geral, cf. cap. 1), todos nós seres humanos supostamente vemos as cores do mesmo jeito. Assim, se a presença de palavras para designar certas coisas sugere a existência de conceitos para essas coisas, diz Black, a ausência de palavras não diz quase nada. Outro argumento contra as diferenças nos sistemas conceituais é a própria possibilidade de tradução de uma língua para outra (que está até mesmo na base das pesquisas que afirmam que certas línguas possuem apenas dois termos de cores – como saber isso e como explicar isso se não via linguagem em si?).

Black suaviza um pouco o tom da crítica ao reconhecer que a argumentação de Whorf é diferente em virtude do fato de ele se importar mais com conceitos estruturais do que simplesmente conceitos semânticos. Mais uma vez, ainda assim, o problema é que qualquer verificação extralinguística das diferenças estruturais é impossível para Whorf:

> Ele faz muito do fato de que a expressão "É uma fonte gotejante/Esta primavera está chuvosa" (a propósito, um exemplo estranho) é expressa em apache por uma construção bastante diferente, produzida inadequadamente como "Como água, ou fontes, a brancura se move para baixo" (p. 241). Whorf acrescenta: "Quão completamente diferente do nosso jeito de pensar!" Mas qual é a evidência de que os apache pensam diferente? A dificuldade é que os conceitos estruturais hipostasiados estão tão ligados às construções gramaticais definidoras que se torna difícil conceber qualquer verificação extralinguística. Ter o conceito de um predicado (para todos, exceto para o linguista ou o filósofo) é quase a mesma coisa que usar uma língua que insista no uso de predicados, e a posição de Whorf se reduz a dizer que não se pode falar gramaticalmente sem usar uma gramática. Isso é bem diferente da assunção de que falar gramaticalmente é o mesmo que moldar a "realidade" em uma estrutura isomórfica com a gramática. Aqui, novamente, Whorf comete a "falácia do linguista" (BLACK, 1959: 232).

Proposição 3: Um falante nativo tem uma "visão de mundo" distintiva a respeito do universo e de suas relações com ele.

No caso específico da proposta de Whorf, esta proposição diz respeito à suposta tese de que cada língua (e, em última instância, cada falante) carrega sua própria metafísica. Ao longo da discussão de Whorf, e mesmo nas páginas anteriores, vimos que a discussão é frequentemente levada a extremos de considerar que os hopi teriam maiores condições de perceber e entender a física pós-newtoniana do que um falante de línguas *SAE*. A crítica de Black à "metafísica" dos hopi merece citação:

> Os hopi pensam na realidade principalmente em termos de *eventos* (p. 147): objetivamente, estes são constituídos por traços diretamente perceptíveis tais como contornos, cores, movimentos (p. 147), subjetivamente como "a expressão de fatores de intensidade invisíveis, dos quais dependem sua estabilidade e persistência, sobre a fugitividade e as proclividades" (p. 147). Quanto disso tudo o hopi médio reconheceria? Talvez isso tudo o deixasse tão estupefato quanto um aldeão grego lendo Aristóteles (BLACK, 1959: 234).

Um exemplo adicional retoma a discussão de Whorf sobre o modo como a nossa estrutura *SAE* de sujeito antes do predicado nos leva a "ler ação em cada sentença, mesmo em 'I hold it' [eu mantenho/sustento algo]" (BLACK, 1959: 234). Naturalmente, Black se mostra confuso quanto ao que possa significar a ideia de "ler ação em cada sentença", e, ainda quanto a de que forma não seria assim para os hopi. A problemática fica ainda mais aguda quando Whorf afirma que os hopi conseguem lidar com todos os fenômenos do universo de maneira pragmática ou operacional ainda que não possuam referência implícita ou explícita ao tempo do mesmo modo que nós. Black se preocupa, então, ironicamente, com de que forma eles conseguem viver sem estabelecer referências temporais, ou, antes, ele afirma que gostaria de descobrir qual é o segredo deles para conseguir viver assim.

Proposições 4 e 5[67]: O sistema linguístico de fundo determina parcialmente[68] o sistema conceitual associado e determina parcialmente a visão de mundo associada.

A crítica de Black quanto a essas duas proposições da obra de Whorf retoma a problemática da confusão entre pensamento e linguagem que Whorf comete. Se o pensamento é meramente um "aspecto da linguagem" (BLACK, 1959: 236), o sentido causal que leva a essas determinações é uma

---

67. As proposições 4 e 5 aparecem em conjunção no texto de Black, dando as primeiras mostras de sua impaciência.
68. "Parcialmente" é um palpite de Black, já que ele assume não conseguir decidir se Whorf pretendia que a determinação fosse parcial ou total.

decorrência lógica. Para Black, a visão de que o pensamento é mera decorrência da linguagem é descartada pela simples verificação da maior extensão dos conceitos para os quais não há palavras, como vimos acima. O determinismo de Whorf só procede em um sistema em que o pensamento seja subordinado à linguagem.

Proposição 6: A realidade consiste de um fluxo caleidoscópico de impressões.

A realidade assim descrita por Whorf consiste de uma grande massa crua de experiência, anterior à linguagem, que não apresenta nenhum tipo de sistematicidade anterior à nossa capacidade de verbalização. Black critica essa visão em termos bastante severos:

> Bem, é fútil argumentar contra esse estado de coisas: a insistência na continuidade e no fluxo da experiência é irretocável porém vazia, já que nada imaginável está sendo negado; mas é um salto corajoso para a posição de que a referência costumeira a intervalos de tempo e relações temporais envolve falsificação. Quando Whorf afirma que "se 'dez dias' podem ser considerados como um grupo, tem que ser um grupo 'imaginário', mentalmente construído" (p. 136), ele deve estar assumindo que a lógica da contagem requer a existência simultânea das coisas contadas. Talvez a melhor coisa que se possa dizer em favor da metafísica de Whorf é que, em toda sua crueza amadorescа, ela não é pior do que alguns sistemas filosóficos que estiveram consideravelmente em voga (BLACK, 1959: 237).

As quatro proposições a seguir foram formuladas, mas não receberam comentários de Black:

Proposição 7: Os "fatos" que são percebidos são uma função da língua na qual eles são expressos.

Proposição 8: A "natureza do universo" é uma função da língua na qual ela é declarada.

Proposição 9: A gramática não reflete a realidade, mas varia arbitrariamente com a língua.

Proposição 10: A lógica não reflete a realidade, mas varia arbitrariamente com a língua.

Black considera que as críticas às seis primeiras proposições já demonstram os problemas principais na abordagem de Whorf, e considera que a exposição ficaria tediosa se ele continuasse. Por isso, apenas elabora as proposições sem ao menos comentá-las.

No entanto, mesmo depois de sistematicamente reduzir as teses principais de Whorf a problemas graves e quase insolúveis, Black termina o texto com um momento curioso de louvor ao norte-americano:

> Esta análise ameaça tornar-se tediosa e não precisa ser prolongada, já que já se disse o suficiente para revelar as dificuldades básicas da posição de Whorf. Eu me tornei particularmente interessado ao longo da exposição em quanto o esboço geral de Whorf foi controlado por concepções filosóficas. Teria sido presunçoso apressar-se até o solo em que tantos linguistas temem pisar, se a filosofia não estivesse tão fortemente entrelaçada com a linguística. Eu não quero que as conclusões negativas alcançadas deixem uma impressão de que os escritos de Whorf são de pouco valor. Bastante frequentemente na história do pensamento, as posições mais insensatas provaram-se as mais sugestivas. Os erros de Whorf são mais interessantes que os lugares-comuns cuidadosamente elaborados dos escritores mais cautelosos (BLACK, 1959: 238).

Um dos críticos contemporâneos mais ferrenhos de Whorf é o cientista cognitivo Steven Pinker, professor da Universidade de Harvard, autor de vários livros de alcance popular sobre a mente e a linguagem, motivo pelo qual, inclusive, ele é comumente malvisto pelos acadêmicos em geral. Deixando de lado a ressalva de que seus livros muitas vezes são escritos com a retórica forte e apaixonada de um defensor da ciência cognitiva moderna para uma audiência que vai desde o leigo interessado em assuntos da ciência contemporânea a acadêmicos das várias áreas envolvidas, o que nos interessa é que, em vários de seus livros, Pinker estabelece críticas severas contra as versões fortes do RL e também diminui a importância dos achados experimentais sobre as versões mais leves do RL[69].

---

69. Curiosamente, para Adam Schaff, em 1964 (na tradução que utilizamos, Schaff, 1974: 110), o lado mais positivo do trabalho de Whorf é a "verificação empírirca" que ele forneceu à tese básica do RL: "o mérito de Whorf consiste justamente em ter empreendido essas verificações empíricas".

Em *O instinto da linguagem* (2002, 1. ed. em inglês de 1994), Pinker classifica a hipótese do relativismo linguístico como um *absurdo convencional*, daqueles que se parecem com algo que contraria o senso comum, que todos já ouviram falar e imaginam se tratar de algo "comprovado cientificamente", de acordo com o jargão da retórica fraca do cientificismo neopositivista. Junto com a hipótese do RL encontra-se, por exemplo, o absurdo convencional de que usamos apenas uma pequena porcentagem do nosso cérebro ou que as mensagens subliminares nos fazem comprar coisas (cf. PINKER, 2002: 62) – o que talvez possamos classificar como "lendas urbanas da ciência".

A partir daí, Pinker associa a ideia do RL a Sapir e a Whorf, imputando a este a responsabilidade por ter tornado popular a ideia determinista da versão forte do RL. Pinker classifica a história do desenvolvimento das teses relativistas quanto à linguagem como "não intencionalmente cômica" (PINKER, 2002: 64), e as critica com um certo tom de complacência arrogante, afirmando que, agora que os cientistas podem ter acesso mais direto ao cérebro humano na pesquisa sobre a mente humana, as hipóteses do RL não podem mais se sustentar.

Chegando finalmente ao que Pinker nos diz sobre o "estudioso amador" Whorf, a crítica não é tão diferente daquela que desenvolvi nas páginas acima: ela diz respeito fundamentalmente ao tratamento dado aos exemplos e à derivação direta do comportamento linguístico de sociedades estranhas de modos de pensamento radicalmente diferentes. Iniciando a discussão, Pinker retoma o exemplo de Whorf sobre o tambor de gasolina "vazio" e o faz ao considerar que, se o vapor combustível que preenchia o volume do tambor é transparente, o que causou o acidente foi a *visão*, e não a *linguagem* do acidentado.

Outros pontos importantes sobre a argumentação de Whorf questionados por Pinker dizem respeito ao modo como este passa de exemplos de línguas exóticas traduzidos para o inglês para a tese de que os falantes destas línguas pensam diferentemente de nós. Inicialmente, Pinker cita estudos de Lennenberg e Brown que afirmavam que Whorf não tivera sequer contato com os falantes apache, e que a argumentação é toda baseada na gramática de suas línguas. Assim, a tradução dos exemplos auxilia a estabelecer a ponte entre *língua diferente – mente diferente*: Pinker compara a tradução de "Esta primavera está chuvosa[70]" em inglês para "Como água, ou primaveras, a brancura move-se para baixo" (já discutimos esse exemplo acima; Pinker afirma que, de acordo com a glosa do próprio Whorf, ele poderia propor uma tradução bem menos absurda para a sentença: "Coisa clara – água – está caindo") com um exemplo inventado de acordo com as mesmas ideias de produção de efeito severo de estranheza: "He walks [Ele está andando]" poderia se tornar "As solitary masculinity, leggedness proceeds" ("Enquanto solitária masculinidade, dotado de pernas prossegue" é a tradução dada em PINKER, 2002: 67). Mais uma vez se percebe que Whorf pode ter tratado os exemplos de forma negligente, inclusive pela falta de cuidado na apresentação da gramática e dos exemplos de forma sistemática, através de glosas claras, e não apenas através de traduções distorcidas e convolutas, que, naturalmente, acentuam a impressão de incomensurabilidade.

A questão dos termos de cor também é criticada por Pinker (2002: 68). Os argumentos de Pinker são fisiológicos: os olhos registram o fluxo contínuo das cores através de três tipos de pigmentos que nossos olhos ligam aos neurônios, de modo que não há, possivelmente (para Pinker, "seria ridículo pensar assim"), argumentação que consiga ligar as diferenças linguísticas constatadas por Whorf (mas tb., cf. cap. 1, por muitos outros) quanto aos

---

70. "It is a dripping spring". A tradução de Manuel Reis em Schaff (1974: 119) traduz a sentença como "É uma fonte que brota", enquanto Claudia Berliner, traduzindo Pinker (2002: 66), escolhe "Esta primavera está chuvosa". Prefiro a tradução com "fonte" porque na "glosa" de Whorf parece haver uma aposição explicativa em "as water, or springs [...]". No entanto, é curioso como o próprio exemplo original de Whorf em inglês é tão estranho que nem mesmo sua glosa para o próprio inglês, nem as traduções em publicações em português resolvem o problema do sentido da sentença.

termos de cores à influência direta destes nos processos neurofisiológicos dos seres humanos.

Um último ponto é o do vocabulário esquimó, que Pinker discute utilizando o famoso artigo de Geoffrey Pullum sobre a assim chamada *grande farsa do vocabulário esquimó* (PULLUM, 1991: 159-171). Para Pullum, Whorf foi, juntamente com Boas, responsável por popularizar a crença de que os esquimós têm muitas palavras diferentes para "neve", o que seria prova inconteste de que eles pensam diferentemente. Pinker e Pullum nos lembram do ponto já mencionado que diz que, ao invés de ser caridosa e igualitária, esse tipo de abordagem antropológica acaba por ter o irônico resultado de nos fazer olhar para o outro, afastado da nossa cultura, como diferente de nós de um modo inferior (cf. PINKER, 2002: 71):

> Que irônica deturpação! A relatividade linguística é um produto da escola de Boas, como parte de uma campanha para mostrar que culturas não letradas eram tão complexas e sofisticadas como as europeias. No entanto, as anedotas supostamente destinadas a ampliar as ideias devem seu caráter atraente a uma sensação de superioridade que leva a tratar a psicologia de outras culturas como estranhas e exóticas [sic] em comparação com a nossa[71].

O texto de Pullum é bastante importante para ligar a Grande Farsa a Whorf e nos apresenta uma visão simultaneamente cruel e respeitosa[72] sobre ele:

> Neste capítulo, [...] sou bastante cruel com a memória daquele belo linguista amador. [...] Whorf tem um lugar duradouro na história da linguística, um lugar a que poucos de nós podem aspirar. Basicamente, ele é responsável por abrir o nosso acesso a uma língua inteira que tinha sido anteriormente inacessível (a forma clássica do maia que está por trás dos hieróglifos maias até que Whorf os decifrou); ele cunhou termos duradouramente úteis ("alofone" é um exemplo) e apresentou novos e intrigantes conceitos (o conceito de criptotipo, p. ex.); e ele executou trabalhos acadêmicos importantes quase inteiramente

---

71. Nos dois livros posteriores de Pinker (2004 e 2007) encontramos uma laboriosa refutação do RL com bases na ciência cognitiva. Apresentarei essa discussão mais abrangente de Pinker sobre o RL no próximo capítulo, quando os neowhorfianos das vertentes experimentais serão apresentados.
72. Como não é incomum. Vimos acima pelo menos Black (1959) fazer algo parecido.

sem cargos remunerados no mundo acadêmico – um feito incomum na época, e quase inexistente hoje (PULLUM, 1991: 160).

Comparando a farsa do vocabulário do esquimó ao Alien do filme famoso e a antropóloga Laura Martin (que dedicou anos de estudos para mostrar que se trata de uma farsa, estudos que Pullum procura reavivar com seu texto) à atriz Sigourney Weaver no mesmo filme, Pullum vê em Whorf um catalisador da produção de monstros, já que seu texto de 1940, *Science and Linguistics*, foi citado e comentado de modo que, para Pullum, "não se poderia queimá-los todos com o mesmo lança-chamas"[73] (PULLUM, 1991: 163). Whorf inflou a proposta de Boas de os esquimós terem quatro raízes para se referir à "neve" listando sete termos, e as análises de Martin e Pullum são bastante acuradas e precisas ao mostrar que, a partir daí, os números variaram de forma selvagem, de quatro ou sete a várias centenas (p. 163). No entanto, continua Pullum, mesmo o inglês teria diversas raízes para denotar "neve", e mesmo os especialistas nas línguas esquimós não são unânimes em apresentar um número fixo de termos para "neve", simplesmente porque a língua possui um mecanismo morfossintático capaz de gerar muitas formas via flexão e derivação, e nem todas diretamente identificáveis como "neve" (como temos, p. ex., em português, *neve, nevasca, nevado* etc.) Nas palavras de Pullum,

> Perceba-se que a proposição de Whorf[74] inflacionou os quatro termos de Boas para pelo menos sete (1: "caindo", 2: "no chão", 3: "endurecida", 4: "lamacenta", 5: "voadora", 6, 7 [*sic*]: "e outros tipos de neve"). Note-se também que suas afirmações sobre os falantes de inglês são falsas; eu me lembro da substância em questão ser chamada de *neve* quando fofa e branca, "*slush*" ["neve lamacenta"?] quando parcialmente derretida, "*sleet*" ["granizo"?] quando cai em um estado semiderretido e "*blizzard*" ["nevasca"?] quando caindo forte o suficiente para

---

73. Que, no filme, seria operado pela personagem da atriz mencionada. A metáfora é *pop*, mas muito interessante: poucos leram efetivamente os textos de Whorf, mas muitos gostam de derivar críticas negativas ou teorias incríveis a partir deles. Um só pesquisador sério não conseguiria limpar o caminho das crias (negativas ou positivas) de Whorf para despi-lo das armaduras e máscaras póstumas.

74. Pullum refere-se a uma passagem já discutida: Whorf (1956: 216).

> tornar a direção uma coisa perigosa. O comentário de Whorf sobre sua própria comunidade de fala não é mais confiável do que as suas generalizações escorregadias sobre que coisas são "sensual e operacionalmente diferentes" ao esquimó genérico (PULLUM, 1991: 163).

Apesar da irreverência do texto de Pullum, o tema é bastante sério e diz respeito em grande parte à recepção posterior de Whorf não somente no que concerne ao problema do vocabulário de neve dos esquimós, mas também ao fato problemático de se aceitar uma série de elementos de antropologia ou linguística popular não somente como elementos de cultura geral maldigerida (ou, nos termos de Pinker, como "absurdo convencional"), mas, fundamentalmente, sobre a problemática do que Pullum identifica como "preguiça intelectual", ligada à ausência de evidências e argumentação sólida na apresentação de hipóteses importantes e tidas como científicas. Afinal, sobre a quantidade de palavras que os esquimós têm para "neve", afirma Pullum, irônico, "nove, quarenta e oito, cem, duzentas, quem se importa? É um monte, certo?" (PULLUM, 1991: 165).

Eu gostaria, no entanto, de encerrar este capítulo com um tom um pouco menos crítico e negativo sobre as proposições do RL, ainda que muito criticadas pela sua "acientificidade" ou pela pressa e falta de cuidado nas formulações, ao menos nas que identificamos neste capítulo como "clássicas".

Adam Schaff, analisa o RL também como basicamente uma proposição fundamentalmente devida a Sapir e Whorf, já que, para ele, de Herder a Humboldt tínhamos uma posição filosófica bastante diferente, e a tradição norte-americana do início do século XX deve à germânica dos séculos XVIII e XIX apenas o pano de fundo intelectual importado através de Boas e, só em alguma medida, de Sapir (cf. SCHAFF, 1974: 96-100). Para esse filósofo polonês, inclusive, Whorf, mais do que Sapir, teria "cientificizado" a hipótese do RL (SCHAFF, 1974: 110). Ainda assim, as críticas arroladas nesta seção foram todas listadas por Schaff como irrelevantes face a importância de Sapir e (principalmente) Whorf no estabelecimento de uma das hipóteses mais importantes para a pesquisa na relação da linguagem com o pensamento:

> É incontestável que essa ideia, formulada em termos gerais, poderíamos tê-la deduzido também da filosofia da linguagem de Herder-Humboldt. Mas entra aqui em jogo uma diferença capital, sobretudo para um materialista. A hipótese de Sapir-Whorf, quaisquer que sejam as objecções formuladas contra ela, nasceu enquanto generalização inferida a partir de materiais empíricos, ainda que essa generalização tenha sido demasiado prematura e estreita. Eis a razão por que, se quisermos proceder hoje a uma análise científica do problema do papel activo da linguagem no processo do conhecimento, teremos de ter em conta essa hipótese (o que não significa que a tenhamos de aprovar em toda a sua extensão). (SCHAFF, 1974: 136-137).

Capítulo 4

Pesquisa experimental em relativismo linguístico
Os estudos neowhorfianos

Neste capítulo, pretendo discutir algumas pesquisas experimentais com base nas hipóteses relativistas, resenhando algumas das mais relevantes, com a finalidade de demonstrar que há um caminho metodologicamente interessante sendo trilhado, que procura diminuir as dificuldades associadas à visão clássica de Whorf, conforme a apresentei no capítulo anterior. O capítulo terá como base as obras de referência fundamentais sobre o neowhorfianismo dos últimos anos, Gumperz & Levinson (1996) e Gentner & Goldin-Meadow (2003), além de outros textos mais recentes.

Juntamente com essa discussão, o capítulo abrigará uma discussão da refutação cognitivista contemporânea do RL, especialmente via Pinker (2007), e uma contradiscussão baseada em Levinson (2003).

O objetivo principal do capítulo é mostrar a evolução que a pesquisa experimental trouxe para os modelos da hipótese do relativismo linguístico apresentados nos capítulos 2 e 3.

4.1 GUMPERZ & LEVINSON (1996)

John J. Gumperz e Stephen C. Levinson editaram em 1996 o importante *Rethinking Linguistic Relativity*, que contém contribuições debatidas pelos participantes do Simpósio Wenner-Green 112, ocorrido na Jamaica, em 1991. O livro traz autores de origem diversa apresentando visões diversas sobre o relativismo e o determinismo linguísticos pós-Whorf, já em um momento em que a repercussão acalorada das décadas de 1940, 1950 e 1960 sobre a hipótese clássica de Sapir e Whorf se encontrava mais amena e distante. Na introdução ao livro (GUMPERZ & LEVINSON, 1996: 2), os autores partem do pressuposto de que o fundo intelectual preponderante na primeira metade do século XX, o empirismo mais radical aliado ao estruturalismo na linguística, motivaram parte dos problemas que dão ensejo às críticas frequentes que se faz a Whorf desde então (cf. nossa discussão no capítulo anterior). A segunda metade do século XX, dominada pelas ciências cognitivas e seu racionalismo universalista, favorecem um novo olhar para as questões do RL, que leva a discussão para além de uma simples dicotomia universalismo *versus* relativismo.

Gumperz e, especialmente, Levinson, juntamente com nomes relevantes do renascimento das pesquisas contemporâneas sobre o RL, como John Lucy, reeditam com este livro não apenas a hipótese do RL, mas, em especial, a possibilidade de torná-la testável cientificamente, como parte do paradigma das ciências cognitivas experimentais.

Um dos modos de produzir essa virada do novo RL é anunciado já na introdução citada: Gumperz e Levinson reconhecem que, ao longo da tradição histórica do RL (mais ou menos nos moldes em que a historiamos nos cap. 2 e 3), pouco se fez para tornar específicos e precisos os conceitos envolvidos, especialmente (e, é claro, infelizmente) os de linguagem, cultura e pensamento. A proposta do que chamo aqui de neowhorfianismo é a de verificar se, restritas as discussões a termos bem-definidos e variáveis mais facilmente testáveis, o RL em algum grau pode ser corroborado e visto como uma hipótese científica produtiva. Para os autores, conforme se definam mais precisamente tanto as noções de linguagem, cultura e pensamento quanto o que se quer verificar com relação ao RL (e não, simplesmente, como se fazia, verificar-se a monolítica "influência da cultura e/ou língua no pensamento"), resultados aparecerão, de modo a mostrar que a proposta original "ainda está viva, mas funcionando de uma maneira que difere daquela como foi originalmente concebida" (GUMPERZ & LEVINSON, 1996: 2).

Uma parte importante da referida introdução lida com uma tentativa de demonstrar que os caminhos percorridos pelas hipóteses do RL ao longo do século XX, especialmente após Whorf, passaram por um terreno fortemente empirista, caminhando para o que frequentemente se considerou a refutação mais importante da hipótese, o livro de Berlin & Kay (1969)[75]. O debate dos anos de 1940 a 1960 que levou a essa refutação fazia parte do ambiente intelectual que foi suplantado pelas ciências cognitivas a partir de meados dos anos de 1950:

> Nesse clima intelectual mudado, e sob a luz de um conhecimento bem maior que temos agora tanto sobre linguagem quanto sobre processamento mental, seria sem sentido tentar reviver ideias sobre o relativismo linguístico em suas formas originais. Entretanto, houve toda uma série de mudanças intelectuais recentes que tornam o solo mais fértil para algumas das sementes originais crescerem em novos brotos (GUMPERZ & LEVINSON, 1996: 7).

4.2 GENTNER & GOLDIN-MEADOW (2003)

As organizadoras dessa coletânea de artigos neowhorfianos se posicionam na mesma linhagem de reavivamento das hipóteses ligadas ao RL em um panorama dos estudos experimentais proporcionados pela revolução cognitiva. Vários dos autores que contribuem para a coletânea também estavam presentes no simpósio que deu origem ao volume editado por Gumperz & Levinson. Entre eles, o próprio Stephen Levinson, Melissa Bowerman e Dan Slobin. Assim, pode-se ver esse *Language in Mind* como uma espécie de continuação do trabalho de Gumperz e Levinson.

---

75. Um breve histórico da problemática dos termos de cores e do debate em torno de Berlin & Kay (1969) foi feito no cap. 1.

Na introdução do livro, intitulada "Whiter Whorf" [Whorf mais branco], as autoras discutem de imediato um tópico bastante importante para essa nova tradição relativista: até poucos anos atrás qualquer versão mais próxima da tese de Whorf era tida como pouco respeitável. Elas recuperam duas críticas famosas à hipótese – cuja mera apreciação já imputaria os rótulos de *lunático* ou *simplório* ao apreciador –, a de Pinker (2002 [1994]), que já discutimos brevemente no capítulo anterior, e a de Sterelny (1987):

> O argumento em favor de um relativismo linguístico importante evapora sob escrutínio. O único sentido em que a linguagem influencia o pensamento clara e obviamente acaba sendo bastante banal: a linguagem nos fornece a maioria dos nossos conceitos (STERELNY, 1987, apud GENTNER & GOLDIN-MEADOW, 2003: 3).

A posição da crítica é classificada pelas autoras de esquizofrênica: ao mesmo tempo em que a hipótese do RL é identificada frequentemente como banal ou trivial, os críticos afirmam que a língua nos fornece a maior parte de nossos conceitos, o que, segundo elas, nem mesmo os relativistas mais whorfianos defenderiam. Considero um outro ponto de aparente esquizofrenia o fato de Steven Pinker ter sido um dos cognitivistas que se opuseram mais ferrenhamente contra o relativismo e o determinismo linguístico e que, em 2007, publicou um livro cujo subtítulo é "a língua como uma janela para a natureza humana" (PINKER, 2007), no qual, frequentemente, aproxima-se da ideia relativista mais fraca de que a língua exerce algum tipo de influência no nosso modo de representar a realidade. Talvez o próprio texto de Pinker possa ser considerado como um ponto de virada na perspectiva de que o RL é anticientífico e tema para lunáticos, dissolvendo um pouco do caráter esquizofrênico da crítica ao RL em um ambiente científico-acadêmico bem mais aberto para discussões sobre a natureza das relações de dependência entre linguagem, cultura e pensamento.

A proposta de um Whorf *mais branco* (conforme o título da introdução do livro) passa por uma discussão do fato de que já não é mais considerada tão imbatível a posição cognitivista universalista de que as estruturas semânticas das línguas variam apenas superficialmente, porque derivam de um sistema conceitual universal (GENTNER & GOLDIN-MEADOW, 2003: 7). O foco das pesquisas então se afasta de questões mais complicadas como os sistemas de termos de cores e se aproxima de territórios mais facilmente testáveis das estruturas conceituais e semânticas das línguas, como os termos de relações espaciais. Dessa forma, os pressupostos cognitivistas passam a subjazer também à pesquisa sobre o RL, em um movimento da história da ciência que produz resultados mais positivos que negativos, uma vez que as dicotomias aparentemente intransponíveis do tipo universalismo *versus* relativismo e empirismo *versus* racionalismo deixam de fazer sentido. Assim, a convivência de paradigmas antes irreconciliáveis traz mais progresso do que aporias.

O avanço com relação a Gumperz & Levinson (1996) reconhecido pelas autoras não diz respeito à orientação teórica geral, mas, antes, a melhores análises dos dados linguísticos, melhor compreensão dos processos psicológicos e métodos de testá-los e, fundamentalmente, ao acúmulo de pesquisa em temas mais específicos dentro do campo mais amplo das pesquisas sobre o RL. Em um tom argumentativo bastante próximo do desses autores, Gentner e Goldin-Meadow afirmam:

> No passado, testes empíricos da questão linguagem-pensamento não se mostraram convincentes em nenhum lado do debate. Sugerimos que esse empate aconteceu, em parte, porque a questão linguagem-pensamento não é uma, mas muitas. Se a linguagem tem um impacto no pensamento depende, é claro, de como definimos linguagem e de como definimos pensamento. Mas também depende de o que consideramos ser o critério para "ter um impacto em" (GENTNER & GOLDIN-MEADOW, 2003: 12).

Assim, o rigor metodológico, uma abordagem cognitivista e a intenção de fazer renascer o RL em um novo cenário, menos "lunático", é o que caracteriza o momento atual das pesquisas sobre a hipótese do RL. Apresentarei a seguir apenas alguns dos experimentos dessa linhagem neowhorfiana, de forma a dar uma ideia geral de como as propostas de Gumperz, Levinson, Lucy, Bowerman, Sperber, Gentner, Gondin-Meadow e vários outros estão sendo abordadas e executadas.

4.3 JOHN LUCY E A NOVA ABORDAGEM DOS ESTUDOS NEOWHORFIANOS

John Lucy pode ser considerado um dos principais neowhorfianos (cf. algumas de suas obras citadas nas referências: 1992a, 1992b, 1996 e 1997), no sentido em que propõe os moldes em que a pesquisa em RL deve ser feita para ser considerada empiricamente viável e cientificamente relevante. Além disso, é pesquisador dessa área há décadas, tendo produzido grande parte do material importante da geração pós-Whorf do RL.

Lucy (1996), mais especificamente, nos traz, além de uma resenha bastante ampla dos moldes da pesquisa contemporânea mais relevante sobre o RL e as diferentes formas em que ele pode ser aplicado a estudos no campo da linguagem e cognição, os requisitos fundamentais para que a pesquisa sobre o RL possa ser realizada sem incorrer nos mesmos erros e problemas já identificados nos proponentes "pré-científicos" de hipóteses do RL (incluindo nisso Whorf, a quem Lucy poupa de críticas mais severas).

Inicialmente, após a distinção fundamental entre relativismo semiótico, estrutural e discursivo, Lucy identifica, dentro da pesquisa existente sobre o RL (que, para ele, está localizado mais especificamente no que ele chama de relativismo estrutural), a grande separação entre modelos de pesquisa sobre o RL executadas por antropólogos e por psicólogos/psicolinguistas. Uma outra categorização, ainda, é a que separa a pesquisa sobre relativismo estrutural em pesquisa sobre léxicos e pesquisa sobre gramáticas.

Tendo identificado as categorias acima listadas com exemplos mais importantes de trabalhos em cada linha e os criticado com base em seus pontos fracos principais, é a partir destes que Lucy elabora o que ele chama de uma proposta para uma nova abordagem (na qual se encaixam, naturalmente, os seus trabalhos – cf., principalmente, LUCY, 1992a; 1992b).

Purgando a nova abordagem dos problemas das anteriores, ela deveria (i) basear-se em comparações entre duas ou mais línguas; (ii) lidar com variáveis linguísticas relevantes ao invés de um conjunto de vocabulário pequeno; (iii) avaliar o desempenho cognitivo dos sujeitos testados para além apenas de contextos verbais explícitos, possibilitando a medição da influência da língua na cognição e, principalmente, (iv) focar-se em categorias linguísticas referenciais, ou seja, as que denotam relações ou elementos objetivos no mundo exterior, para que a medição do impacto cognitivo seja mais facilmente mensurável empiricamente (LUCY, 1996: 48-49).

Um exemplo principal seria o seu próprio trabalho de comparação da língua dos maia yucatec com o inglês norte-americano (LUCY, 1992a). Uma das diferenças principais entre essas duas línguas (requisito (i) acima) é que os falantes de maia yucatec marcam plural (requisito (ii) acima) em um conjunto relativamente menor de palavras, e essa marcação é opcional, ao contrário da marcação obrigatória do inglês. Os experimentos não verbais envolvendo memorização e agrupamento de imagens de elementos referenciais (requisitos (iii) e (iv) acima) mostraram diferenças que se relacionam com as diferenças estruturais entre as línguas, uma vez que os falantes de maia yucatec mostraram-se sensíveis à questão de número apenas com objetos que, linguisticamente, seriam denotados por substantivos que poderiam ser marcados com a categoria de número.

Uma avaliação de sua proposta, ainda que longa, deve ser citada pelo modo como explica resumidamente e simboliza bastante apropriadamente o espírito da pesquisa empírica sobre o RL dos neowhorfianos:

> Note-se que esta pesquisa inicia-se com uma comparação linguística que coloca ambas as línguas no mesmo patamar. Localiza e então examina em detalhes um contraste léxico-gramatical pervasivo e semanticamente significante, que é claramente relevante para uma série de outras línguas. Ela não tenta trabalhar dentro de uma única língua, nem considera o inglês como o padrão para avaliar as outras línguas, nem focaliza uma categoria menor ou que ocorra raramente. A pesquisa então se pergunta sobre as possíveis implicações dos padrões linguísticos para a interpretação da experiência de forma geral. Essas implicações são então convertidas em previsões qualitativas específicas sobre a performance não verbal de falantes individuais das línguas – tanto onde elas serão semelhantes quanto onde elas serão diferentes. Essas previsões são depois testadas com uma sequência de tarefas simples usando materiais desenvolvidos para maximizar a interpretabilidade do mundo real. A pesquisa não olha simplesmente para os efeitos da língua em outros comportamentos verbais, nem molda a avaliação em termos de deficiências, precisão, ou de uma hierarquia de complexidade, e

nem executa a avaliação sem consideração séria sobre o contexto cultural. Resumindo, embora muito permaneça por fazer especialmente com relação a traçar ramificações mais amplas desses padrões, o estudo articula uma abordagem de pesquisa nessa área que remedia muitas das deficiências dos trabalhos anteriores (LUCY, 1996: 51).

4.4 DAN SLOBIN E O "PENSAR PARA FALAR"

Slobin (1996 e 2003) apresenta a sua proposta de implementação da metodologia de trabalho neowhorfiana experimental mais ou menos como esboçada por Lucy acima. O foco da proposta de Slobin é a alteração dos termos do debate da influência da língua sobre o pensamento para termos mais especificamente processuais, que ele chama de *thinking for speaking* (que traduzirei como "pensar para falar", preservando a ideia de que se trata de processos *on-line* que ocorrem durante os momentos de fala dos interlocutores). Para ele, a mudança de nomes abstratos (pensamento e linguagem) para nomes de atividades deve chamar mais atenção para os processos mentais que ocorrem durante as formulações das sentenças (SLOBIN, 1996: 71).

Slobin segue uma orientação boasiana no sentido em que procura verificar quais são os efeitos específicos decorrentes de categorias gramaticais que *devem* ser expressas em determinadas línguas (cf. discussão sobre Boas no capítulo anterior). O ponto principal é que quaisquer que sejam os efeitos específicos provenientes da organização específica de uma dada língua são relevantes e merecem atenção do pesquisador em RL (SLOBIN, 2003: 159).

Seguindo mais ou menos a proposta de explicitação metodológica de Lucy (cf. acima), Slobin propõe as características da pesquisa experimental de foco no "pensar para falar":

> 1) A pesquisa lida com uma seleção de línguas e com um domínio semântico codificado com frequência nelas.
> 2) O domínio semântico é codificado por construções gramaticais especiais ou por seleções lexicais obrigatórias em ao menos mais de uma língua entre as estudadas.

3) O domínio específico é relativamente mais codificável em algumas dessas línguas.
4) A pesquisa lida com uma seleção de situações discursivas nas quais o domínio semântico é acessado regularmente (SLOBIN, 2003: 161).

A proposta experimental é descrita de modo bastante claro, e os experimentos devem mostrar resultados cognitivos para além das ocasiões discursivas pura e simplesmente (cf. Lucy, acima). Assim, Slobin espera conseguir demonstrar diferenças na constituição da atenção e memória seletiva dos falantes de línguas diferentes com relação a domínios semânticos específicos (SLOBIN, 2003: 159).

Ainda que em teoria a proposta seja bastante interessante, é fácil perceber, ao menos através das descrições dos experimentos levados a cabo por Slobin e seus colaboradores e alunos, em vários lugares e estudando o pensar para falar em várias línguas (espanhol, alemão, hebraico, entre outras), que os efeitos extralinguísticos esperados não são demonstrados como extralinguísticos de maneira inequívoca, e ficamos com a sensação de que a pesquisa insiste na circularidade há muito criticada das propostas relativistas na linguística. Analisemos o "experimento do sapo".

Slobin e seus colaboradores apresentaram figuras representando eventos a falantes de várias línguas, e pediram que eles descrevessem os eventos. As figuras foram retiradas de um livro infantil intitulado *Frog, where are you?* [Sapo, cadê você?] A primeira figura representa um cachorro próximo a uma colmeia e um menino sentado em um galho de uma árvore próxima. Na segunda figura, o cachorro aparece correndo, fugindo das abelhas, e o menino está caído no chão, provavelmente em consequência da fuga do cachorro.

A proposta dos experimentos envolve mostrar as figuras para falantes de várias línguas e várias faixas etárias e pedir que eles descrevam os eventos ali retratados. As diferenças no modo de narrar a "mesma" história aparecem nas narrativas de falantes de línguas que apresentam diferenças substanciais no modo de lidar com os eventos (p. ex., línguas com mais possibilidades de marcação de aspecto *vs.* línguas com menos formas de marcação de aspecto, línguas com obrigatoriedade de marcação de eventos como presenciados pelo locutor ou não presenciados vs. línguas em que essa marcação não é obrigatória, e assim por diante). Para Slobin, os resultados das narrativas são relevantes como elementos de verificação da hipótese do RL na medida em que

> O mundo não apresenta "eventos" e "situações" para serem codificados pela linguagem. Ao contrário, as experiências são filtradas através da linguagem em eventos verbalizados. Um "evento verbalizado" é construído *on-line*, no processo da fala. Humboldt, Whorf e Boas estavam certos em sugerir que as categorias gramaticais obrigatórias exercem uma função nessa construção (SLOBIN, 1996: 75).

Nesse sentido, a proposta de comparar produções discursivas incitadas pelas mesmas figuras é válida: a língua é o filtro a partir do qual "reproduzimos" os eventos no mundo. No entanto, o problema com a abordagem é que frequentemente ela mostra apenas que línguas diferentes falam sobre as "mesmas coisas" de modos diferentes. Ou seja, a verificação dos efeitos cognitivos extralinguísticos proposta como fundamental por Lucy e assim reconhecida por Slobin não é apresentada.

Temos, no exemplo do experimento do sapo, diferenças na representação temporal nos resultados de falantes de inglês e espanhol:

> (a) The boy *fell out*... and the dog *was being chased* by the bees. [Literalmente: "O menino caiu e o cachorro estava sendo perseguido pelas abelhas".]
> (b) Se *cayó* el niño y le *perseguían* al perro las avispas. [Literalmente: "Caiu o menino e perseguiam o cachorro as abelhas"] (SLOBIN, 1996: 79).

As diferenças nos usos de construções imperfectivas/progressivas e perfectivas são entendidas como fundamentais para demonstrar diferentes "padrões de pensar para falar". No entanto, ainda que os dados quantificados em tabelas demonstrando a ocorrência maior ou menor de um certo tipo de verbo em um certo tipo de língua sejam fornecidos, os experimentos não apresentam o resultado esperado do impacto destas diferenças em domínios cognitivos para além da língua (ao menos não nos dois textos citados, que se pretendem resumos das pesquisas feitas e em andamento), criando um desconfortável efeito de circularidade: as línguas produzem resultados diferentes nos enunciados linguísticos diferentes das línguas diferentes exatamente porque elas são línguas diferentes.

Um segundo exemplo, agora do texto de 2003, continua a tratar a questão da representação dos eventos como fundamental para diferenciar as línguas. Slobin separa as línguas estudadas em dois grandes grupos: as línguas orientadas para o satélite (como o inglês e o alemão) e as línguas orientadas para o verbo (como o francês e o português). As primeiras codificam informação de movimento no evento principalmente através de verbos compostos com preposições e expressões locativas, enquanto as segundas confiam mais em verbos singulares (ou algo como "de uma palavra só") para tanto. Os exemplos dessa diferença "fundamental" usados por Slobin (2003: 162) são os seguintes:

> (a) The dog went *into* the house. [lit. o cão foi *para dentro* da casa].
> (b) Le chien est *entré* dans la maison. (glosado por ele como "The dog *entered* the house" [lit. o cão entrou na casa *versus* o cão adentrou a casa, em que, no primeiro caso, o evento é mediado pela preposição e, no segundo, o verbo é transitivo direto]).

Para um ponto considerado tão fundamental para corroborar a sua hipótese do "pensar para falar", esses exemplos parecem bastante inconclusivos. Primeiro, porque tanto em (c) quanto em (d) há "satélites" ligados aos verbos, que auxiliam a representação do movimento *para dentro de* algum local (note que o *dans* do francês não aparece em itálico no exemplo de Slobin). Segundo, porque, na glosa inglesa do exemplo (d), Slobin retira a preposição *dans*, usando o verbo *enter* como transitivo direto, o que mostra tanto que ele manipula o exemplo conscientemente quanto que o inglês também possui verbos de movimento sem satélite, tão comuns e úteis como os primeiros. O ponto aqui não é o debate dos exemplos individualmente, mas a percepção de que os resultados a que a metodologia de Slobin chega são questionáveis e circulares: as línguas possuem categorias gramaticais obrigatórias, que fazem com que seus falantes usem ou deixem de usar certos traços do evento "no mundo" no momento em que vão representá-lo com a língua. Isso parece bastante óbvio e pouco faz além do que Boas já tinha demonstrado: as línguas diferem naquilo que nos obrigam a dizer. No entanto, a mera diferença não é suficiente para demonstrar em que medida os domínios cognitivos da atenção e da memória (os explicitamente mencionados por Slobin) são afetados em falantes de línguas diferentes.

A proposta como um todo, no entanto, apresenta pontos positivos, especialmente por sistematizar a pesquisa interlinguística experimental de cunho relativista, e caminha no sentido de buscar os efeitos mensuráveis das diferenças entre as línguas nas cognições de seus falantes. A preocupação metodológica e a repetição dos experimentos em ambientes variáveis, por diversos pesquisadores em diversas instituições, com falantes de idades e línguas diferentes são os elementos positivos mais salientes da proposta neowhorfiana experimental de Slobin e colegas.

4.5 STEPHEN C. LEVINSON: O DOMÍNIO DO ESPAÇO COMO ESPAÇO DE CONTROVÉRSIA

Um dos domínios de grande interesse para os cientistas cognitivos interessados em corroborar experimentalmente a posição neowhorfiana de que diferenças entre as línguas causam diferenças cognitivas perceptíveis é o da referência ao espaço.

O campo experimental mais interessante diz respeito às diferenças entre as línguas com termos de localização espacial relativos ao locutor (como a nossa) e as línguas com termos de localização espacial absolutos. O resultado é algo como "esquerda, direita, frente e trás" *versus* "Oeste, Leste, Norte, Sul". Levinson (1996: 182) descreve a língua tzeltal, da família maia, como não tendo termos que descrevam "to the left [para a esquerda]" ou "to the right [para a direita]", como tendo os termos "face [rosto]" e "back [costas]" apenas relacionados a partes do corpo, e nunca ligados à referência espacial centrada no falante. Isso, já em estudos anteriores e em experimentos "informais", havia mostrado que os falantes de tzeltal confundem imagens espelhadas ou não conseguem lidar com tarefas ligadas a inversões laterais.

Levinson (2003) descreve os resultados de experimentos feitos com falantes de tzeltal visando demonstrar que os sistemas de localização relativos causam certos efeitos cognitivos. Entre as previsões iniciais de Levinson e seu grupo, estava a de que falantes de línguas de posicionamento absoluto devem se comportar melhor em tarefas de localização de coordenadas espaciais, como Sul ou Norte, bem como lidar melhor com tarefas de memorização de posicionamento de objetos quanto a seu posicionamento relativo independente do locutor (como A estar ao Sul de B, e não à frente ou atrás do locutor). Os resultados apontam para uma maior capacidade dos falantes dessas línguas em relação aos falantes de línguas de posicionamento relativo, como as nossas.

Outro tipo de experimento para verificar os efeitos de se falar línguas de posicionamento absoluto é o de rotação: Levinson (2003: 41) descreve um exemplo no qual os sujeitos eram apresentados a uma seta posicionada sobre uma mesa, apontando para a esquerda/Sul. Quando o falante sofria uma rotação de 180º e tinha que colocar a seta na mesma posição em que estava antes, se era falante de línguas de posicionamento relativo, posicionava-a virada para o Leste (por causa do termo "esquerda", que parte do interlocutor), e se era falante de línguas de posicionamento absoluto, posicionava a seta apontando para o Sul (por causa do posicionamento fixo do Sul, preferida por causa da língua). Diversos tipos de experimentos de rotação foram feitos pelos grupos de neowhorfianos, como os que envolviam rotação e memorização da posição relativa de objetos nas mesas, e a maior parte deles demonstrou alguma influência da codificação linguística das relações espaciais em outros domínios cognitivos não linguísticos.

Há mais referências em Gumperz & Levinson (1996) e Gentner & Goldin-Meadow (2003), tanto para experimentos que apresentam resultados favoráveis quanto para repetições dos experimentos que chegaram a conclusões não relativistas ligadas ao domínio do espaço (cf. LI & GLEITMAN, 2002). Mais recentemente, Deutscher (2010) resume boa parte dos experimentos mais interessantes que apresentam algum efeito concreto de línguas diferentes em seus falantes com relação a falantes de outras línguas. Contudo, como veremos no último capítulo, os efeitos, embora verificáveis, são relativamente muito pouco expressivos, e a principal crítica à utilização deles como evidência para uma versão forte do RL virá no livro de McWhorter (2014), que apresentaremos à guisa de epílogo.

4.6 STEVEN PINKER E OS NEOWHORFIANOS

Já analisei outro trabalho de Pinker no capítulo anterior em sua posição de crítico de Whorf. Em seu livro *The Stuff of thought: Language as a window into human nature* [*Do que é feito o pensamento: a língua como janela para a natureza humana.* Cia. das Letras, 2008] (PINKER, 2007: 124), o psicólogo cognitivista nos fala que em seu livro de 1994 (PINKER, 2002) ele mesmo deu à hipótese Sapir-Whorf um *atestado de óbito*. No entanto, a proposta desse mesmo livro, com um subtítulo algo relativista, e que se propõe a tratar da semântica conceitual como tema principal, parece apoiar em alguma medida uma versão menos radical do RL: a de que a língua que falamos influencia de alguma maneira a nossa "natureza humana". O primeiro parágrafo do prefácio merece citação:

> Há uma teoria de tempo e espaço subjacente ao modo como usamos as palavras. Há uma teoria da matéria e uma teoria da causalidade, também. Nossa língua tem um modelo de sexo dentro dela (aliás, dois modelos), e uma concepção de intimidade e poder e justiça. Divindade, degradação e perigo estão profundamente imersos em nossa língua materna, juntamente com uma concepção de bem-estar e uma filosofia do livre-arbítrio. Essas concepções variam nos seus detalhes de língua para língua, mas sua lógica geral é a mesma. Elas se somam tornando-se um modelo de realidade distintivamente humano, que difere de modos importantes da compreensão objetiva da realidade suplementada pelas nossas melhores ciência e lógica. Embora essas ideias estejam interconectadas à língua, suas raízes são mais profundas que a língua em si. Elas estabelecem as regras fundamentais para o modo como entendemos nosso entorno, como atribuímos crédito ou culpamos os nossos semelhantes, e como negociamos nossos relacionamentos com eles. Um olhar próximo para a nossa língua – nossas conversas, nossas piadas, nossos xingamentos, nossas disputas legais, e os nomes que damos aos nossos filhos – pode, por conseguinte nos dar um *insight* sobre quem nós somos (PINKER, 2007: 1).

Ora, excetuando-se o trecho breve "Essas concepções variam nos seus detalhes de língua para língua, mas sua lógica geral é a mesma", a proposta é, em linhas gerais, parecida com as propostas relativistas menos extremas que foram apresentadas ao longo dos capítulos anteriores: a língua de uma comunidade reflete suas características mais profundas, e resta ao pesquisador verificar em que medida as influências entre língua, natureza, cultura e pensamento ocorrem, e em que sentido(s). Naturalmente, Pinker é um dos representantes dos inimigos ferrenhos do RL nas suas versões irrefletidas ou deterministas, "fortes". Por isso, o movimento que vai do autoproclamado "atestado de óbito" das ideias de Whorf em direção a uma proposta, que nos parece bastante razoável, de compreender a língua como o que nos torna humanos é algo que nos interessa sobremaneira aqui, especialmente na medida em que se aproxima da concepção de aspecto criativo/constitutivo geral da linguagem como será apresentado no próximo capítulo.

Assim, apresentar a visão dos neowhorfianos sobre eles mesmos, apregoada por um inimigo ferrenho também pertencente à classe dos cientistas cognitivos experimentais, porém inatista e universalista, é um jeito interessante de conhecer as limitações da pesquisa experimental e o debate de maneira mais generalizada.

A importância desse trabalho de Pinker está exatamente no fato de lidar com o problema da relação da linguagem com a natureza humana do ponto de vista semântico. Assim, a visão ingênua de que linguagem e pensamento são a mesma coisa é atacada fortemente, mas a influência da linguagem no pensamento não é descartada. Numa breve anedota, Pinker nos conta que, ao ouvir uma palavra estranha em sua própria língua, precisou recorrer a um colega mais ilustrado para conhecer o significado dela. A ideia de Pinker é que, ao menos em algum grau, alguma mudança em seu cérebro ocorreu quando ele aprendeu a nova palavra. Há, portanto, uma inegável influência da linguagem sobre a mente humana. Ainda que óbvia, essa afirmação abre caminho para entender a proposta "relativista" de Pinker: "[...] existe um modo pelo qual as palavras estão ligadas à realidade ainda mais diretamente. Elas não são apenas sobre fatos sobre o mundo e armazenadas na cabeça de uma pessoa, mas são entremeadas no tecido causal do mundo em si mesmo" (PINKER, 2007: 9). Tendo garantido essa parte do argumento, Pinker passa a se perguntar se a língua *determina* o pensamento, tornando mais difícil ou impossível pensar algumas coisas ou fugir da sua "prisão linguística".

4.6.1 As dez versões do RL para Pinker (2007)

É importante deixar claro, aqui, que a instância do RL a que Pinker se opõe é a versão forte, a do determinismo linguístico. Assim, para apresentar o DL como uma teoria à qual se deve preferir a semântica conceitual, Pinker separa e critica dez diferentes "versões" do RL/DL ou, como ele as chama, "hipóteses de Whorf" (PINKER, 2007: 126ss.).

4.6.1.1 As versões banais: de 1 a 5

A primeira é a versão que diz que a língua afeta o pensamento porque adquirimos a maior parte do nosso conhecimento através das conversas e da leitura. Naturalmente, a banalidade dessa versão se dá porque ela nada mais faz do que definir língua como meio principal de comunicação dos seres humanos.

A segunda é a que diz que estruturas sentenciais nos obrigam a moldar os eventos de acordo com as características da nossa língua (como SLOBIN, 1996, quis demonstrar com o experimento de narrativas em línguas diferentes, a partir de figuras). Ainda que não comente o fato de que línguas diferentes criam moldes estruturais diferentes para os eventos (ou impedem a construção da representação dos eventos de certas formas – cf. acima a discussão de SLOBIN, 1996, ou outros capítulos não discutidos de GUMPERZ & LEVINSON, 1996 e GENTNER & GOLDIN-MEADOW, 2003), Pinker considera essa versão quase tão banal quanto a primeira, visto que os falantes de uma mesma língua não são *forçados* a moldar ou construir um evento de uma maneira específica e podem fazer escolhas ou avaliar escolhas alheias no modo de construção dos eventos.

A terceira versão é a que diz que o inventário lexical de uma língua reflete o tipo de coisas com as quais os falantes dessa língua têm que lidar em suas vidas e, portanto, sobre as quais podem pensar. A banalidade dessa versão do relativismo já foi demonstrada em vários lugares aqui, em especial com relação à grande farsa do vocabulário esquimó. Pinker faz a ressalva, no entanto, de que, mesmo dentro de uma comunidade de falantes de uma mesma língua, é possível que o aprendizado ou uso constante de certos conjuntos lexicais gere maior familiaridade ou interesse com aquele campo semântico ou aspecto do mundo.

A quarta versão é a que confunde *língua* com o inventário de significados possibilitados por ela (excluindo daí o aspecto gramatical ou material da língua) e que, portanto, identifica diretamente língua e pensamento. Essa versão é naturalmente vácua pela própria confusão que faz com relação ao uso do termo *língua*.

A quinta versão é curiosa porque envolve uma espécie de metaformulação do RL. O exemplo de Pinker é o de experimentos para testar a hipótese whorfiana: ao se entregarem três fichas de cores verde, azul e azul-esverdeado para um sujeito e solicitar que ele escolha as duas que pertencem à mesma categoria, a natureza ambígua da proposta do experimento fará com que o sujeito escolha as duas que, em sua língua, sejam descritas pelo mesmo nome. Assim, os nomes das entidades são atributos relevantes para os falantes das línguas. O que Pinker nos diz aqui é que a escolha do falante não diz respeito ao modo como ele efetivamente pensa, mas ao modo como ele tem que executar uma tarefa ambígua e malformulada, utilizando, para isso, sua língua. Para Pinker, trata-se de um modo de influência da língua no pensamento, mas um modo vazio, já que motivado por uma formulação de tarefa pouco clara e com pouca relevância.

4.6.1.2 As versões mais interessantes: 6 e 7

A sexta versão diz respeito ao fato de que podemos usar a língua objetivamente como um dos modos de acesso à nossa memória de trabalho/de curta duração (*working memory*), através de pequenos trechos de fala interior, chamados por Pinker de *loops* fonológicos. Eles auxiliam computações mentais do mesmo modo que a memória de trabalho de um computador. Assim, o uso da versão física da língua como *medium* para a memória de trabalho facilita a computação mental (p. ex., matemática, mnemônica ou lógica). Da mesma forma, a presença de certos termos para expressar conceitos complexos em certas línguas ou grupos linguísticos favorece a computação mental acerca do campo conceitual em questão, já que o processamento pode lidar com aquele conceito como um "pacote" fechado pelo termo, liberando espaço de trabalho para o restante do processamento. Esta versão do RL não é determinista para Pinker (nem "*completely boring* [completamente chata]"), pois as línguas não são objetos estanques e podem se alterar através de neologismos, empréstimos, processos de gramaticalização, entre outros processos criativos e expansivos. Um outro ponto importante para ele é que muitos dos *loops* fonológicos que utilizamos na memória de trabalho não são exatamente linguísticos: pode se tratar de códigos, abreviações, siglas, expressões mnemônicas, números, entre outros. Pinker relata o experimento feito por Stanislas Dehane e Elizabeth Spelke com falantes de inglês e russo, no qual os falantes respondiam perguntas sobre somas de números de dois dígitos de duas formas: de forma aproximada e de forma exata. Para lidar com resultados aproximados, os falantes utilizavam um sistema de cálculo mental, enquanto para lidar com resultados exatos, os falantes frequentemente fizeram uso de *loops* fonológicos do tipo "palavras mentais" para auxiliar na computação.

A sétima versão é a que diz que línguas diferentes forçam os falantes a prestar atenção a certos aspectos do mundo quando os obrigam a dizer certas coisas. Assim, o inglês e o português nos forçam a pensar em quando os eventos acontecem e em suas estruturas temporais, enquanto que o turco nos força a dizer sempre se um evento foi presenciado pelo falante ou se este soube do ocorrido por outrem. Expressões para lidar com o domínio do espaço fazem a mesma coisa: os falantes de inglês são obrigados a distinguir *in* de *on*, que são duas preposições que denotam relações espaciais geralmente denotadas pela mesma preposição em português, "em": em português, podemos tranquilamente dizer algo como *O lápis está na mesa* (*na mesa* = sobre a mesa) ou *O lápis está no estojo* (*no estojo* = dentro do estojo). Em inglês, temos de usar *on* no primeiro caso e *in* no segundo. Neste ponto, podemos mencionar os experimentos e pesquisas neowhorfianas (algumas resenhadas neste capítulo) como Pinker também faz. A sua crítica, no entanto, se parece com a que já esbocei acima: o fato de falantes de uma língua serem obrigados a prestar atenção a certos aspectos da realidade não quer dizer, em absoluto, que eles não sejam capazes de lidar com os aspectos não obrigatórios em suas línguas. Assim, temos meios de dizer se o evento foi presenciado por nós ou se soubemos dele por outrem também em português e inglês.

4.6.1.3 As versões genuinamente deterministas: de 8 a 10

A oitava versão é a que diz que as palavras e estruturas gramaticais exercem efeito profundo no modo como pensamos, mesmo quando não estamos usando a língua.

A nona é a versão radical que iguala pensamento e linguagem em todos os aspectos, postulando que a língua é o próprio *medium* do pensamento. Daí deriva a consequência de que não se pode pensar sobre um conceito que não tenha a ele anexada uma palavra.

A décima, finalmente, é a mais radical: se duas culturas falam línguas cujos repertórios de conceitos/palavras são diferentes, suas crenças são incomensuráveis, e a comunicação entre elas é impossível. Esta é a versão que Pinker identifica em Whorf.

Essas versões fortes do RL são as que Pinker chama de versões tradicionalmente *sexies*, ou "sedutoras". São as versões chocantes, mas que atraem as pessoas com uma aura de misticismo e fascínio. As versões triviais pouco interessam, e as versões que Pinker considera interessantes se confundem em alguma medida com as determinísticas, mesmo na pesquisa experimental contemporânea. Para ele (PINKER, 2007: 135-136), uma demonstração da validade do determinismo relativista precisa mostrar três coisas: (a) que os falantes de uma certa língua consideram extremamente difícil, ou mesmo impossível, pensar algo que seja natural para falantes de uma outra língua; (b) que a diferença encontrada é genuinamente de raciocínio (ou, nas palavras de Lucy acima, extralinguísticas), e não apenas de linguagem ou misturada com a linguagem, o que impossibilita a medição objetiva do experimento por conta de resultados subjetivos demais e (c) que a diferença encontrada seja causada pela língua específica, e não encontrada por outras razões e apenas refletida na língua. Essas versões aproximam-se, na verdade, do impacto causado pelo aprendizado da língua alienígena no filme *A chegada*, como mencionamos na introdução a este livro.

4.6.2 O antideterminismo de Pinker (2007)

Uma das autoproclamadas comprovações do determinismo linguístico, a de Peter Gordon com seu estudo dos índios brasileiros pirahã, é usada por Pinker como parte do argumento para a refutação do DL. Gordon (2004) afirma que os pirahã só possuem termos numéricos equivalentes a "um", "dois" e "muitos". Por isso, segundo ele, o resultado das tarefas experimentais de contagem a que eles chegaram foi muito insatisfatório. No entanto, Pinker cita um estudo similar com outra tribo amazônica, a dos mundurukú, estudada por Dehaene e Pica (cf. PINKER, 2007: 140), cuja língua possui termos de números que vão de "um" a "cinco". Os resultados dos testes deveriam ser ligeiramente melhores, o que não aconteceu. A argumentação é simples: a dificuldade nos testes com contagem e enumeração nessas tribos não se dá por falta de vocabulário de números, mas, antes, pela falta de necessidade cultural do estabelecimento de sistemas complexos de contagem. Essas tribos lidam com a enumeração dos objetos de modo diferente, identificando individualmente cada um deles, e é a ausência da necessidade cultural de um sistema complexo de contagem que causa a existência de poucos termos numéricos, e não o contrário.

Mais adiante (2007: 141ss.), Pinker critica os experimentos feitos por Levinson e seu grupo com os falantes de tzeltal (mencionados na seção anterior), mostrando que eles falham nos três requisitos para a comprovação das versões fortes/deterministas do RL. Para começar, a aparente dificuldade que os falantes de tzeltal têm em organizar os objetos nos experimentos de rotação em que lhes são apresentadas sequências de objetos da esquerda para a direita que, tendo eles sido girados 180° para uma outra mesa e tendo sido solicitados que produzam "a mesma" sequência, os falantes de tzeltal não produzem a mesma sequência relativa a eles (da esquerda para a direita), mas produzem a sequência relativa ao posicionamento absoluto com relação aos objetos. Para Levinson, tais resultados mostram que a língua dos tzeltal, que possui termos de localização espacial como "morro acima" e "morro abaixo" ao invés de "para cima" ou "para baixo", influencia seus falantes em tarefas simples, de modo que eles não conseguem reproduzir sequências de objetos relativas a eles mesmos. Para Pinker, as causas são várias. Primeiro, o falante interpreta o pedido de produzir "a mesma" sequência de modo ambíguo, e resolve o problema da maneira tão ambígua quanto a própria formulação do problema. Isso se dá especialmente porque, no dia a dia da comunidade dos falantes de tzeltal, eles se utilizam da localização com termos espaciais geocêntricos com maior frequência do que a localização egocêntrica que, para nós, falantes de inglês ou português, é mais saliente. Os tzeltal vivem a vida sob a sombra de uma grande encosta de montanha, e a localização das coisas, mesmo relativas a elas próprias, é mais facilmente memorizada e referida com termos de localização que levam em conta a montanha como um grande ponto de referência.

Para Pinker, portanto, os experimentos se apresentam de forma ambígua, e os sujeitos fazem o que podem para completá-los. Assim, não é a sua língua que impossibilita a realização adequada da tarefa. Por um lado, a tarefa pode ser replicada (e foi, como se vê em LI & GLEITMAN, 2002, trabalho também citado por Pinker) de forma a minimizar as diferenças, e, por outro, o sentido da influência causal é o da cultura para a língua, assim como vimos com as tribos amazônicas acima que têm poucos termos para numerais. Os melhores experimentos neowhorfianos, portanto, ainda são insuficientes para corroborar qualquer versão forte, *sexy* e não tediosa (nas palavras de Pinker) do RL.

4.7 LEVINSON E O ANTIUNIVERSALISMO

Como Pinker, um antirrelativista, recebeu foco bastante grande neste capítulo, é justo que Levinson receba a posição de última palavra. Especialmente porque se percebe que, mesmo estando dentro da grande área da pesquisa em psicologia e linguística cognitivistas experimentais, os dois fazem parte de tradições diferentes e são oponentes em um debate que envolve prestígio acadêmico, financiamento, paradigmas científicos e, em última instância, que reencena o debate básico entre racionalistas e empiristas.

Levinson é um dos representantes mais importantes do relativismo neowhorfiano. Seus trabalhos na área de pragmática e de psicolinguística experimental vêm se tornando referência básica há décadas. No texto citado de 1996, além de também apresentar a questão dos tzeltal, Levinson constrói uma argumentação contrária às teorias universalistas e inatistas.

Levinson identifica o que chama de inatismo simples com as teorias universalistas da sintaxe (ligadas geralmente a Chomsky) e da semântica (ligadas aos trabalhos de Jerry Fodor). Para Levinson, é improcedente o argumento que diz que as variações entre as línguas são apenas "ruído" e que todas as línguas são essencialmente a mesma em um nível mais profundo.

Seu principal argumento é contra a semântica universal de Fodor: não há, diz Levinson (2003: 26), nenhum mecanismo biológico que corrobore a tese do universalismo da semântica: não há nenhum aparato biológico que garanta a universalidade e o inatismo de um sistema de armazenamento de significados que nos dá todos os significados de todas as palavras em todas as línguas. Assim, a cultura é responsabilizada por lidar com a maior parte dos conteúdos das línguas (ao menos, afirma Levinson, o significado), ao mesmo tempo em que esses conteúdos recebem restrições de nossa dotação biológica inata, especialmente a capacidade de aprendizado.

Assim, ao invés de colocar o foco principal no aparato biológico, a pesquisa em língua e pensamento deve entender o aparato biológico como o responsável por colocar limites no aprendizado, capacitar a percepção da diferença biológica e prever as possibilidades das diferentes línguas. Trata-se de uma espécie de nativismo cuja ênfase recai sobre o ambiente, invertendo os papéis, por exemplo, das teorias inatistas dos chomskianos (que, por sua vez, não descartam o componente externo, cultural, mas antes, dão-lhe pouquíssima importância, já que o produto final, a língua, é basicamente a mesma que qualquer outra língua que o indivíduo poderia aprender). Para Levinson,

> O Nativismo Simples bloqueou a discussão sensata e bem-informada sobre a relação entre linguagem e pensamento durante décadas. Uma vez que os fatos sobre a diversidade linguística sejam apreciados apropriadamente, ficará claro que o Nativismo Simples deixa de apresentar qualquer interesse real (LEVINSON, 2003: 28).

A crítica à visão do nativismo simples de Levinson baseia-se no fato de que, até hoje, não foram encontrados universais linguísticos substanciais. Ao comentar uma passagem de Li & Gleitman (2002: 266) que termina com a afirmação "as gramáticas e léxicos de todas as línguas são amplamente similares", Levinson conclui que não há nenhum sentido de "amplamente" que torne a afirmativa verdadeira. Isso porque

> Se houvesse, os linguistas poderiam produzir uma enorme quantidade de universais linguísticos absolutos – mas eles não conseguem fazê-lo. Como Green-

> berg (1986, 14) colocou, ou os universais da linguagem são triviais ("Todas as línguas faladas têm vogais") ou eles são generalizações condicionais com generalidade estatística. É fundamentalmente importante para a ciência cognitiva que não se perca de vista o alcance da variação linguística humana (LEVINSON, 2003: 28).

Após listar alguns domínios em que considera haver variação substancial entre as línguas (como o domínio do espaço, dos termos de cores, entre outros), Levinson conclui que a visão do nativismo semântico simples, como sustentada por Gleitman, Pinker e Fodor, deve ser falsa, pelo simples fato de que não se encontram universais substantivos na semântica das línguas. Porém, o debate também é ideológico, como já apontei em outros momentos. Se o relativismo tem seu lado caridoso, o universalismo também tem uma justificativa igualitária: a independência entre pensamento e linguagem possibilita a liberdade de vontade e ação.

> Então, o whorfianismo e o determinismo linguístico precisam ser impossíveis! Este imperativo moral não cabe aqui, não somente porque não estamos no ramo da pregação, mas também porque, a despeito de alguns usos linguísticos incautos, ninguém, nem mesmo Whorf, jamais considerou que o nosso pensamento está nas garras infernais da nossa língua (LEVINSON, 2003: 33).

É bastante curioso que ambos os lados do debate se utilizem do argumento de que o outro lado é antidemocrático, determinista e não igualitário.

Em um último argumento contra a semântica cognitiva universal (como a defendida por Fodor), Levinson diz o seguinte: se todos os sistemas conceituais são derivados de primitivos semânticos universais (para Levinson, 20 ou 100, tanto faz), o que se pode fazer quando se encontra uma língua com uma palavra cujo significado não pode ser deduzido do inventário universal de primitivos? Criar mais um primitivo, naturalmente. Esse tipo de universalismo não serve como bom modelo científico, afirma Levinson, pois cria uma teoria não falseável. Quaisquer elementos muito diferentes do padrão serão simplesmente incorporados ao padrão, inflando o conteúdo dito "universal" do núcleo semântico universal biologicamente determinado, prevendo o absurdo de que todos os seres humanos devem possuir um inventário de primitivos semânticos fixo (aumentado pelos teóricos a cada nova descoberta aberrante), ainda que nem todos os primitivos sejam usados (e, então, teríamos de nascer com os primitivos que permitem os conceitos como "pau de selfie" ou "hambúrguer" em qualquer lugar do mundo ou em qualquer época em que nascêssemos como falantes de qualquer língua natural).

Qualquer acordo mais pacífico entre os dois lados do debate está longe de acontecer. No entanto, os construtos teóricos racionalistas cognitivistas aliados a uma percepção mais aberta da variação entre as línguas poderia produzir um meio-termo bastante produtivo, como programa de pesquisa revolucionário e, talvez, mais produtivo. Por exemplo, para que Pinker fosse forçado a se tornar um neowhorfiano, bastaria que as diferenças substanciais entre as línguas eliminassem a barreira teórica do universalismo semântico, e sua visão de "língua como janela para a natureza humana" ganharia em riqueza heurística, e sua posição de que a língua exerce alguma influência no modo como somos e pensamos deveria ganhar naturalmente a decorrência de que as diferenças entre as línguas produzem influências diferentes (ou seja, a hipótese do RL seria deduzida de seu próprio trabalho).

Não é exatamente esse compromisso que procuro neste livro, mas pode-se dizer que, se vier a existir, ele se aproxima de algo nesse sentido. Com o próximo capítulo, pretendo mostrar que as possibilidades criativas da linguagem são uma maneira de valorizar as hipóteses relativistas, eliminando, ao mesmo tempo, o perigo do determinismo total.

Capítulo 5

O aspecto criativo e o relativismo

Neste capítulo, pretendemos apresentar algumas visões sobre o aspecto criativo da linguagem, sobre a linguagem como atividade constitutiva, como sistema aberto e criativo, em uma posição que dê algum sentido para as propostas relativistas, tentando ligar os dois temas de alguma forma significativa e inovadora, promovendo uma visão do RL que seja sustentável e menos trivial do que as mais próximas do senso comum.

Antes disso, um dos pontos de partida mais importantes deve ser a tentativa de estabelecer coerência a partir da multiplicidade de referências, visões, posicionamentos e tempos distintos, ao definir o que chamo aqui de aspecto criativo da linguagem. Nas seções a seguir, apresentarei visões formais, discursivas e filosóficas da capacidade criativa da linguagem, visando definir, em última instância, através da multiplicidade da caracterização disso que podemos chamar ora de uma propriedade ora de uma função da linguagem, a própria capacidade criativa e constitutiva da linguagem.

Desse modo, o primeiro passo seria demonstrar a proposta de que a linguagem, por definição, pode ser entendida como a capacidade abstrata do estabelecimento de relações intersubjetivas, ao possibilitar o processo de significação e representação, de externação dos pensamentos mais íntimos de modo que eles se tornem acessíveis, de construção e compartilhamento do conhecimento como um todo. A bibliografia disponível seria imensa, mas creio ser necessário, de início, apenas um dos textos ficcionais de Jorge Luis Borges, *A Biblioteca de Babel* (BORGES, 1972: 84ss.), para exemplificar o poder criativo do sistema produtivo da linguagem através de seus elementos discretos combinados de acordo com regras sintáticas preestabelecidas finitas em expressões de número (possivelmente) infinito.

Borges alega não ter sido o primeiro a descrever a biblioteca em questão (BORGES, 1972: 13): ela já teria sido referida por Aristóteles em sua discussão sobre Demócrito – filósofo grego do século V a.C. responsável pelo atomismo que em parte fundamenta uma série de gramáticas antigas (cf. NEVES, 2002 e 2005, p. ex.). De qualquer modo, a formulação dada pelo escritor argentino é impressionante: a biblioteca é descrita como sendo composta por um número *indefinido* de salas hexagonais, nas quais quatro paredes sustentam prateleiras com um número fixo de livros, e duas servem de conexão com os outros hexágonos. O mais interessante é a descrição do conteúdo efetivo da biblioteca: não há livros idênticos, todos os livros são compostos pela combinação de vinte e dois caracteres, além do ponto, da vírgula e do espaço, e o estudioso que chegou a essas conclusões, na ficção borgiana, também

> deduziu que a biblioteca é total e que suas prateleiras registram todas as possíveis combinações dos vinte e tantos símbolos ortográficos (número, ainda que vastíssimo, não infinito), ou seja, tudo o que é dado expressar: em todos os idiomas. Tudo: a história minuciosa do futuro, as autobiografias dos arcanjos, o catálogo fiel da biblioteca, milhares e milhares de catálogos falsos, a demonstração da falácia do catálogo verdadeiro, o evangelho gnóstico de Basílides, o comentário desse evangelho, o comentário do comentário desse evangelho, a relação verídica de tua morte, a versão de cada livro em todas as línguas, as intercalações de cada livro em todos os livros (BORGES, 1972: 88-89).

Ora, aqui temos a formulação mais completa daquilo que os autores têm considerado como sendo o caráter aberto da linguagem, ou a sua propriedade de poder gerar infinitas expressões a partir de um número finito de elementos atômicos e, em níveis mais complexos de estrutura gramatical, de regras de combinação fonológicas, morfológicas, sintáticas, semânticas, textuais, pragmáticas, discursivas e mesmo estilísticas, artísticas, literárias. A linguagem possibilita a *criação* pelo seu próprio modo de constituição, e, ao mesmo tempo em que a possibilidade da criação indefinida e eterna assombra pela vastidão e pela possibilidade da incomensurabilidade, estabelece-se uma tensão dialética entre a potencialidade da criação infinita e a virtualidade de que tudo já foi dito e já figura tanto nas estantes indefinidamente numerosas da biblioteca de Babel quanto no poço indefinidamente extenso da experiência humana. Assim,

> Não posso combinar certos caracteres
>
> dhcmrlchtdj
>
> que a divina Biblioteca não tenha previsto e que nalguma de suas línguas secretas não contenham um terrível sentido. Ninguém pode articular uma sílaba que não esteja cheia de ternuras e de temores; que não seja nalguma dessas linguagens o nome poderoso de um deus. Falar é incorrer em tautologias. Esta epístola vazia e palavrosa já existe num dos trinta volumes das cinco prateleiras de um dos incontáveis hexágonos – e também sua refutação. (Um número *n* de linguagens possíveis emprega o mesmo vocabulário; em alguns, o símbolo *biblioteca* admite a correta definição *ubíquo* e *perdurável sistema de galerias hexagonais*, mas *biblioteca* é *pão* ou *pirâmide* ou qualquer outra coisa, e as sete palavras que a definem têm outro valor. Tu, que me lês, estás seguro de entender minha linguagem?) (BORGES, 1972: 93).

A tensão entre sistema e criação está colocada de forma bastante clara aqui: se não há sequência de caracteres que já não exista na biblioteca, nada de novo pode ser feito, como já diz o prólogo da comédia *Eunuco* do romano Terêncio, no século II a.C[76]. No entanto, o mecanismo gerativo da biblioteca é composto apenas de 25 elementos, e a produtividade do sistema fixo via criatividade estaria garantida. "Falar é incorrer em tautologias" é a sentença-chave da citação acima; se tudo o que pudermos dizer já está dito em potencial em alguma das múltiplas linguagens possíveis a partir dos mesmos sistemas de base finitos e econômicos, a linguagem humana não é nada além do redizer de expressões contáveis, finitas e pertencentes a um conjunto de conjuntos de expressões, palavras, idioletos, idiomas, línguas

---

76. A passagem, assombrosa, em que Terêncio se defende de detratores que lhe acusaram de ter traduzido peças gregas para o latim que já tinham sido traduzidas anteriormente por outros autores latinos, é a seguinte (verso 41): "nullumst iam dictum quod non dictum sit prius", ou seja, "Nada há que já foi dito que não tenha sido dito antes".

e linguagens que abarca toda a possibilidade das línguas humanas. Assim, este livro já foi escrito com as mesmas palavras em algum outro lugar, em algum outro tempo, e estará disponível na biblioteca borgeana. Por outro lado, a indefinição quanto ao tamanho final do tesouro da linguagem abarcado na metáfora da biblioteca se garante pelas possibilidades criativas do próprio sistema, e cada simples variação em algum enunciado ou em algum dos livros da biblioteca gera um novo enunciado, um novo exemplar nas intermináveis estantes.

Dessa forma, a aparente contradição implícita no texto de Borges derivada do fato de a biblioteca ser descrita como indefinidamente grande, mas não infinita, apesar de conter todas as coisas que pudessem vir a ser ditas[77], resolve-se da seguinte maneira:

> Acabo de escrever *infinita*. Não interpolei esse adjetivo por um costume retórico; digo que não é ilógico pensar que o mundo é infinito. Aqueles que o julgam limitado, postulam que em lugares remotos os corredores e escadas e hexágonos podem cessar inconcebivelmente – o que é absurdo. Aqueles que imaginam sem lindes, esquecem que os abrange o número possível de livros. Ouso insinuar esta solução do antigo problema: *a Biblioteca é ilimitada e periódica*. Se um eterno viajor a atravessasse em qualquer direção, comprovaria ao fim dos séculos que os mesmos volumes se repetem na mesma desordem (que, reiterada, seria uma ordem: a Ordem). Minha solidão alegra-se com essa elegante esperança (BORGES, 1972: 94).

Tal infinitude se dá em parte graças ao que chamo aqui de aspecto criativo. A tensão constante entre o conteúdo limitado, definido e contável resultante da concepção de linguagem como mero repositório de expressões prontas[78] e a infinitude selvagem permitida pela criatividade que passa por

---

77. A formulação mais clara de Borges sobre isso está em nota de rodapé: "Repito-o: basta que um livro seja possível para que exista. Somente está excluído o impossível. Por exemplo: nenhum livro é ao mesmo tempo uma escada, ainda que, sem dúvida, haja livros que discutem, neguem e demonstrem essa possibilidade e outros cuja estrutura corresponde à de uma escada" (BORGES, 1972: 92, nota).

78. Esse é o único lugar de onde poderia surgir uma concepção de língua como simplesmente responsável por etiquetar os objetos e conceitos fixos do mundo, de forma que as diferentes línguas pudessem ser vistas antirrelativisticamente como diferentes nomenclaturas para a mesma realidade e conjunto de conceitos. Essa concepção, como veremos, não se dá bem com a noção de aspecto criativo como discuto neste capítulo.

cima do próprio sistema linguístico e gera novas línguas a cada instante de uso linguístico[79] só poderá se resolver se o aspecto criativo for delimitado de modo a poder ser elemento fundamental na superação da tensão entre esses dois pontos aparentemente extremos da escala das concepções de linguagem.

É curioso notar que, desde o alvorecer dos estudos gramaticais no Ocidente, a tradição atomista considera o processo morfológico e sintático sempre como resultante de combinação de símbolos atômicos. Borges está, na verdade, retomando a concepção materialista de Demócrito, Leucipo e Epicuro, a teoria da linguagem de Aristóteles (mais uma vez, cf. NEVES, 2002 e 2005). Para essas concepções, o mundo é feito de átomos que caem indeterminadamente e que se unem ao acaso, resultando em construções maiores. A base dessa física atomista vai se expandir inclusive para as teorias da linguagem entre os gregos, e uma discussão da origem da linguagem nesses termos pode ser encontrada no poema do romano Lucrécio, *De rerum natura* [Sobre a natureza das coisas], que reescreve as doutrinas filosóficas de Demócrito e Epicuro.

Passemos aos modos mais específicos de concepção de aspecto criativo. Aquilo que chamo neste capítulo de *aspecto criativo* foi chamado de maneiras diferentes, e entendido de maneiras diferentes, de modo que precisarei sistematizar suas diferentes formulações. Assim, enquanto para alguns autores, como Chomsky (cf. GONÇALVES, 2007 e 2008), o aspecto criativo é uma característica puramente formal das línguas, para outros, como os pensadores dos séculos XVIII e XIX, representados fundamentalmente por Humboldt, cuja concepção é adotada posteriormente por Cassirer, Schaff e Steiner, o aspecto criativo é uma alternativa a ver a língua como produto fechado, de forma que ela passe a ser entendida como processo/atividade. Finalmente, para Carlos Franchi, a linguagem passa a ser vista como uma

---

79. Que parece ser o lugar em que se vislumbram línguas incomensuráveis entre si, resultantes da atividade histórica idiossincrática de cada povo ou grupo de falantes, cenário ideal para a corroboração do relativismo radical e do determinismo linguístico. Essa concepção também será descartada aqui.

espécie de fusão de transcendência das duas posições anteriores, e sua formulação de atividade constitutiva encerra o capítulo.

5.1 O CARÁTER ATIVO DA LINGUAGEM: *ENERGEIA VERSUS ERGON*

Voltemos a Wilhelm von Humboldt, representante de um corpo de doutrinas e ideias extenso, a partir dos quais elabora uma complexa obra concernente ao fenômeno da linguagem e sua relação com o pensamento e com a conformação humana (a sua *Bildung*). Assim, em mais uma seção dedicada a Humboldt, passarei brevemente por outros autores que o influenciaram e que anteciparam de alguma forma as formulações do aspecto criativo e da tensão entre linguagem e indivíduo que encontramos em seus textos.

Ricken (1994: 179), discutindo a relação entre linguagem e pensamento em Condillac (cf. cap. 2), antecipa a discussão de um tema que será absolutamente crucial no modo como Humboldt entende a linguagem e sua função criativa:

> A linguagem articulada fonética tem uma função para o pensamento similar àquela dos símbolos matemáticos para o cálculo. Assim como o desenvolvimento de símbolos matemáticos é ao mesmo tempo a expressão e o instrumento do pensamento matemático, também a língua e outros sistemas de símbolos permitem-nos combinar e arranjar as ideias, ou seja, eles tornam a atividade cognitiva criativa possível. Além da expressão do que já é conhecido, os signos linguísticos permitem a descoberta do que ainda não é conhecido (RICKEN, 1994: 179).

Além de repetir a formulação de Humboldt de que os símbolos linguísticos permitem a descoberta do anteriormente desconhecido, Ricken atribui à *Logique* de Condillac a formulação da proposta de *língua como cálculo*: os elementos da língua se combinam entre si para produzir outros elementos pertencentes à língua, e a língua passa a ser entendida como um sistema abstrato capaz de se conter a si mesma, sem a necessidade lógica de qualquer relação com o mundo objetivo a que ela pode, mas não precisa, se referir (do mesmo modo que a álgebra pode fazer, através dos números, axiomas e operações dedutivas sem jamais ter de se ligar ao que efetivamente pode ser considerado como manifestação da abstração matemática no mundo real).

Assim, a língua/linguagem passa a ser entendida como um mecanismo analítico capaz de revelar, através de suas próprias operações, novos modos de representação de qualquer realidade, existente ou possível, e falar de si mesma, e se constituir a si mesma para além do conjunto inicial de possibilidades dadas apenas pelos elementos atômicos e axiomas. Aqui começamos a vislumbrar o aspecto criativo como característica poderosa da linguagem em um nível além do meramente formal.

Outro autor que influenciou Humboldt em sua formulação dos princípios criativos da linguagem foi Johann David Michaelis. Em sua obra ganhadora do prêmio da Academia de Berlim, Michaelis apresenta uma visão interessante da interdependência entre opiniões e linguagem, postulando um tipo de tese parecida com a do ciclo de influência indivíduo-linguagem-indivíduo. Trata-se, portanto, de um dos principais trabalhos a abordar a capacidade criativa do indivíduo na formação da linguagem e vice-versa. Portanto, Michaelis apresenta um texto relevante para a ponte que pretendemos fazer entre RL e o aspecto criativo da linguagem. Vejamos um trecho em que Michaelis lida com a capacidade criativa dos indivíduos e seu impacto no tesouro da língua:

> As línguas são uma coleção do conhecimento e do gênio das nações, para a qual cada um deu a sua contribuição: que não se entenda somente os acadêmicos, que, pelo contrário, geralmente possuem um pequeno gênio, e mais frequentemente são cegos pela prepotência, e que, no fim das contas, dificilmente constituem a centésima parte da humanidade. O homem comum sagaz talvez seja o maior contribuinte, e o analfabeto contribui frequentemente em grande parte, já que seus pensamentos estão, como se pode dizer, mais proximamente aliados à natureza. O herético irá às vezes contribuir com o que o pregador ortodoxo irá evitar, já que o primeiro pensa mais livremente, e o último tem os pontos de vista confinados. Da mesma forma não é raro que mesmo os ortodoxos, os mais exasperadamente contrários às heresias, adotarão a linguagem dos heréticos, se eles forem desconhecedores da forja que as forjou. Mesmo o gênio das crianças, quando no seu vigor inicial, e desprovido de preconceitos, trará contribuições felizes, associações corajosas de ideias,

ainda que evidentemente verdadeiras, todas enriquecendo e aumentando esse tesouro nacional (MICHAELIS, 1771: 12-13).

O que temos aqui, para além de um esboço de teoria de mudança linguística, é, antes, um modo de entender como as influências individuais no "gênio da língua" (que será uma noção importante para Humboldt) são capazes de moldar a língua, antes de a língua moldar qualquer realidade dos falantes. Trata-se já da concepção circular de influência do homem sobre a língua.

Desde os primeiros textos de Humboldt, a linguagem é descrita como uma atividade, e não um produto, como o *medium* do pensamento e não como mero reflexo do mundo subordinado ao pensamento. Na já mencionada carta a Schiller, temos a seguinte formulação de linguagem como fundamentalmente uma atividade criadora:

> Evidentemente, a linguagem constitui toda a nossa atividade de espírito subjetivamente (segundo a maneira de nosso procedimento); mas ela também produz concomitantemente os objetos, na medida em que são objetos de nosso pensamento. [...] Portanto, a língua é, se não como um todo, pelo menos em termos sensoriais o meio, através do qual o homem constrói simultaneamente a si mesmo e ao mundo, ou melhor, através do qual se torna consciente de si mesmo, pelo ato de externar um mundo à parte, de dentro de si (HUMBOLDT, 2006: 181-183).

Pode-se ver aqui a força da visão fundamental humboldtiana de que nós criamos a realidade através da linguagem. A linguagem já é apresentada como o meio constitutivo da atividade subjetiva e do próprio pensamento, além dos objetos do mundo. Schaff (1974: 252) criticará essa visão como muito forte e mística, e preferirá dizer que a linguagem é responsável pela criação de uma *imagem de mundo*, mas Humboldt identifica a realidade objetiva com os objetos do pensamento humano, colocando a linguagem em posição de maior importância no estabelecimento da subjetividade e da objetividade mediada pelo sistema conceitual ao mesmo tempo.

Na *Introdução ao Kawi*, Humboldt dá mais uma formulação do modo como a língua não somente influencia, mas, em última análise, *permite* o pensamento, em uma passagem das mais citadas de toda a sua obra a respeito da linguagem:

> A linguagem é o órgão formador do pensamento. A atividade intelectual, completamente interior e inteiramente do espírito, de certo modo passageira, sem deixar rastros, pelo som da fala torna-se externa e perceptível aos sentidos. Ela e a língua são, então, *uma só* e inseparáveis uma da outra. A atividade intelectual até mesmo por si está vinculada à necessidade de entrar em associação com o som da fala, pois, caso contrário, o pensar não conseguiria chegar à nitidez, a ideia não poderia tornar-se conceito. A associação inseparável do pensamento, das ferramentas vocais e do ouvido para formarem a língua está arraigada invariavelmente na disposição original da natureza humana, que dispensa maiores explanações (HUMBOLDT, 2006: 125).

Nesse ponto, Humboldt diz que a atividade intelectual depende fortemente da possibilidade formativa da nossa atividade linguística e que, sem ela, os conceitos não poderiam ser expressos. Essa dependência acarreta algum tipo de influência que diferentes línguas possam ter na maneira de externar essa atividade intelectual da qual Humboldt fala. Aqui, é possível encontrar uma longa explicação para o modo como entendemos a realidade e possibilitamos a relação com ela através da linguagem. Assim, a possibilidade do pensamento diz respeito ao fato de que criamos a materialidade dos conceitos via linguagem, "a própria linguagem reproduz junto com o objeto por ela representado a sensação por ele causada" (HUMBOLDT, 2006: 129). Segundo Humboldt, inclusive, é a natureza da externação do som articulado para fora e para cima que eleva o homem à posição ereta e o separa dos animais: "Finalmente combina com o som da linguagem a posição ereta do ser humano, negada aos animais, que por meio dele é quase que convocado para o alto" (p. 129). O poder da palavra é tanto o de constituir a possibilidade da reflexão e da própria intelectualidade quanto o de iniciar a humanidade enquanto espécie separada do restante do reino animal, após a cisão, irracional, "pois a fala não quer se esvair de forma surda no solo, ela exige jorrar livremente dos lábios na direção daquele a quem se dirige" (p. 129).

Como já discuti no capítulo 2, a posição de Humboldt sobre a linguagem não pode ser considerada nem totalmente relativista nem totalmente universalista, exatamente pela tese, que perpassa a sua obra, de uma interdependência entre linguagem, falante e mundo, que sempre agem um sobre o outro de maneira circular:

> Na medida em que agora as nações servem-se destes elementos linguísticos a elas preexistentes; na medida em que elas misturam sua natureza à representação dos objetos, a expressão não é indiferente e o conceito não é independente da língua. *Mas o ser humano condicionado pela língua atua novamente sobre ela*, e, cada uma em particular é, assim, o resultado de três efeitos diferentes e coincidentes: da natureza real dos objetos, pois a língua produz a impressão sobre o ânimo; da natureza subjetiva da nação; e da natureza característica da língua, que se manifesta através da matéria básica alheia nela misturada, e através da força, com a qual tudo o que um dia para ela se transportou, mesmo que criado originariamente de modo inteiramente livre, permite um aperfeiçoamento somente dentro de certos limites da analogia (HUMBOLDT, 2006: 77, grifo meu).

A "teoria" humboldtiana da linguagem exposta acima tem elementos relativistas mas também procura estabelecer que a relação causal língua--pensamento não começa aí: tudo que se dá na própria língua é resultado da manipulação dela pelos próprios falantes, uma vez constituídos e alterados também por ela. Nesse sentido, o que chamamos de aspecto criativo se encontra nas palavras de Humboldt como um elemento fundamental da atividade linguística humana: a própria existência da realidade mental depende da língua do falante assim como a língua depende da realidade física e mental na qual se insere esse mesmo falante.

Repetindo um trecho já citado anteriormente no capítulo 2, a formulação clássica de língua como *energeia* se dá da seguinte forma para Humboldt:

> A língua em si não é uma obra acabada (*Ergon*), mas sim uma atividade (*Energeia*). Por isso, sua verdadeira definição só pode ser aquela que a apreenda em sua gênese. Afinal, a língua consiste no esforço permanente reiterado do espírito de capacitar o som articulado para a expressão do pensamento (HUMBOLDT, 2006: 99).

É a partir da distinção estabelecida aqui que se pode falar em um aspecto criativo em Humboldt. Para Heidermann (2006: xxviii), "podemos entender a *energeia* também como a força que gera a confiança necessária à expressão do homem". É o caráter de processo contínuo em oposição ao de produto que permite que a linguagem seja a "canção órfica" de Percy B. Shelley (citada e discutida por STEINER, 2005: 251). A criatividade deixa de ser mera propriedade da gramática e passa a ser forma constitutiva e função criadora para a linguagem humana. Ainda para Heidermann (2006: xxviii), "a língua não é um sistema acabado e fechado, não é um aparelho a ser aplicado, nem uma massa inerte e morta de regras – mas um organismo capaz de processar o mundo e torná-lo comunicável". Ou, ainda, nas palavras do próprio Humboldt (2006: 95), "não se deve ver a língua como um mero produto morto, mas, muito pelo contrário, como um ato produtivo".

É importante, então, compreender como Humboldt propõe que a língua é ao mesmo tempo criada pelo homem e definidora do ser humano. A melhor formulação dessa aparente contradição em Humboldt é vista aqui: "O ser humano somente é ser humano através da linguagem. Mas para inventar a linguagem ele já teria que ser humano" (HUMBOLDT, 2006: 51). A linguagem é elevada ao *status* de definidora da humanidade, separando qualquer comportamento linguístico do nosso através da capacidade criativa específica da espécie humana (e diferente, portanto, das linguagens não criativas encontradas em alguns graus nos papagaios, sistemas de automação de atendimento computadorizado, abelhas, baleias, robôs ou chimpanzés). O processo de autodefinição do homem pela linguagem e da consequente ação do homem na própria linguagem é descrito abaixo:

> A linguagem é parte de mim porque a produzo da maneira como o faço; e como, ao mesmo tempo, a base disso está no falar e no ter falado de todas as gerações humanas, enquanto possa ter havido comunicação linguística ininterrupta entre elas, assim, é a própria língua que me limita nesse processo. Tudo o que na língua me limita e me determina entrou nela por uma natureza humana intrinsecamente conectada comigo, e o que há de estranho nela, portanto, o é meramente para a minha natureza individual e momentânea, não para a minha natureza original e verdadeira (HUMBOLDT, 2006: 161).

Ora, o aspecto criativo da linguagem como propriedade do sistema linguístico é capaz de criar indefinidamente, e de criar para além do sistema definido por regras, através de modificações individuais (baseadas na analogia ou no neologismo, p. ex.), e, a depender da sorte das modificações introduzidas no tesouro da língua, modificações individuais podem reverberar na língua como círculos concêntricos na água (a imagem é de Humboldt), mas sem que o sistema sofra grandes modificações imediatas. Assim, a atividade reiterada do uso criativo da linguagem é o que possibilita alguma liberdade para o ser humano nos domínios da aparente prisão determinística da linguagem que, na passagem acima, é dissolvida por Humboldt através da percepção de que "tudo o que na língua me limita e me determina entrou nela por uma natureza humana intrinsecamente conectada comigo". Não é difícil ver como essa passagem elimina o perigo do determinismo linguístico, e como isso é conseguido através da percepção de que a capacidade criativa do indivíduo é característica fundamental da linguagem como um todo.

O movimento é de duas mãos: a língua, pronta (do ponto de vista sincrônico), nos permite fazer escolhas e disponibiliza o material com o qual estabelecer a relação intersubjetiva do uso da língua como meio de inserção no mundo social e psíquico humano; nossa liberdade individual, restrita pelas regras abstratas da língua pronta, nos permite subverter a língua pronta trazida pelas gerações anteriores e estabelecer novas relações, criar palavras, adaptar formas analogicamente e encaixá-las nos moldes paradigmáticos existentes, mas nada disso jamais será um perigo para a língua como organismo vivo e supraexistente, como procura garantir Humboldt:

> Ao refletir como cada geração de um povo sofre a influência formadora de tudo aquilo que a língua dele recebeu durante todos os séculos anteriores e como entra em contato com isto apenas a força de uma geração isolada e isso nem de forma pura, pois a geração em crescimento e a em decadência vivem mescladas entre si, então, torna-se claro quão reduzida é a força do indivíduo contra a língua (HUMBOLDT, 2006: 161).

A conclusão é que a capacidade criativa do ser humano com relação à linguagem é um modo de liberação das amarras da língua que pode exercer influência determinante no indivíduo, como querem os relativistas radicais ou os deterministas. Humboldt parece ter colocado o indivíduo e sua capacidade criativa no centro da solução do problema:

> Ninguém pensa numa palavra justa e exatamente do mesmo modo que o outro, e a mais ínfima diferença tremula como um círculo na água, até atravessar a língua inteira. *Toda compreensão, portanto, é simultaneamente uma não compreensão, toda sintonia de pensamentos é ao mesmo tempo uma divergência.* Na maneira pela qual a língua se modifica dentro de cada indivíduo, em oposição ao seu poder que apresentamos anteriormente, manifesta-se um poder do ser humano sobre ela (HUMBOLDT, 2006: 163-165, grifo meu).

O tom profético de Humboldt nesta passagem ilustra bem a profundidade do problema fundamental que tenta resolver em toda a sua obra: o relativismo derivado das visões de mundo particulares impossibilita o acesso à objetividade total (se é que há algo assim, já que mesmo os que defendem a existência do mundo objetivo entendem que ele somente existe através da existência de um aparelho perceptual, em última instância, subjetivo – cf. SCHAFF, 1974), e nem mesmo quando pensamos que estamos entendendo exatamente aquilo que o nosso interlocutor nos diz podemos ter certeza da compreensão mútua perfeita. No entanto, a individualidade do ser humano dotado da capacidade criativa via linguagem pode encontrar o caminho para fora da prisão determinística de uma visão de mundo radicalmente opressiva e criadora de realidades incomensuráveis com relação às dos seus companheiros humanos falantes de línguas diferentes da sua. É o caráter energético, mutável, processual, governado simultaneamente pelas regras universais de sua língua e por sua própria propriedade e função criativa, que permite uma saída para o relativismo linguístico que não precisa refutá-lo. Nas palavras de Harris & Taylor (1994: 157), "a evolução linguística é o resultado contínuo dessa dialética entre o sentido linguístico interno e a forma sonora; ou seja, entre a *energeia* e o *ergon*". Essa conclusão será melhor explorada adiante.

5.2 O PAPEL ATIVO DA LINGUAGEM EM ERNST CASSIRER

Um dos filósofos de orientação kantiana e humboldtiana mais importantes do século XX, o alemão Ernst Cassirer, propôs, nos três volumes de sua *Filosofia das Formas Simbólicas*, uma análise dos símbolos como elementos constitutivos fundamentais da realidade. A linguagem, o mito, a arte, a ciência são modos diferentes de constituição do real que operam através dos símbolos. Naturalmente, a linguagem tem papel proeminente nesse processo. Cassirer segue a linhagem intelectualista de Kant ao defender que "o conhecimento é uma construção do espírito cognoscente" (SCHAFF, 1974: 53), mas ultrapassa tanto Humboldt quanto Kant ao atacar o dualismo segundo o qual há o mundo objetivo separado do modo subjetivo como o apreendemos. Para Cassirer, não há mundo objetivo: o conhecimento não reflete um mundo objetivo independente dele, mas, antes, o *cria*.

A oposição às teorias filosóficas do reflexo, que veem o conhecimento como mera reprodução de um mundo objetivo dado, independente, é importante para a nossa concepção de linguagem como elemento fundamental na criação da realidade. Para Cassirer (2001a: 19), "toda a autêntica função do espírito humano partilha com o conhecimento a propriedade fundamental de abrigar uma força primeva formadora, e não apenas reprodutora".

O signo adquire importância fundamental na maneira como ele possibilita a constituição de nossa relação com a imagem construída da realidade, através de seu papel criador, ativo:

> Porque o signo não é um invólucro fortuito do pensamento, e sim o seu órgão essencial e necessário. Ele não serve apenas para comunicar um conteúdo de pensamento dado e rematado, mas constitui, além disso, um instrumento, através do qual este próprio conteúdo se desenvolve e adquire a plenitude do seu sentido. O ato da determinação conceitual de um conteúdo realiza-se paralelamente à sua fixação em um signo característico. Assim sendo, todo pensamento rigoroso e exato somente vem a encontrar sustentação no *simbolismo* e na *semiótica* sobre os quais se apoia. Para o nosso pensamento, toda e qualquer "lei" da natureza assume a forma de uma "fórmula" universal – mas uma forma somente pode ser representada por intermédio de uma combinação de signos universais e específicos. Sem estes signos universais, tal como fornecidos pela aritmética e pela álgebra, seria impossível expressar alguma relação especial da física, ou alguma lei particular da natureza. Nisso se evidencia o princípio fundamental do conhecimento, segundo o qual um universal somente pode ser captado no particular, e o particular pode ser concebido tão somente em relação com universal (CASSIRER, 2001a: 31).

Como se pode perceber, o caráter ativo do símbolo é responsável por emancipar o sujeito da condição de mero espectador da realidade objetiva, e de estabelecer a relação dialética entre universal e particular, reencenando o ciclo de influência entre indivíduo, realidade e linguagem já encontrado em Humboldt, possibilitando a superação da dicotomia simples entre relativismo e universalismo: só há universalidade a partir do particular, e vice-versa. Se o símbolo é ativo na construção do conhecimento e o conhecimento já existe de alguma forma, nossa atividade através do simbolismo é a de (re)construção da própria linguagem, da realidade, de nós mesmos e do conhecimento a todo momento, como queria Humboldt. Assim, a linguagem é o que nos permite constituir o mundo através dos símbolos, e não apenas representar as coisas como deveriam existir para todos os espectadores passivos da mesma forma. O que está em questão aqui é o papel *ativo* da linguagem na construção do conhecimento, do pensamento, e, em última instância, da realidade. Conforme explica Cassirer,

> Não apenas a ciência, mas também a linguagem, o mito, a arte e a religião caracterizam-se pelo fato de nos fornecerem os materiais com os quais se constrói, para nós, o mundo do "real" e o espiritual, o mundo do Eu. Estas esferas tampouco podem ser colocadas em um mundo dado como simples *conformações*, pelo contrário, é necessário compreendê-las como *funções*, em virtude das quais se realiza, em cada caso, uma configuração particular do ser, bem como uma divisão e uma separação peculiares do mesmo (CASSIRER, 2001a: 39).

A teoria de Cassirer é bastante abrangente e pretende explicar os diferentes modos de criação da realidade funcionando via símbolos. Na passagem acima, vemos que cada um dos domínios da cultura identificados são responsáveis, a sua maneira, por estabelecer *funções* a que se aplicam as experiências para modelar a percepção individual da realidade. É bastante ambiciosa a teoria filosófica de Cassirer: de certo modo, são domínios análogos, porém não necessariamente de mesmo nível hierárquico, os domínios da linguagem, do mito, da religião, da arte e da ciência. Inclusive porque a linguagem é fundamental também para o estabelecimento de alguns desses domínios, como o da arte e o da ciência. Assim, eleva-se em Cassirer o papel da linguagem na constituição de uma espécie de prisma que molda a realidade através das atividades culturais humanas, como uma espécie de lente a partir da qual se pode enxergar qualquer construção da experiência humana, tanto subjetiva quanto objetivamente.

Ainda, na formulação seguinte, fica clara a recusa à teoria do reflexo que caracteriza a posição de Cassirer e que eleva a propriedade criativa da atividade simbólica:

> O conhecimento, bem como a linguagem, o mito e a arte: nenhum deles constitui um mero espelho que simplesmente reflete as imagens que nele se formam a partir da existência de um ser dado exterior ou interior; eles não são instrumentos indiferentes, e sim as autênticas fontes de luz, as condições da visão e as origens de toda configuração (CASSIRER, 2001a: 42).

A recusa à metáfora do espelho tem consequências sérias para a concepção de linguagem do filósofo, e sua subscrição ao pensamento humboldtiano nos dá uma formulação bastante clara do papel ativo da linguagem na construção do conhecimento, pensamento e realidade, através do aspecto criativo inegável que possibilita a ação através da linguagem. A passagem abaixo, retomando a noção de forma interna de Humboldt, representa bastante emblematicamente o modo como Cassirer analisa a linguagem, defendendo a proeminência do aspecto criativo na atividade linguística e simbólica humana:

> O fato de cada idioma em si comportar uma forma íntima específica significa principalmente para ele que o mesmo jamais expressa na sua escolha das designações simplesmente a feição das coisas observadas, mas que esta escolha é determinada em primeiro lugar pela posição espiritual, pelo sentido dado à opinião subjetiva acerca dos objetos. Pois a palavra não é cópia do objeto em si, mas da imagem que este provocou sobre o espírito. Neste sentido, as palavras de línguas diversas não podem jamais ser sinônimas, e nem pode seu sentido, quando estudado com exatidão, ser abrangido por uma definição simples, que nada faz além de enumerar as marcas objetivas do objeto por elas designado. Sempre se trata de uma maneira específica de atribuição de sentido, que se externa nas sínteses e acoplações sobre as quais se fundamenta a formação dos conceitos linguísticos. Se a lua é designada no idioma grego como aquela que "mede" (*mén*) e no latino como a que "brilha" (*luna, luc-na*), então é porque uma mesma observação sensual foi interpretada por diferentes conceituações, tendo sido por elas determinada (CASSIRER, 2001a: 357).

Percebemos, portanto, que as línguas são formadas diferentemente porque não há um único processo de atribuição de sentidos para todos os seres humanos. A experiência humana, através de sua capacidade criativa e ativa de manipulação dos símbolos, estabelece a cada instante, em cada ocasião individual, novas ligações entre a experiência íntima, subjetiva, e o construto objetivo resultante das atuações criativas individuais, em um trabalho constante de tensão entre o estabelecido pelas gerações de falantes que existiram anteriormente ao indivíduo e o próprio indivíduo, que se vê sob a influência inexorável de sua língua como visão de mundo da qual não pode sair, mas sobre a qual pode exercer influência, uma vez que não há realidade objetiva dada que não possa, e, em última instância, não deva, ser manipulada pela atividade criadora simbólica de cada um.

5.3 ADAM SCHAFF E A CONSTRUÇÃO DA IMAGEM DO MUNDO

Adam Schaff, em seu *Linguagem e conhecimento*, propõe uma análise histórica dos proponentes de teses de que a linguagem cria a imagem do mundo. Basicamente, Schaff relê Humboldt, Cassirer, alguns neo-humboldtianos como Weisgerber, alguns lógicos e filósofos como Carnap e Ajdukjewicz e analisa suas propostas visando estabelecer com clareza o que significa a tese de que a linguagem cria a imagem da realidade, a fim de propor a sua própria análise do caráter ativo da linguagem no conhecimento.

Esse trabalho de Schaff é importante pela maneira como sistematiza os posicionamentos de linguagem como atividade criativa do pensamento, conhecimento e realidade e pelo modo como propõe uma visão que tenta um compromisso entre posicionamentos aparentemente irreconciliáveis, como a teoria do reflexo e as teorias do papel ativo da linguagem na construção da imagem do mundo. A seguinte citação coloca o problema em termos claros:

> ou o processo linguístico é o acto de criação da imagem da realidade, ou é o acto do seu reflexo, da sua reprodução etc. Nos termos desta alternativa, se o processo linguístico é o acto do reflexo cognitivo da realidade, ter-se-ia de excluir o papel activo, criador, da linguagem nesse processo, e vice-versa (SCHAFF, 1974: 214).

Após classificar as teorias que defendem que a linguagem cria *o mundo*[80] como pertencentes aos gêneros fantásticos e místicos e após desconsiderar as teorias "do gênero da hipótese Sapir-Whorf", o polonês define o que entende exatamente por teorias que defendem que a linguagem cria uma imagem da realidade: basicamente, elas entendem "que a linguagem contém em si uma ideia do mundo definida, por outras palavras – que determina o nosso modo de percepção e de concepção da realidade" (SCHAFF, 1974: 215).

Ao analisar as teorias que se enquadram nesses moldes, Schaff frequentemente subscreve as ideias mais gerais de Humboldt sobre a linguagem, retomando a proposta de influência mútua da linguagem no mundo do indivíduo e vice-versa, como se pode perceber no seu próprio texto:

> Porquanto, que restará então por fazer, senão afirmar que se a linguagem *cria* – numa acepção definida deste termo – a nossa imagem do mundo é também um *produto social e histórico*? Na sua unidade com o pensamento, a linguagem formou-se, com efeito, no decorrer da evolução filogenética da humanidade, constituindo um produto e um elemento da actividade prática do homem, que transforma o mundo. Por outras palavras e mais concisamente: a *criadora* da imagem do mundo é, também ela, uma "criação" desse mundo (SCHAFF, 1974: 219).

No entanto, essa posição não é a de Schaff. O trabalho citado como um todo explora a visão da linguagem como criadora da imagem da realidade em oposição à teoria do reflexo apenas para, ao final, possibilitar a proposição de uma terceira via, que não deixe de lado a função representativa da linguagem possibilitada pela teoria do reflexo – a de que a linguagem espelha, sim, uma realidade objetiva existente e independente do sujeito. A proposta é feita nos termos seguintes:

> Resulta das nossas análises, que a *linguagem, nem cria a realidade* – no sentido literal da palavra "criar" –, *nem é o reflexo da realidade* – numa das acepções literais do termo "reflexo". Com efeito, estabelecemos anteriormente que o reflexo contém sempre um certo elemento de subjectividade e é esse reflexo que, num sentido moderado da palavra, "cria" a imagem da realidade. O *reflexo da*

---

80. É bastante importante, para Schaff, uma distinção entre a criação da imagem do mundo ou do mundo diretamente.

> *realidade objectiva e a "criação" subjectiva da sua imagem no processo do conhecimento não se excluem, mas completam-se, constituindo um todo.* Uma concepção deste gênero está em conformidade com o carácter objectivo e subjectivo do processo do conhecimento e constitui – como já dissemos – um bom ponto de partida para a análise do papel activo da linguagem nesse processo (SCHAFF, 1974: 245).

A síntese de teoria do reflexo e de linguagem como criadora da imagem da realidade proposta por Schaff se aproxima bastante da maneira como pretendo analisar, em última instância, o aspecto criativo da linguagem como o elemento não proeminente, mas existente no processo linguístico juntamente com outros elementos, como a conformação dada (talvez universal) das regras que estabelecem uma dada língua com base nas possibilidades existentes, e também a influência que o sistema linguístico já pronto exerce sobre os usuários quando se apoderam dele, estabelecendo, em última análise, um processo complexo e dialético entre linguagem como prisão e linguagem como possibilidade criativa (órfica, poética, constitutiva) que permite a autorregulação, a autoconstituição, a constituição do outro, do mundo, da realidade, do conhecimento.

Schaff é o autor que aproximou o RL do aspecto criativo da linguagem com mais clareza. Por exemplo, quando lida com o famoso exemplo dos termos para "neve" dos esquimós, o filósofo aproxima os pontos de vista do RL de que a língua do esquimó o condiciona a ver vários tipos de neve ao mesmo tempo em que aceita o ponto de vista de que o esquimó *cria* os termos para neve com base na necessidade que sua prática e experiência cotidianas estabelecem. Trata-se de uma proposição relativista cíclica que admite a influência no sentido inverso, também como propunha Humboldt:

> Se o Esquimó *vê* dezenas de espécies de neve, enquanto o montanhês polaco só vê algumas e o citadino uma única, isso significa, não que cada um deles *crie* voluntariamente uma imagem subjectiva do mundo, mas que procede simplesmente a uma outra articulação do mundo *objectivo*, na base da prática social e da prática individual associada à primeira. É, no entanto, um facto que o Esquimó, deste ponto de vista, *percebe* realmente o mundo de maneira diferente, mais concretamente que o habitante dum país tropical; consegue-o, entre outras razões, devido à influência da linguagem que lhe ensinaram e que o *obriga* a

essa articulação complicada, pondo à sua disposição toda uma série de nomes concretos para os diferentes gêneros de neve, em vez de uma só noção geral (SCHAFF, 1974: 255).

Ainda que tenhamos descartado a relevância empírica da questão dos termos esquimós para neve nos capítulos precedentes, interessa aqui ver como Schaff propõe uma saída para as proposições radicais do relativismo, que, para ele, vão muito além da sua proposta de que a língua exerce papel ativo na construção do conhecimento e da realidade: "a desgraça é que os partidários do relativismo linguístico não entendem, de modo algum, esta versão moderada do papel da linguagem no conhecimento" (SCHAFF, 1974: 258). Naturalmente, Schaff está aqui generalizando todas as propostas relativistas como radicais e como filiadas diretamente às propostas deterministas de Whorf. Mas interessa, para além da crítica severa que faz acima aos relativistas inominados, perceber que o papel ativo da linguagem no conhecimento tem relevância direta para as propostas de que a linguagem influencia em alguma medida o pensamento humano. O relativismo é "essencialmente falso" para Schaff na medida em que subordina *completamente* a estrutura do conhecimento à linguagem (1974: 258). A conclusão a que Schaff chega, mesmo sem propor experimentos antirrelativistas ou refutar experimentos já propostos, é bastante atual: "se *sistemas linguísticos diametralmente opostos* (e, por esse motivo, intraduzíveis um no outro) dessem origem a *imagens do mundo diametralmente diferentes, os comportamentos* dos homens que falam essas línguas deveriam ser – em condições idênticas – *totalmente diferentes*" (SCHAFF, 1974: 259). Como vimos nos capítulos 3 e, principalmente, 4, ninguém conseguiu demonstrar até hoje nenhum comportamento "totalmente diferente" em função de línguas diferentes no sentido radical que poderia justificar as teses mais fortes do RL.

Outro elemento absolutamente relevante para esta tese e de que Schaff se utiliza para refutar o determinismo linguístico é o da "dinâmica" das línguas (SCHAFF, 1974: 261). O argumento tem ligação direta com a questão do aspecto criativo: mudanças na sociedade acarretam a necessidade de alterações na língua, que se dão, por sua vez, necessariamente, em virtude das possibilidades criativas inerentes aos sistemas linguísticos. Assim, o contato entre línguas supostamente incomensuráveis geraria alterações nas duas línguas por "contágio": "O progresso da civilização, que significa também um progresso nos contactos entre as culturas humanas, age progressivamente sobre o nivelamento das diferenças entre os aparelhos conceptuais das diferentes línguas" (p. 261).

Em última análise, então, a proposta de Schaff é um misto das teorias da linguagem como criadora (da imagem) do mundo e das teorias do reflexo, das quais as primeiras devem ser parte integrante:

> As teses que definem, nesses termos, o papel criador da linguagem não são, porventura, brilhantes; mas são, em contrapartida, racionais e podem, portanto, ser aceites pelas ciências positivas, que se dedicam às questões da cultura. Como dissemos, as teses deste gênero já não se situam, porém, no quadro da teoria inicial da linguagem concebida como *a criadora de uma imagem do mundo*: não são compreensíveis senão *no contexto da teoria do reflexo* de que se tornam efectivamente uma parte integrante, atribuindo-lhe um caráter específico, *dialéctico* (SCHAFF, 1974: 221).

Essa posição dialética, um tanto humboldtiana e, além disso, bastante complexa, estará presente na proposta de linguagem como atividade constitutiva de Franchi, apresentada adiante neste capítulo.

5.4 GEORGE STEINER E A LINGUAGEM COMO PERPÉTUA CANÇÃO ÓRFICA

A obra *Depois de Babel* (1975, citada aqui na tradução de Carlos Alberto Faraco de 2005) de George Steiner é referência fundamental para estudiosos da linguagem, tradução e literatura por se tratar de uma obra erudita de fôlego sobre os processos da linguagem como um todo. As referências de Steiner são inúmeras, e as suas ideias sobre a linguagem aparecem aqui e ali no livro, sem que se produza uma única teoria simples e linear a seu respeito. Dedico uma seção a este autor em virtude da clareza com que trata da questão da linguagem enquanto ativa e criativa na constituição do ser humano. Bastante influenciado por Humboldt, Steiner discute com maestria os temas do RL, sem adotar nenhuma posição em especial. No entanto, suas proposições e definições do aspecto criativo da linguagem são fundamentais para sua teoria da tradução e do fenômeno linguístico como um todo. Assim, mais uma vez a minha análise partirá de trechos importantes. Primeiramente, Steiner nos fornece uma definição de língua como fluxo heraclitiano:

> A língua – e esta é uma das proposições cruciais em certas escolas da semântica moderna – é o modelo mais notável do fluxo heraclitiano. Ela se altera a cada momento observado no tempo. A soma dos eventos linguísticos se amplia quantitativa e qualitativamente a cada novo evento. Se eles ocorrem numa sequência temporal, não há dois enunciados perfeitamente idênticos. Mesmo homólogos, eles interagem. Quando pensamos sobre a língua, o objeto de nossa reflexão se altera no processo (assim, variedades especializadas da língua ou metalinguagens podem ter uma influência considerável sobre as variedades coloquiais). Em suma: o tempo e a língua, na medida em que nós os experienciamos e "percebemos" em progressão linear, estão intimamente relacionados: ambos se movem e a flecha nunca está no mesmo lugar (STEINER, 2005: 44).

A definição de língua de Steiner aqui é muito mais abrangente do que aquela que poderia servir de base para um estudo mais positivista e controlado sobre qualquer fenômeno linguístico. Steiner se aproxima muito, aqui, das ideias de língua como organismo, por exemplo, de Humboldt: a língua se altera como um organismo a cada movimento interno e externo; a cada uso linguístico, ampliamos o eterno poço das experiências humanas e um enunciado jamais é idêntico a outro, mesmo que, fisicamente, produzamos a mesma sequência fonética. Por isso Borges pôde falar do Quixote de Pierre Menard, que, visto de fora do contexto ficcional, é textualmente idêntico ao de Cervantes. Por isso Petrônio pôde usar no *Satyricon* os mesmíssimos versos que Virgílio usara na *Eneida* para descrever como a Rainha Dido baixa a cabeça em silêncio e não mais se move com as palavras do traidor Eneias no inferno. Petrônio, mais de um século depois, usa as exatas palavras de Virgílio para descrever a *mentula* (órgão sexual masculino, substantivo feminino) do protagonista cabisbaixa, inerte, no meio de uma crise grave de impotência sexual durante a qual o protagonista, assim como Eneias, tenta convencer o interlocutor imóvel e inflexível a se animar através de discurso[81]. Por isso, posso me referir a esses autores aqui e agora. Steiner explica melhor essa posição mais adiante:

> A natureza mediadora da linguagem é um lugar-comum epistemológico. Assim é também o fato de que toda a asserção genérica passível de ser feita sobre a linguagem provoca uma contra-asserção ou uma antítese. Em sua estrutura formal, bem como em seu duplo foco, interno e externo, a discussão sobre a linguagem é instável e dialética. O que dizemos sobre ela é momentaneamente o caso. Num quadro idealizado em que a energia articulada seria integralmente conservada (a fábula de Rabelais de que todos os enunciados de fala ficam preservados intactos "em algum lugar"), o conjunto de todos os enunciados precedentes seria alterado, mesmo que minimamente, a cada vez que algo novo fosse dito. Tal alteração, por sua vez, afetaria todas as possibilidades de fala no futuro. Aquilo que é dito, as convenções que são seguidas em nossos mais recentes usos de significados e réplicas, modificam as formas que virão (STEINER, 2005: 149).

Vemos então que Steiner entende a linguagem de uma maneira parecida com a maneira dialética de Humboldt e Cassirer: a "teoria" que subjaz os longos trechos citados nesta seção é a que procura desvincular a teoria geral da linguagem da ligação imediata com a teoria do reflexo, da qual deriva a visão simplista da linguagem como mero instrumento de comunicação. A função criativa da linguagem (e já não estamos mais falando apenas do aspecto criativo como propriedade formal) é responsável por estabelecer o mundo em que vivemos e, nesse sentido, ela ultrapassa a visão tradicional de que a linguagem deve comunicar o mundo como ele já existe. Adicionalmente, se a linguagem tem esse poder, o modo como isso acontece diz respeito a esse processo contínuo de autoconstituição que é descrito na citação anterior. Cada ato enunciativo recria a própria linguagem, redefinindo seus limites.

A definição de língua de Steiner passa, portanto, pela noção de criação constante, de atividade e não produto, *energeia* e não *ergon*. A identificação de traços humboldtianos na análise do aspecto criativo em Steiner não é

---

81. "Illa solo fixos oculos auersa tenebat/nec magis incepto uultum sermone mouetur" (VIRGÍLIO, *Eneida*, 6.469-6.470; PETRÔNIO, *Satyricon*, cap. 132): "ela, distante, mantinha os olhos fixos no chão/e nem mais move-se o rosto por causa do discurso iniciado".

acidental: há, mesmo, uma identificação de Humboldt e atividade criativa, e ela pode ser ilustrada pela seguinte passagem:

> As capacidades configuradoras do intelecto (Coleridge deu a elas o nome de "processos esempláticos") não se realizam, por assim dizer, por meio da linguagem. Elas são inerentes à linguagem. A fala é *poiésis* e a articulação linguística humana é centralmente criativa. Pode ser que Humboldt tenha derivado de Schiller sua ênfase na linguagem como sendo ela mesma a mais abrangente obra de arte. Sua contribuição pessoal é insistir, de um modo que faz ressoar um tom bastante moderno, que a linguagem é um processo gerativo total. A língua não transmite um conteúdo preestabelecido ou existindo por si, como um cabo transmite mensagens telegráficas. O conteúdo é criado na e por meio da dinâmica do enunciado. A enteléquia, o fluxo intencional da fala (encontramos em Humboldt uma espécie de aristotelismo romântico) é a comunicação da experiência percebida e organizada. Mas a experiência somente adquire ordem e cognição na matriz da língua. Em última mas inexplicável instância, a língua (*die Sprache*) coincide com a "totalidade ideal do espírito" (*Geist*) (STEINER, 2005: 108).

As posições que atribui a Humboldt aqui são, de certa maneira, refletidas na visão geral de Steiner sobre a linguagem: a fala é *poiésis* e a linguagem é um processo gerativo total. É importante notar que Steiner filia-se a essa tradição que, para Schaff, seria considerada mística, mas que ele, assim como Schaff, se utiliza da construção teórica de linguagem como atividade criativa para refutar o determinismo e a incomensurabilidade, incapacitantes não apenas para uma teoria da tradução, mas, em última instância, para a própria atividade do homem falante. A função criativa da linguagem é, portanto, emancipatória, autorreguladora e constituidora da consciência e da própria natureza humana. Isso tudo necessariamente passa pela superação tanto da teoria simplista da linguagem comunicativa quanto pelo poder da linguagem de dissolver qualquer determinismo:

> Na função criativa da linguagem, a não verdade ou o menos-que-a-verdade é, como vimos, um dispositivo básico. A estrutura relevante não é a da moralidade, mas a da sobrevivência. Em qualquer nível, da camuflagem grosseira à visão poética, a capacidade linguística para esconder, informar mal, deixar ambíguo, levantar hipóteses, inventar é indispensável ao equilíbrio da consciência humana e ao desenvolvimento do ser humano em sociedade. Apenas uma pequena porção do discurso humano é explicitamente veraz ou informativo em qualquer sentido monovalente, não qualificado (STEINER, 2005: 248).

Ora, a linguagem, portanto, não fala sobre o que é; antes, a linguagem é o que é. A função limitada da linguagem como reprodutora da realidade não pode ser transcendida simplesmente pelos mecanismos criativos formais que permitem gerar sentenças como "*colorless green ideas sleep furiously*", mas, pelo contrário, pelos mecanismos que permitem atribuir sentido mesmo a uma sentença como essa, estabelecendo e criando as instâncias de relações do eu com a imagem do mundo a cada ato de linguagem. A passagem acima de Steiner explicita os mecanismos que permitem entender a linguagem como muito mais do que um simples mecanismo de explicitação do reflexo do mundo: a linguagem estabelece a imagem do mundo, a imagem do eu, a imagem do outro. Desse modo, o determinismo linguístico deixa de ser possível, mas algum grau de relativismo deriva logicamente das abordagens da linguagem em sua função criativa. A passagem abaixo resume a questão:

> Cada língua acumula os recursos da consciência, as visões de mundo do clã. Aproveitando um símile ainda profundamente enraizado na consciência linguística do chinês, uma língua constrói uma parede ao redor do "reino do meio" da identidade do grupo. É um espaço escondido do estrangeiro e "contradiz" certos elementos do potencial total dos dados da percepção. Essa seleção, por sua vez, perpetua as diferenças em imagens do mundo exploradas por Whorf. A linguagem é uma "perpétua canção órfica" precisamente porque são dominantes nela os aspectos criativos e herméticos. Existiram e ainda existem milhares de línguas porque houve, particularmente nos estágios arcaicos da história social, o empenho dos inúmeros grupos humanos em manter para si as fontes singulares e herdadas de sua identidade e em criar seus próprios mundos semânticos, suas *alternidades* (STEINER, 2005: 251).

Um ponto principal de Steiner, talvez, seja este, fundamental para a ideia principal deste livro: "O ser humano 'tornou-se livre pela fala' de todas as restrições orgânicas. A linguagem é uma criação constante de mundos alternativos" (STEINER, 2005: 254). A pluralidade das línguas e os graus elevados de diferenças entre elas, em parte resultantes da capacidade criativa dos indivíduos que as criam a cada ato de linguagem é antes um modo de dissolver o determinismo do que de instaurá-lo:

> Cada língua diferente oferece sua própria negação do determinismo. "O mundo", diz ela, "pode ser outro". A ambiguidade, a polissemia, a opacidade, a violação das sequências lógicas e gramaticais, as incompreensões recíprocas, a capacidade para mentir – isso tudo não constitui patologias da linguagem, mas as bases de seus poderes. Sem elas, teriam fenecido o indivíduo e a espécie (STEINER, 2005: 254).

Chegamos aqui muito perto da nossa proposta de relação entre relativismo linguístico e aspecto criativo: as diferenças entre as línguas são suficientemente relevantes para causar diferenças no modo de pensar e conhecer dos povos, mas jamais de modo a criar barreiras à intercompreensão, já que a própria linguagem é constituída por sua capacidade criativa e, ao mesmo tempo, constitui a experiência do indivíduo no mundo objetivo. O efeito criador é responsável por dissolver – através do poder órfico da linguagem de constituir a realidade – a prisão linguística que criaria o relativismo linguístico radical, ou seu alter ego, o determinismo linguístico.

5.5 FRANCHI E A LINGUAGEM COMO ATIVIDADE CONSTITUTIVA

O artigo *Linguagem – Atividade Constitutiva*, publicado originalmente em 1977 na revista *Almanaque* e citado aqui na publicação de 2002 no primeiro número da *Revista do Gel*, constitui uma reflexão que retoma certos pontos da tese de doutoramento de Carlos Franchi. Franchi, nesse texto, lança as bases de uma definição de linguagem como atividade constitutiva que, em grande parte, retoma a noção de aspecto criativo; mas, com base nas ideias de Humboldt, avança para além de uma definição de criatividade meramente formal. Franchi está procurando uma definição de linguagem que dê conta de superar os problemas das abordagens mais tradicionais, que ele identifica como sendo fundamentalmente duas: (i) a definição de linguagem como nomenclatura, ou seja, a definição de linguagem como mero sistema de etiquetamento dos objetos da realidade através de rótulos fixos – a linguagem como comunicação, e (ii) a definição de linguagem como mero sistema autônomo formalizável capaz de engendrar todos os enunciados possíveis, ou, basicamente, a linguagem na perspectiva chomskiana (que, para Franchi, foi quem melhor concebeu a noção de linguagem como sistema formal). Franchi recusa a primeira proposta com base nas críticas tradicionais: a teoria do reflexo, que gera a visão de linguagem como mero instrumento de comunicação, não pode dar conta do caráter ativo que a linguagem tem na constituição dos sujeitos, das relações entre eles, dos seus enunciados, e da própria linguagem, em última instância. Ilari (2003), retomando Franchi para dar uma definição semântica de atividade constitutiva, rejeita a teoria da linguagem como nomenclatura atribuindo a Saussure a primeira recusa séria dessa proposta: Saussure teria mostrado, com a ideia de valores relacionais, que a linguagem não fala diretamente das coisas do mundo: "os significados linguísticos não se confundem com o mundo, nem com as ideias por meio das quais os categorizamos; os significados, como o resto dos significantes, são entidades intralinguísticas de natureza relacional" (ILARI, 2003: 46).

A segunda tese, a da linguagem como sistema formal autônomo, não é refutada de antemão por Franchi: ao contrário, sua reflexão procura estabelecer os limites e utilidade da formalização, ao criticar os modelos existentes e ampliar as possibilidades de tratamento da linguagem para o nível da constitutividade. Assim, se Chomsky já reconhecera em Humboldt seu antecessor na proposta de que a língua faz uso de recursos finitos para gerar um número praticamente infinito de expressões, ele o faz apenas na medida da criatividade formal no nível da sintaxe, que, para Franchi, não é capaz de explicar a criatividade no sentido semântico:

> Nada mais enganoso: limitando Chomsky ao componente sintático o aspecto criador, construtivo da linguagem, (pelo princípio da recursividade) supõe sem mais que são as relações definidas nesse plano que se devem projetar sobre o plano semântico, explicando-se assim a compreensão de como se combinam as peças léxicas para a formação da significação das expressões complexas (FRANCHI, 2002: 49).

Franchi procura, com seu texto, preencher as lacunas faltantes nos trabalhos daqueles que procuraram dar alguma relevância para a noção de criatividade e, para ele, de constitutividade. Ilari, em seu texto que se assume como um tipo de comentário de aprendiz com relação ao texto de Franchi, comenta sobre o modo como o relativismo linguístico radical também deve ser evitado para se chegar a uma definição razoável de linguagem como atividade constitutiva: a tese determinista de que "somos falados pela nossa língua" é completamente avessa à proposta de qualquer capacidade ativa do indivíduo sob o jugo de sua língua. Ilari deriva a posição determinista de uma leitura equivocada da ideia da arbitrariedade saussureana. Sua análise é interessante:

> A tomada de consciência da arbitrariedade radical das línguas historicamente dadas poderia levar a uma definição interessante de "constitutivo", pois evoca imediatamente a questão de saber como elas se formaram e se estabilizaram. Mas o uso que foi feito pelos estruturalistas dessa concepção radical da arbitrariedade deixou muito a desejar. Em contexto didático, ela foi frequentemente reduzida ao fato de que os sistemas vocabulares das várias línguas são diferentes entre si (p. ex., insistiu-se em comparar línguas como o português, que usa a palavra "neve" para qualquer tipo de neve, com as línguas dos esquimós que aplicam à neve um grande número de palavras não equivalentes). E essas ilustrações didáticas foram por sua vez utilizadas como prova de que nossa atividade verbal é limitada pelo código ou, como também se disse, que "somos falados pelo código". A tese de que somos falados pelo código é monstruosa (ILARI, 2003: 47-48).

A refutação do determinismo exposto acima é feita por Ilari também com base na prática da tradução. Em sua análise, a tradução é vista como mais do que um simples processo de encontrar equivalências preexistentes entre os sistemas linguísticos e selecionar expressões preexistentes na língua-alvo para funcionar "no lugar" das expressões da língua-fonte, quer se tratem de sistemas linguísticos completamente incomensuráveis, resultantes de um mundo em que o determinismo linguístico total tivesse sido instituído, ou totalmente equivalentes, resultantes de um mundo em que a teoria do reflexo e a teoria universalista aplicada sem restrições às línguas tivessem sido decretadas. Ilari recusa essa visão, e estabelece uma espécie de teoria da tradução na qual o tradutor necessariamente trabalha construtiva/constitutivamente com a língua de chegada para criar equivalências possíveis para as expressões da língua de partida. Isso, em si, ilustra a posição de linguagem como atividade constitutiva e, ao mesmo tempo, refuta o determinismo radical.

Assim, voltando a Franchi, a rejeição, por um lado, da visão simplista de linguagem como mero instrumento de comunicação, do determinismo radical, e, por outro lado, da definição de linguagem como sistema formal autônomo resulta em uma posição que começa a esboçar da seguinte maneira:

> Certamente a linguagem se utiliza como instrumento de comunicação, certamente comunicamos por ela, aos outros, nossas experiências, estabelecemos por ela, com os outros, laços "contratuais", por que interagimos e nos compreendemos, influenciamos os outros com nossas opções relativas ao modo peculiar de ver e sentir o mundo, com decisões consequentes sobre o modo de atuar nele. Mas, se queremos imaginar esse comportamento como uma "ação" livre e ativa e criadora, suscetível de pelo menos renovar-se ultrapassando as convenções e as heranças, processo em crise de quem é agente e não mero receptáculo da cultura, temos então que apreendê-la nessa relação instável de interioridade e exterioridade, de diálogo e solilóquio: antes de ser para a comunicação, a linguagem é para a elaboração; e antes de ser mensagem, a linguagem é construção do pensamento; e antes de ser veículo de sentimentos, ideias, emoções, aspirações, *a linguagem é um processo criador em que organizamos e informamos as nossas experiências* (FRANCHI, 2002: 57, grifo meu).

A definição de linguagem de Franchi não elimina a definição de linguagem para comunicação, mas antes, considera que ela deva ser parte integrante do processo complexo, dialético, em que se estabelece a linguagem como elemento ativo na construção e elaboração. Vemos, logo, a concepção humboldtiana de linguagem como ao mesmo tempo objetiva e subjetiva, interna e externa, diálogo e solilóquio.

O papel ativo da linguagem na construção dos aspectos humanos da atividade linguística lembra Schaff (retomado, mais tarde, por Ilari, na análise de Franchi), mas também lembra Chomsky. Ao retomar a definição de atividade constitutiva, Franchi dialoga novamente com a definição de criatividade em Chomsky:

> A linguagem não é somente o instrumento da inserção justa do homem entre os outros; é também o instrumento da intervenção e da dialética entre cada um de nós e o mundo.

> Dizer isso nos lembra Chomsky (pelo menos em parte): a linguagem não é esse sistema de caráter aberto, público, universal, porque se adapta à multiplicidade das situações comunicativas; ela é um sistema aberto e criativo e, por isso, disponível ao atendimento das necessidades e intenções das mais variadas condições de comunicação (FRANCHI, 2002: 58).

A relação com Chomsky é sempre cuidadosa: ao final da citação acima, por exemplo, Franchi introduz uma nota na qual afirma explicitamente que a sua noção de criatividade deve, sim, à de Chomsky mas, por outro lado, é mais abrangente do que a dele, que se atém à questão da recursividade.

A definição de criatividade de Franchi é a que mais se aproxima da nossa concepção de aspecto criativo até aqui. A capacidade de adaptação da linguagem às necessidades do indivíduo na sua eterna atividade de constituição de si, do mundo e da própria língua através da linguagem é o que impede o determinismo, como vemos em Schaff, Steiner e Franchi. No entanto, é o que permite que línguas diferentes sejam reflexos de realidades significativamente diferentes, motivadas por características sociais e culturais diferentes; línguas que, por sua vez, quando os indivíduos começarem a utilizar para fins de inserção de si mesmos no mundo social, encontrarão já prontas, definidas, terminadas, mas também em eterna transformação, sujeitas aos impulsos individuais e às novas necessidades sociais e culturais, que fecham o círculo de influência indivíduo-língua-indivíduo, já atestado em Humboldt, mas proposto com maior clareza em Franchi.

A definição de linguagem como mescla de prisão com "perpétua canção órfica" é encontrada em cada nova maneira de especializar a definição dada por Franchi, e o resultado é uma espécie de "perpétua prisão órfica", ou seja, a linguagem restringe o indivíduo com a imposição de uma visão de mundo que, por sua vez, pode ser restrita pela atividade constitutiva, livre, criadora: o sistema formal autônomo é, por outro lado, orgânico e não pode ser visto como um instrumento gigantesco dado e imutável do qual nós, meros operários, nos utilizamos. Mais uma vez, segundo, Franchi:

> Pensamos que se tem privilegiado a linguagem (por sua aproximação às linguagens restritas dos sistemas formais) como instrumento de regularização e

normalidade, limitando-se a sua virtualidade quando um de seus aspectos (essenciais) é o de prestar-se eficazmente à subversão das categorias e valores, à expressão da "esquizofrenia" que cria universos encantados, poemas, teorias (FRANCHI, 2002: 60).

Apesar de assumir Chomsky como ponto de partida para sua análise, Franchi manifestamente se assume humboldtiano, identificando no prussiano as origens de sua proposta de linguagem como processo histórico *energético*. Ao tratar de Humboldt, Franchi finalmente torna clara a relação que em Chomsky parece obscura e oportunista, a de que em Humboldt estariam as bases para o gerativismo do norte-americano. A criatividade de Chomsky não pode ir além da noção meramente formal de recursividade de um sistema de regras de reescritura sintática, em que um conjunto fixo de categorias abstratas e um conjunto lexical engendram inumeráveis expressões e permitem a análise modelar da linguagem como fenômeno objetivo ou como potencialidade. No entanto, Chomsky tentava alistar Humboldt nas fileiras de seus antecessores históricos, dos quais ele, no fim das contas, esperaria emergir como ponto culminante de uma tradição (encabeçada oportunamente por Descartes) de racionalistas que pensaram a linguagem. Franchi coloca as coisas em seus devidos lugares ao esclarecer o que em Humboldt já aparecia como sugestão, e que parece ter sido ignorado por Chomsky, que a noção de *forma* linguística humboldtiana não diz respeito ao *ergon*, mas à *energeia*, ou seja:

> A partir da concepção de "forma interna" de Humboldt, o modelo chomskiano, operando sobre um conjunto fixo e delimitado de categorias gramaticais, que se interpretam como categorias morfológicas e distribucionais, e sobre uma noção de ordem que reflete a linearidade do discurso, cuidando, enfim, da forma superficial das expressões, incide já, não sobre a atividade criadora da linguagem, no sentido humboldtiano, mas sobre os resultados dessa. E isso porque a "forma" em Humboldt designa os princípios dinâmicos do ato mesmo de "dar forma": designa a universalidade de um processo e não dos elementos variáveis que se tomam nesse processo que não está sujeito a um conjunto estável e permanente de categorias, pois responde à provocação da imaginação que constitui mas não se institui; que não se fixa, mas retorna e se renova (FRANCHI, 2002: 64).

Além de fazer justiça a Humboldt, Franchi, no trecho acima, aponta para mais uma consequência importante de aceitar a definição de linguagem como atividade constitutiva: a criatividade, além de eliminar os riscos do determinismo, é característica e função da linguagem de modo a reconciliar a possibilidade de particularidades criativas motivadas pela sociedade e pelo indivíduo num nível aceitável de influência causal entre indivíduos e linguagem e a percepção de que a linguagem atua de maneira universal no modo como o aspecto criativo atua sobre o processo de autoconstituição do indivíduo, da linguagem e dos dois, no processo dialético do qual Humboldt já tentava falar, mas que Franchi finalmente define de forma mais clara. O aspecto criativo, portanto, é capaz de estabelecer uma ligação coerente entre o absolutamente particular e o transcendentalmente universal, em criar uma terceira via que entenda a linguagem em sua plenitude, sem a necessidade de polarizar as concepções linguísticas de forma simplória entre relativistas e universalistas, comunicativas e formais, sociais e individuais. Os riscos do determinismo radical e do universalismo utópico se dissolvem em uma concepção de linguagem que a aborda em sua multifacetada historicidade, objetividade e subjetividade. A conclusão de Franchi sobre essa síntese dialética merece citação integral:

> Mas a reflexão anterior nos afasta de uma concepção empobrecida da linguagem como mero instrumento de comunicação ou de ação exterior do homem, ela conduz também a rejeitar uma redução da linguagem a um sistema formal. A linguagem na medida em que "dá forma" é bem já uma atividade quase-estruturante, mas não necessariamente "estruturada", no sentido estrito do termo, ou se concebemos "estrutura" como uma organização estável de categorias. Ao contrário da linguagem, os sistemas formais são o resultado de uma atividade reflexiva sobre a própria linguagem, que a toma em um momento de sua transitoriedade e a fixa e determina para dar conta de um momento dessa reflexão. A linguagem natural permanece sempre o instrumento de uma prática primitiva de estruturação dos fatos da experiência, de revisão e reformulação: uma espécie de "lógica" primitiva e fraca que não se cinge às restrições das propriedades formais (FRANCHI, 2002: 65).

A crítica ao modo chomskiano de conceber a infinitude de possibilidades expressivas permitidas pelo sistema recursivo não para por aqui, pois, para Franchi, a verdadeira atividade constitutiva deve levar em conta o caráter histórico da linguagem, compreendendo-a não como um sistema fechado e monolítico de léxico, categorias e regras já dados com os quais, aplicadas as operações gramaticais recursivas, se dá "início" a todo processo linguístico. Ao contrário,

> Bem repetindo Humboldt, a linguagem é um processo, cuja forma é persistente, mas cujo escopo e modalidades do produto são completamente indeterminados; em outros termos, a linguagem em um dos seus aspectos fundamentais é um meio de revisão de categorias e criação de novas estruturas (FRANCHI, 2002: 66).

Naturalmente, essa concepção não precisa prescindir das funções mais básicas, comunicativas, da linguagem, muito menos superar os mecanismos mais básicos, formais, da noção de criatividade analisadas anteriormente, a analogia e a recursividade. Naturalmente, exercem papel fundamental nessa concepção a capacidade de criação através do neologismo, da gramaticalização, e a cada instância de possibilidade de criação, consciente ou inconsciente, a língua se vê em um estágio fixo, a partir do qual se pode agir com ela, sobre ela e mesmo fazê-la agir (cf., p. ex., GERALDI, 2000). Novamente segundo Franchi,

> Por um lado, esse aspecto fundamental da linguagem a torna um instrumento dúctil e eficaz de contínua retificação de todo o anteriormente organizado, remanejando o que se poderia supor imanente, fixo, definitivo. Por outro lado, a atividade linguística supõe ela mesma esse retorno sobre si mesma, uma progressiva atividade epilinguística: como "atividade metalinguística inconsciente" (CULIOLI, 1968), de modo a estabelecer uma relação entre os esquemas de ação verbal interiorizados pelo sujeito e a sua realização em cada ato do discurso; como atividade seletiva e consciente, na medida em que reflete sobre o processo mesmo de organização e estruturação verbal; justamente em virtude dessa função, operando sobre signos que se tornam como objetos dessa reflexão, o homem ultrapassa os limites do observável e do perceptível: passando pela metáfora e pela metonímia, a linguagem se refaz linguagem poética, ou se higieniza e contextualiza (no sentido mais estrito de "contexto verbal"), no discurso filosófico e científico, em que as palavras e expressões tomam seus sentidos nas cadeias das definições (FRANCHI, 2002: 66).

As formulações de Franchi são as que melhor definem a característica da linguagem chamada aqui de atividade constitutiva, que neste capítulo chamo, de maneira genérica, para abarcar as definições anteriores, de aspecto criativo. A visão de aspecto criativo em Franchi é a que permite a síntese das visões sobre a linguagem que permitem a superação do determinismo e a aceitação de um relativismo sensato, ainda que distante do que se estuda pelos neowhorfianos do capítulo 4.

Epílogo

Empreendemos aqui uma pequena viagem histórico-crítica sobre o relativismo linguístico em suas variadas formulações, visando, sobretudo, ampliar o panorama da questão para além do rótulo de *hipótese Sapir-Whorf*. Muito mais poderia ser dito sobre o tema, e muitos autores e autoras importantes ficaram de fora, como Kant, Wittgenstein, Heidegger, Habermas, Derrida, Lacan ou Barbara Cassin. As reverberações do tema são potencialmente infinitas em suas implicações para as teorias da linguagem. Visamos, em essência, suprir a escassez de material aprofundado em língua portuguesa sobre a questão de forma mais geral. Há algumas abordagens recentes, como a de Moura & Cambrussi (2018), volume desta mesma coleção, que dedica uma seção relativamente extensa ao tema na sua versão *Sapir-Whorf*, citando muitos dos autores que discuto aqui; mas, até agora, nenhum livro inteiramente dedicado ao tema havia sido publicado no mercado editorial brasileiro.

Em inglês, o livro de Guy Deutscher, *Through the Language Glass: Why the World Looks Different in Other Languages*, de 2010, se propõe a historiar o relativismo linguístico a partir de fontes pouco usuais, através de narrativas sobre personagens curiosos e distantes do fio conduzido aqui, como o classicista e quatro vezes primeiro-ministro britânico William Gladstone (1809-1898), famoso pelos seus *Studies on Homer*. Deutscher chega a conclusões importantes sobre o tema, relatando uma série de experimentos recentes (alguns dos quais também relatados e discutidos aqui), tentando, ao fim, demonstrar a validade do relativismo linguístico em suas versões moderadas. O livro, de leitura muito agradável e acessível a qualquer pessoa interessada no tema, despertou muita curiosidade, recebeu muitas resenhas em grandes veículos de imprensa geral e específica, e tornou-se leitura fundamental para entender o relativismo linguístico em suas diversas manifestações.

Contudo, quatro anos depois, John McWhorter publicou um livro curto e impactante como resposta direta ao livro de Deutscher: *The Language Hoax: Why the World Looks the Same in Any Language* (McWHORTER, 2014). Nesse livro-manifesto, McWhorter opõe-se explicitamente ao já mencionado livro de Deutscher, mas também a outras figuras relevantes do neowhorfianismo, como Daniel Everett (que, em seus livros *Don't Sleep, There are Snakes*, de 2009, e *Language: the cultural tool*, de 2012, expõe resultados impactantes de sua vivência e pesquisa entre os índios pirahã da Amazônia, cuja visão de mundo muito particular deriva, segundo Everett, de sua língua, que não tem sistema de contagem, termos fixos de cor, conceito de guerra ou de propriedade privada, entre outras características, entre as quais a mais impactante seria a inexistência de recursividade formal, um desafio fundamental para as abordagens gerativas chomskianas) e Lera Boroditsky, psicóloga de Stanford (e que chegou a participar dos TED talks com a palestra "How Language Shapes the Way We Think"[82]).

Diferentemente de visões como a de Steven Pinker, analisada no capítulo 4, advindas da psicologia cognitiva e afinadas com as teorias chomskianas pela proposta básica de que as línguas particulares são modos de traduzir superficialmente uma espécie de língua universal idêntica para todos os seres humanos, McWhorter ataca o whorfianismo em suas versões acadêmica e popular invertendo a lógica básica do antietnocentrismo das propostas relativistas. Se, para os whorfianos bem-intencionados, as teses relativistas

---

82. Disponível em https://www.ted.com/talks/lera_boroditsky_how_language_shapes_the_way_we_think – Acesso: 30/09/2018.

ou a hipótese Sapir-Whorf são mais caridosas por tentarem mostrar que "os outros" são mais interessantes do que antes pensávamos ("nós, os ocidentais", ou o Europeu-Padrão-Médio – *Standard Average European* – de Whorf), em virtude de características específicas de suas línguas, que promovem suas visões de mundo diferentes das nossas ao demonstrar que, antes de serem "primitivos" ou "selvagens", eles são dotados de formas maravilhosas e quase místicas de pensar, McWhorter propõe abandonar essa abordagem e reconhecer que, ainda que haja *alguma* influência de línguas particulares na cognição de seus falantes (ainda que mínima ou irrelevante, algo que mesmo Deutscher reconhece em seu livro, e que constatamos no cap. 4), o interesse pelo outro pode se dar em virtude do simples fato de que a diversidade linguística e cultural em si é algo mais importante e digno de celebração. McWhorter propõe que passemos a apreciar e reconhecer a diferença independentemente de narrativas quase fantásticas sobre modos inteiramente inacessíveis de pensar atribuídos aos outros distantes, que, em suas análises, ele demonstra que podem vir a se tornar ainda mais excludentes e preconceituosas pelo simples fato de apresentarem os resultados de modo a transformar as outras culturas em algo pitoresco que, no fim, acaba interessando mais quanto maior for seu vocabulário para neve, cavalo ou nádegas, ou quanto menor for seu inventário de termos de cores – será que eles enxergam como nós? ou de termos de contagem – pobres coitados, como eles conseguem viver?

Enfim, McWhorter foge da dicotomia universalismo/cognitivismo *versus* relativismo/whorfianismo experimental pela simples proposta de que devemos abandonar as abordagens de "língua como lente para a realidade", "língua como visão de mundo" ou derivativos possivelmente hierarquizantes e facilmente excludentes para abraçarmos a celebração da diversidade em si mesma.

Afinal, embora este livro tenha se esforçado em apresentar o panorama geral do relativismo linguístico em sua história e constituição, o capítulo 5 serve como antídoto semelhante ao proposto por McWhorter, embora de natureza diferente: o aspecto criativo da linguagem, seu caráter energético, a visão de linguagem como atividade constitutiva capacitam qualquer língua e qualquer falante a construir com sua própria língua as bases de seu mundo – imagem ou ser. Emprestando de Barbara Cassin sua proposta batizada de *logologia* – "o ser é um efeito do dizer" (cf. CASSIN, 2005; GONÇALVES, 2014) –, encerro com sua citação favorita de Górgias de Leontinos, sofista do século V a.C.:

> O discurso (λόγος) é um grande soberano que, com o menor e mais inaparente dos corpos, realiza os atos mais divinos. Ele pode deter o medo e afastar a dor, provocar a alegria e aumentar a compaixão. Que é assim, vou demonstrar (*Elogio de Helena*, 8).

Referências

ALMEIDA, J.M.C. (2002). "Em torno do aspecto criativo da linguagem". *Alceu*, vol. 3, n. 4, jan-jun, p. 110-122.

ARNAULD, A. & LANCELOT, C. (2001). *Gramática de Port-Royal ou gramática geral e razoada*. Trad. Bruno Fregni Basseto e Henrique Graciano Muracho. São Paulo: Martins Fontes.

ATHERTON, C. (1996). "What Every Grammarian Knows?" *The Classical Quarterly, New Series*, vol. 46, n. 1, p. 239-260.

AUROUX, S. (1998). *A filosofia da linguagem*. Trad. José Horta Nunes. Campinas: Unicamp.

BAKER, M. (2005). *The Creative Aspect of Language Use and Nonbiological Nativism*. Rutgers University [manuscrito].

BECCARI, A. (2017). *Tratado sobre os modos de significar ou gramática especulativa, de Tomás de Erfurt*. Curitiba: Editora UFPR.

_____ (2007). *Uma abordagem da gramática especulativa de Thomas de Erfurt – Antecedentes históricos, metalinguagem, classes do nome e do pronome, sintaxe*. Curitiba: UFPR [dissertação de mestrado em Letras].

BENVENISTE, É. (1995). *Problemas de linguística geral I*. Trad. Maria da Glória Novak e Maria Luisa Néri. 4. ed. Campinas: Pontes.

BERLIN, B. & KAY, P. (1969). *Basic color terms*: their universality and evolution. Berkeley: University of California Press.

BERMAN, A. (2002). *A prova do estrangeiro – Cultura e tradução na Alemanha romântica*. Trad. Maria Emília Pereira Chanut. Bauru: Edusc.

BLACK, M. (1959). "Linguistic Relativity: The Views of Benjamin Lee Whorf". *The Philosophical Review*, vol. 68, n. 2, p. 228-238.

_____ (1958-1959). "Language and Reality". *Proceedings and Addresses of the American Philosophical Association*, vol. 32, p. 5-17.

BORGES, J.L. (1972). *Ficções*. Trad. Carlos Nejar. São Paulo: Abril Cultural.

BORGES NETO, J. (2004). *Ensaios de filosofia da linguística*. São Paulo: Parábola Editorial.

_____ (1999). *Introdução às gramáticas categoriais*. Curitiba: UFPR[manuscrito não publicado].

_____ (1993). "A questão da origem das línguas: Rousseau e Herder". *Cadernos de Estudos Linguísticos*, vol. 24, p. 91-103.

_____ (1991). *A gramática gerativa transformacional*: um ensaio de filosofia da linguística. Unicamp/IEL [tese de doutorado].

BROWN, P. & LEVINSON, S.C. (1987). *Politeness*: Some universals in language usage. Cambridge: Cambridge University Press.

BROWN, R.L. (1967). *Wilhelm von Humboldt's Conception of Linguistic Relativity*. Haia/Paris: Mouton [Janua Linguarum, LXV].

BROWN, R.L. & LENNENBERG, E. (1954). "A study in language and cognition". *Journal of Abnormal and Social Psychology*, 49, p. 454-462.

BURSILL-HALL, G.L. (1972). *Grammatica Speculativa of Thomas of Erfurt*. Londres: Longman.

_____ (1971). *Speculative grammar of the Middle Ages* – The doctrine of "partes orationes" of the Modistae. Haia: Mouton.

CAMARA Jr., J.M. (1986). *História da linguística*. 4. ed. Petrópolis: Vozes.

CARROLL, J.B. (1956). *Language, Thought, and Reality* – Selected Writings of Benjamin Lee Whorf. Cambridge: MIT Press.

CASSIN, B. (2017). *Éloge de la traduction*: compliquer l'universel. Paris: Fayard.

_____ (2014). *Sophistical Practice*: Toward a Consistent Relativism. Nova York: Fordham University Press.

_____ (2005). *O efeito sofístico*: Sofística, filosofia, retórica, literatura. Trad. Ana Lúcia de Oliveira, Maria Cristina Franco Ferraz e Paulo Pinheiro. São Paulo: Editora 34.

CASSIRER, E. (2001a). *A filosofia das formas simbólicas*. Vol. I: A Linguagem. Trad. Marion Fleischer. São Paulo: Martins Fontes.

_____ (2001b). *Ensaio sobre o homem* – Introdução a uma filosofia da cultura humana. Trad. Tomás Rosa Bueno. São Paulo: Martins Fontes.

_____ (1942). "The influence of language upon the development of scientific thought". *The Journal of Philosophy*, vol. 39, n. 12, p. 309-327.

CHAPANSKI, G. (2003). *Uma tradução da Tekhné Grammatiké, de Dionísio Trácio, para o português*. Curitiba: UFPR [dissertação de mestrado].

CHASE, S. (1956). "Foreword". In: CARROLL, J.B. *Language, Thought, and Reality* – Selected Writings of Benjamin Lee Whorf. Cambridge: MIT Press.

CHIANG, T. (2016). *Stories of Your Life and Others.* Nova York: Vintage Books.

CHOMSKY, N. (2006). *Sobre natureza e linguagem.* São Paulo: Martins Fontes [org. de Adriana Belletti e Luigi Rizzi; trad. Marylene Pinto Michael].

_____ (2005). *Novos horizontes no estudo da linguagem e da mente.* Trad. Marco Antonio Sant'Anna. São Paulo: Ed. Unesp.

_____ (1998). *Linguagem e mente* – Pensamentos atuais sobre antigos problemas. Trad. Lúcia Lobato. Brasília: Ed. UNB.

_____ (1995). *The minimalist program.* Cambridge: MIT Press.

_____ (1986). *Knowledge of Language*: its origin, nature and use. Nova York: Praeger.

_____ (1982). "A note on the creative aspect of language use". *The Philosophical Review*, vol. 91, n. 3, p. 423-434.

_____ (1981). *Lectures on Government and Binding.* Dordrecht: Foris.

_____ (1979). *Language and Responsibility* – Based on Conversations with Mitsou Ronat. Trad. John Viertel. Nova York: Pantheon Books.

_____ (1975). *Reflections on language.* Nova York: Pantheon.

_____ (1972). *Linguística Cartesiana*: um capítulo da história do pensamento racionalista. Trad. Francisco M. Guimarães. Petrópolis/São Paulo: Vozes/Edusp.

_____ (1968). *Language and mind.* Nova York: Harcourt, Brace & World.

_____ (1965). *Aspects of the Theory of Syntax.* Cambridge: MIT Press.

_____ (1964). *Current Issues in Linguistic Theory.* Haia: Mouton.

_____ (1959). "Review of Skinner". *Language*, 35, p. 26-58.

_____ (1957). *Syntactic Structures.* Haia: Mouton.

CÍCERO, A. & SALOMÃO, W. (coords.) (1994). *Banco Nacional de Ideias*: O relativismo enquanto visão do mundo. Rio de Janeiro: Francisco Alves.

CITRON, J.L. (1995). "Can cross-cultural understanding aid second language acquisition? Toward a theory of ethno-lingual relativity". *Hispania*, vol. 78, n. 1, p. 105-113.

COLE, M. & SCRIBNER, S. (1974). *Culture & Thought* – A psychological introduction. Nova York: John Wiley & Sons.

COLLART, J. (org.) (1978). *Varron, Grammaire Antique et Stylistique Latine.* Paris: Belles Lettres.

CONDILLAC, É.B. de (1999). *Ensayo sobre el origen de los conocimientos humanos.* Madri: Tecnos [org. Antoni Gomila Benejam; trad. Emeterio Mazorriaga].

_____ (1989). *Textos escolhidos*. Trad. Luiz Roberto Monzani. São Paulo: Nova Cultural [Os Pensadores].

COPPOCK, E. (2002). *Creativity, Generative Grammar and Erzeugung*. Universidade de Stanford [manuscrito].

CORADINI, H. (1999). *Metalinguagem na obra De Lingua Latina de Marcos Terêncio Varrão*. São Paulo: USP-FFLCH-DLCV [tese de doutorado].

COWIE, F. (2002). *What's within?* Nativism reconsidered. Oxford: Oxford University Press.

DASCAL, M. (org.) (1999). *Filosofia del lenguaje II* – Pragmática. Madri: Trotta.

DAVIDSON, D. (1973-1974). "On the Very Idea of a Conceptual Scheme". *Proceedings and Addresses of the American Philosophical Association*, vol. 47, p. 5-20.

DESBORDES, F. (1995). *Concepções sobre a escrita na Roma antiga*. Trad. Fulvia M.L. Moretto e Guacira Marcondes Machado. São Paulo: Ática.

DEUTSCHER, G. (2010). *Through the Language Glass*: Why the World Looks Different in Other Languages. Nova York: Metropolitan Books.

DRACH, M. (1981). "The Creative Aspect of Chomsky's Use of the Notion of Creativity". *The Philosophical Review*, vol. 90, n. 1, p. 44-65.

ECO, U. (2007). *Quase a mesma coisa*. Trad. Eliana Aguiar. Rio de Janeiro/São Paulo: Record.

_____ (2001). *A busca da língua perfeita na cultura europeia*. Trad. Antonio Angonese. Bauru: Edusc.

ERFURT, T. de (1947). *Gramática especulativa*. Trad. Luis Farré. Buenos Aires: Losada.

EVERETT, D. (2013). *Linguistic Relativity*: Evidence Across Languages and Cognitive Domains. Berlim/Boston: De Gruyter.

_____ (2012). *Language*: The Cultural Tool. Nova York: Pantheon.

_____ (2009). *Don't Sleep, There are Snakes*: Life and Language in the Amazonian Jungle. Nova York: Vintage Books.

FEYERABEND, P. (2007). *Contra o método*. Trad. César Augusto Mortari. São Paulo: Ed. Unesp.

FITCH, W.T.; HAUSER, M.D. & CHOMSKY, N. (2005). "The evolution of the language faculty: clarifications and implications". *Cognition*, 97 (2), p. 179-210.

FORSTER, M. (2007). "Johann Gottfried von Herder". In: ZALTA, E.N. (org.). *The Stanford Encyclopedia of Philosophy* [Disponível em: http://plato.stanford.edu/archives/win2007/entries/herder/].

FOUCAULT, M. (2004). *A ordem do discurso*. Trad. Laura Fraga de Almeida Sampaio. 11. ed. São Paulo: Loyola.

_____ (2002). *As palavras e as coisas* – Uma arqueologia das ciências humanas. Trad. Salma Tannus Muchail. São Paulo: Martins Fontes.

FRANCHI, C. (2002). "Linguagem – atividade constitutiva". *Revista do Gel*, n. esp., p. 37-74.

_____ (1976). *Hipóteses para uma teoria funcional da linguagem*. Campinas: Unicamp/IFCH [tese de doutorado].

GARBER, D. & AYERS, M. (orgs.) (1998). *The Cambridge History of Seventeenth-Century Philosophy*. Cambridge: University Press.

GENTNER, D. & GOLDIN-MEADOW, S. (orgs.) (2003). *Language in Mind* – Advances in the Study of Language and Thought. Cambridge: MIT Press.

GERALDI, J.W. (2000). *Portos de passagem*. São Paulo: Martins Fontes.

GONÇALVES, R.T. (2014). "Com o menor e mais inaparente dos corpos: Dante, Plauto e Górgias". In: IPIRANGA Jr., P.; GARRAFFONI, R.S. & BURMESTER, A.M. (orgs.). *Do amor e da guerra*: um itinerário de narrativas. São Paulo: Capes/Annablume.

_____ (2008). "O aspecto criativo da linguagem: Varrão e Chomsky". *Calíope*, 18, p. 127-146.

_____ (2007). "Chomsky e o aspecto criativo da linguagem". *ReVEL*, vol. 8, p. 1-13.

_____ (2006). "Humboldt e o Relativismo Linguístico". *Estudos Linguísticos*, 35, p. 1.700-1.709.

GONÇALVES, R.T. & BECCARI, A. (2007). "Retórica e Ciência: O Caso da Linguística Crítica". *Revista Letras*, 72.

GORDON, P. (2004). "Numerical cognition without words: Evidence from Amazonia". *Science* 306 (5695), p. 496-499.

GRICE, P. (1975). "Logic and conversation". In: COLE, P. & MORGAN, J. (orgs.). *Syntax and semantics*. Vol. 3: Pragmatics. Nova York: Academic Press, p. 41-58.

GRIFFITH-DICKSON, G. (2007). "Johann Georg Hamann". In: ZALTA, E.N. (org.). *The Stanford Encyclopedia of Philosophy* [Disponível em: http://plato.stanford.edu/archives/fall2007/entries/hamann/].

GUMPERZ, J.J. & LEVINSON, S.C. (orgs.) (1996). *Rethinking Linguistic Relativity*. Cambridge: Cambridge University Press.

HARRIS, R. & TAYLOR, T.J. (1989). *Landmarks in Linguistic Thought*: The Western Tradition from Socrates to Saussure. Londres: Routledge.

HAUSER, M.; CHOMSKY, N. & FITCH, W.T. (2002). "The Language Faculty: What is it, who has it, and how did it evolve?" *Science*, 298, p. 1.569-1.579.

HEIDERMANN, W. (2006). "Introdução". In: HUMBOLDT, W.v. *Língua, Literatura e Bildung*. Florianópolis: UFSC [orgs.: Werner Heidermann e Markus J. Weininger].

HEIDERMANN, W. (org.) (2001). *Antologia bilíngue* – Clássicos da teoria da tradução. Vol. I: Alemão-português. Florianópolis: UFSC, Núcleo de Tradução.

HERDER, J.G. (1987). *Ensaio sobre a origem da linguagem*. Trad. José M. Justo. Lisboa: Antígona.

HOCKETT, C.F. (1960). "The origin of speech". *Scientific American*, 203, p. 88-111.

HOLLIS, M. & LUKES, S. (orgs.) (1982). *Rationality and Relativism*. Cambridge: MIT Press.

HUMBOLDT, W.v. (2006). *Língua, literatura e Bildung*. Florianópolis: UFSC [orgs.: Werner Heidermann e Markus J. Weininger].

_____ (2001 [1816]). "Introdução a Agamêmnon". Trad. Susana Kampf Lages. In: HEIDERMANN, W. (org.). *Antologia bilíngue* – Clássicos da teoria da tradução. Vol. I: Alemão-português. Florianópolis: UFSC, Núcleo de Tradução.

_____ (1972). *Linguistic Variability and Intellectual Development*. Trad. George C. Buck e Frithjof A. Raven. Philadelphia: University of Pennsylvania Press.

ILARI, R. (2003). "Linguagem – Atividade constitutiva (Ideias e leituras de um aprendiz)". *Revista Letras*, n. 61, esp.

JACKENDOFF, R. & PINKER, S. (2005). "The Nature of the Language Faculty and its Implications for Evolution of Language (Reply to Fitch, Hauser & Chomsky)". *Cognition* 97 (2), p. 211-225.

JAKOBSON, R. (1944). "Franz Boas' Approach to Language". *International Journal of American Linguistics*. vol. 10, n. 4, p. 188-195.

JOSEPH, E.J.; LOVE, N. & TAYLOR, T.J. (2001). *Landmarks in Linguistic Thought II* – The Western Tradition in the Twentieth Century. Londres: Routledge.

KAHANE, H. & KAHANE, R. (1983). "Humanistic Linguistics". *Journal of Aesthetic Education*, vol. 17, n. 4, p. 65-89.

KAY, P. & KEMPTON, W. (1984). "What is the Sapir-Whorf Hypothesis?" *American Anthropologist*, vol. 86, n. 1, p. 65-79.

KAY, P. & REGIER, T. (1996). "Language, thought and color: recent developments". *Trends in Cognitive Sciences*. vol. 10, n. 2, fev., p. 51-54.

KOERNER, E.F.K. & ASHER, R.E. (1995). *Concise History of the Language Sciences*: From the Sumerians to the Cognitivists. Oxford: Pergamon.

KRAMSCH, C. (1998). *Language and Culture*. Oxford: Oxford University Press.

KRAUSZ, M. (org.) (1989). *Relativism* – Interpretation and Confrontation. Notre Dame: University of Notre Dame Press.

KRISTEVA, J. (1974). *História da linguagem*. Trad. Maria Margarida Barahona. Lisboa: Edições 70.

KRUPAT, A. (1988). "Anthropology in the Ironic Mode: The Work of Franz Boas". *Social Text*, n. 19/20, p. 105-118.

KUHN, T. (2003). *A estrutura das revoluções científicas*. Trad. Beatriz Vianna Boeira e Nelson Boeira. São Paulo: Perspectiva.

LAFONT, C. & PEÑA, L. (1999). "La tradición Humboldtiana y el Relativismo Linguístico". In: DASCAL, M. (org.). *Filosofia del lenguaje*. Vol. II: Pragmática. Madri: Trotta.

LAHUD, M. (2004). "Chomsky Historiador". In: ALBANO, E.; COUDRY, M.I.H.; POSSENTI, S. & ALKMIN, T. (orgs.). *Saudades da língua* – Linguística e os 25 anos do Instituto de estudos da Linguagem da Unicamp. Campinas: Mercado de Letras/ Depto. de Linguística do IEL, p. 63-82.

LANDAR, H. (1966). *Language and Culture*. Nova York: Oxford University Press.

LASNIK, H. & URIAGEREKA, J. (2002). "On the poverty of the challenge". *The Linguistic Review*, 19, p. 147-150.

LEAVITT, J. (2011). *Linguistic Relativities*: Language Diversity and Modern Thought. Cambridge: Cambridge University Press.

LEVINSON, S.C. (2003). "Language and Mind: Let's Get the Issues Straight!". In: GENTNER, D. & GOLDIN-MEADOW, S. (orgs.). *Language in Mind* – Advances in the Study of Language and Thought. Cambridge: MIT Press.

_____ (1996). "Relativity in spatial conception and description". In: GUMPERZ, J.J. & LEVINSON, S.C. (orgs.). *Rethinking Linguistic Relativity*. Cambridge: Cambridge University Press.

LI, P. & GLEITMAN, L. (2002). "Turning the tables: language and spatial reasoning". *Cognition*, n. 83/3, p. 265-294.

LOCKE, J. (1999). *Ensaio sobre o entendimento humano*. Lisboa: Fundação Calouste Gulbenkian [introdução, notas e coordenação da tradução: Eduardo Abranches de Soveral].

LOPES DA SILVA, F. & RAJAGOPALAN, K. (orgs.) (2004). *A linguística que nos faz falhar*: investigação crítica. São Paulo: Parábola.

LUCY, J. (1997). "Linguistic Relativity". *Annual Review of Anthropology*, vol. 26, p. 291-312.

_____ (1996). "The Scope of Linguistic Relativity: An Analysis and Review of Empirical Research". In: GUMPERZ, J.J. & LEVINSON, S.C. (orgs.). *Rethinking Linguistic Relativity*. Cambridge: Cambridge University Press.

_____ (1992a). *Grammatical Categories and Cognition*: a Case Study of the Linguistic Relativity Hypothesis. Cambridge: University Press.

_____ (1992b). *Language Diversity and Thought*: a Reformulation of the Linguistic Relativity Hypothesis. Cambridge: Cambridge University Press.

LYONS, J. (1987). *Língua(gem) e linguística*: uma introdução. Trad. Marilda Winkler Averburg e Clarisse Sieckenius de Souza. Rio de Janeiro: LTC.

_____ (1968). *Introduction to theoretical linguistics*. Cambridge: University Press.

MACKIE, J.L. (1976). *Problems from Locke*. Oxford: Oxford University Press.

MARKING, K.C. (1962). "Some qualifying remarks on linguistic relativity". *Philosophy and Phenomenological Research*, vol. 22, n. 4, p. 566-573.

McWHORTER, J. (2014). *The Language Hoax*: Why the World Looks the Same in Any Language. Oxford: Oxford University Press.

MICHAELIS, J.D. (1771). *A dissertation on the influence of opinions on language and of language on opinions, Together with an enquiry into the advantages and practicability of an universal learned language*. Londres: W. Owen, J. Johnson & W. Bingley [tit. orig.: *Ueber den Einfluss der Sprachen auf die Meinungen der Menschen*].

MILLER, R.L. (1968). *The Linguistic Relativity Principle and Humboldtian Ethnolinguistics* – A History and Appraisal. Haia/Paris: Mouton [Janua Linguarum, 67].

MOLSING, K.V. (2005). *The Role of Semantics in the Linguistic Relativity of Time*. PUC-RS [dissertação de mestrado].

MONTGOMERY, M. (1985). *An introduction to language and society*. Londres/Nova York: Routledge.

MOUNIN, G. (1975). *Os problemas teóricos da tradução*. Trad. Heloysa de Lima Dantas. São Paulo: Cultrix.

_____ (1967). *Histoire de la Linguistique* – Des Origines Au XXème Siècle. Paris: PUF.

MOURA, H. & CAMBRUSSI, M. (2018). *Uma breve história da linguística*. Petrópolis: Vozes.

NEVES, M.H.M. (2005). *A vertente grega da gramática tradicional*: Uma visão do pensamento grego sobre a linguagem. São Paulo: Ed. Unesp.

_____ (2002). *A gramática*: história, teoria e análise, ensino. São Paulo: Ed. Unesp.

NEWTON-SMITH, W. (1982). "Relativism and the possibility of interpretation". In: HOLLIS, M. & LUKES, S. (orgs.). *Rationality and Relativism*. Cambridge: MIT Press.

OGDEN, C.K. & RICHARDS, I.A. (1972). *O significado de significado* – Um estudo sobre a influência da linguagem sobre o pensamento e sobre a ciência do simbolismo. Trad. Álvaro Cabral. Rio de Janeiro: Zahar.

ORWELL, G. (1950). *Nineteen Eighty-Four*. Nova York: Signet Classics.

OTERO, C.P. (org.) (1994). *Noam Chomsky* – Critical Assessments. Vol. II: Philosophy. Londres/Nova York: Routledge.

PARSONS, T. (1990). *Events in the Semantics of English* – A Study in Subatomic Semantics. Cambridge: MIT Press.

PEREIRA, M.A. (2000). *Quintiliano Gramático*. São Paulo: Humanitas FFCHL/ USP.

PIATELLI-PALMARINI, M. (org.) (1980). *Language and Learning* – The Debate between Jean Piaget and Noam Chomsky. Cambridge: Harvard University Press.

PINKER, S. (2007). *The Stuff of Thought*: Language as a Window into Human Nature. Nova York: Viking/Penguin.

_____ (2004). *Tabula Rasa* – A negação contemporânea da natureza humana. Trad. Laura Teixeira Motta. São Paulo: Companhia das Letras.

_____ (2002). *O instinto da linguagem*: Como a mente cria a linguagem. Trad. Claudia Berliner. São Paulo: Martins Fontes.

PINKER, S. & JACKENDOFF, R. (2005). "The Faculty of Language. What's Special about it?" *Cognition*, 95(2), p. 201-236.

PLATÃO (2001). *Diálogos*: Teeteto – Crátilo. Trad. Carlos Alberto Nunes. 3. ed. rev. Belém: Editora da UFPA [coordenação: Benedito Nunes].

POPPER, K. (1982). *Conjecturas e Refutações*. Trad. Sérgio Bath. Brasília: Editora da UnB.

_____ (1972). *A lógica da pesquisa científica*. Trad. Leonidas Hegenberg e Octanny Silveira da Mota. São Paulo: Cultrix.

PULLUM, G. & SCHOLTZ, B. (2002). "Empirical assessment of stimulus poverty arguments". *The Linguistic Review*, 19, p. 9-50.

PULLUM, G.K. (1991). *The Great Eskimo Vocabulary Hoax and Other Irreverent Essays on the Study of Language*. Chicago/Londres: The University of Chicago Press.

RAJAGOPALAN, K. (2003). *Por uma linguística crítica*: linguagem, identidade e questão ética. São Paulo: Parábola.

RASIA, M.E.M. (2007). "Cartesianismo en la linguística generativa: el aspecto creador del uso del lenguaje como factor diferenciador cualitativo". *Revista Virtual de Estudos da Linguagem*, vol. 8, p. 1-13.

RICKEN, U. (1994). *Linguistics, Anthropology and Philosophy in the French Enlightenment*. Trad. Robert E. Norton. Londres/Nova York: Routledge.

ROBINS, R.H. (1983). *Pequena história da linguística*. Trad. Luiz Martins Monteiro de Barros. Rio de Janeiro: Ao Livro Técnico.

_____ (1951). *Ancient & Mediaeval Grammatical Theory in Europe* – With particular reference to modern linguistic doctrine. Londres: G. Bell & Sons.

ROLLINS, P. (1972). "The Whorf Hypothesis as a Critique of Western Science and Technology". *American Quarterly*, vol. 24, n. 5, p. 563-583.

SALMONI, A. (1978). *Em busca das linguagens perdidas*. São Paulo: Perspectiva.

SALUS, P.H. (org.) (1969). *On Language*: From Plato to von Humboldt. Nova York: Holt, Rinehart and Winston.

SAPIR, E. (1954 [1921]). *A linguagem*: Introdução ao estudo da fala. Trad. Mattoso Camara Jr. Rio de Janeiro: Instituto Nacional do Livro.

_____ (1931). "Conceptual categories in primitive languages". *Science*, 74.

_____ (1929). "The Status of Linguistics as a Science". *Language*, vol. 5, n. 4, p. 207-214.

_____ (1927). "Speech as a personality trait". *The American Journal of Sociology*, vol. 32, n. 6, p. 892-905.

SAUSSURE, F. (2004). *Curso de linguística geral*. 26. ed. São Paulo: Pensamento-Cultrix [org. Charles Bally e Albert Sechehaye com a colaboração de Albert Riedlinger; trad. Antonio Chelini, José Paulo Paes e Izidoro Blikstein].

SCHAFF, A. (1974). *Linguagem e conhecimento*. Trad. Manuel Reis. Coimbra: Almendina.

SCHLEIERMACHER, F. (2001 [1813]). "Sobre os diferentes métodos de tradução". Trad. Margarete von Mühlen Poll. In: HEIDERMANN, W. (org.). *Antologia bilíngue* – Clássicos da teoria da tradução. Vol. I: Alemão-português. Florianópolis: UFSC, Núcleo de Tradução.

SCHOLTZ, B. & PULLUM, G. (2002). "Searching for arguments to support linguistic nativism". *The Linguistic Review*, 19, p. 185-223.

SLOBIN, D.I. (2003). "Language and Thought Online: Cognitive Consequences of Linguistic Relativity". In: GENTNER, D. & GOLDIN-MEADOW, S. (orgs.). *Language in Mind* – Advances in the Study of Language and Thought. Cambridge: MIT Press.

_____ (1996). "From 'Thought and Language' to 'Thinking for Speaking'". In: GUMPERZ, J.J. & LEVINSON, S.C. (orgs.). *Rethinking Linguistic Relativity*. Cambridge: Cambridge University Press.

STEELE, T. (2003). "Sex, culture and linguistic relativity: making abstract concepts concrete". *Teaching Sociology*, vol. 31, n. 2, p. 212-220.

STEINER, G. (2005). *Depois de Babel* – Questões de linguagem e tradução. Trad. Carlos Alberto Faraco. Curitiba: Editora da UFPR.

_____ (1972). "Whorf, Chomsky and the Student of Literature". *New Literary History*, vol. 4, n. 1, The Language of Literature, p. 15-34.

SWOYER, C. (2003). "Relativism". In: ZALTA, E.N. (org.). *The Stanford Encyclopedia of Philosophy* [Disponível em: http://plato.stanford.edu/archives/win2003/entries/relativism/].

TRABANT, J. (1992). *Humboldt ou le sens du langage*. Liège: Mardaga [ed. de François Mortier e Jean-Luc Evard].

TYLER, S.A. (1978). *The Said and the Unsaid* – Mind, Meaning and Culture. Nova York: Academic Press.

WEEDWOOD, B. (2002). *História concisa da linguística*. Trad. Marcos Bagno. São Paulo: Parábola.

WHORF, B.L. (1941a). "Languages and logic". In: CARROLL, J.B. *Language, Thought, and Reality* – Selected Writings of Benjamin Lee Whorf. Cambridge: MIT Press, 1956.

_____ (1941b). "Language, mind and reality". In: CARROLL, J.B. *Language, Thought, and Reality* – Selected Writings of Benjamin Lee Whorf. Cambridge: MIT Press, 1956.

_____ (1940a). "Science and Linguistics". In: CARROLL, J.B. *Language, Thought, and Reality* – Selected Writings of Benjamin Lee Whorf. Cambridge: MIT Press, 1956.

_____ (1940b). "Linguistics as an exact science". In: CARROLL, J.B. *Language, Thought, and Reality* – Selected Writings of Benjamin Lee Whorf. Cambridge: MIT Press, 1956.

_____ (1939). "The relation of habitual thought and behavior to language". In: CARROLL, J.B. *Language, Thought, and Reality* – Selected Writings of Benjamin Lee Whorf. Cambridge: MIT Press, 1956.

_____ (1938). "Some verbal categories of Hopi". In: CARROLL, J.B. *Language, Thought, and Reality* – Selected Writings of Benjamin Lee Whorf. Cambridge: MIT Press, 1956.

_____ (1937a). "Grammatical categories". In: CARROLL, J.B. *Language, Thought, and Reality* – Selected Writings of Benjamin Lee Whorf. Cambridge: MIT Press, 1956.

_____ (1937b). "Discussion of Hopi linguistics". In: CARROLL, J.B. *Language, Thought, and Reality* – Selected Writings of Benjamin Lee Whorf. Cambridge: MIT Press, 1956.

_____ (1936a). "The Punctual and segmentative aspects of verbs in Hopi". In: CARROLL, J.B. *Language, Thought, and Reality* – Selected Writings of Benjamin Lee Whorf. Cambridge: MIT Press, 1956.

_____ (1936b). "An American Indian model of the universe". In: CARROLL, J.B. *Language, Thought, and Reality* – Selected Writings of Benjamin Lee Whorf. Cambridge: MIT Press, 1956.

_____ (1936c). "A linguistic consideration of thinking in primitive communities". In: CARROLL, J.B. *Language, Thought, and Reality* – Selected Writings of Benjamin Lee Whorf. Cambridge: MIT Press, 1956.

Coleção de Linguística

- *História concisa da língua portuguesa*
Renato Miguel Basso e Rodrigo Tadeu Gonçalves

- *Manual de Linguística – Fonologia, morfologia e sintaxe*
Luiz Carlos Schwindt (org.)

- *Introdução ao estudo do léxico*
Alina Villalva e João Paulo Silvestre

- *Estruturas sintáticas*
Noam Chomsky

- *Gramáticas na escola*
Roberta Pires de Oliveira e Sandra Quarezemin

- *Introdução à Semântica Lexical*
Márcia Cançado e Luana Amaral

- *Gramática descritiva do português brasileiro*
Mário A. Perini

- *Os fundamentos da teoria linguística de Chomsky*
Maximiliano Guimarães

- *Uma breve história da linguística*
Heronides Moura e Morgana Cambrussi

- *Estrutura da língua portuguesa – Edição crítica*
Joaquim Mattoso Camara Jr.

- *Manual de linguística – Semântica, pragmática e enunciação*
Márcia Romero, Marcos Goldnadel, Pablo Nunes Ribeiro e Valdir do Nascimento Flores

- *Problemas gerais de linguística*
Valdir do Nascimento Flores

- *Relativismo linguístico ou como a língua influencia o pensamento*
Rodrigo Tadeu Gonçalves